JN418510

인터넷 정보기술과 e-비즈니스

윤 한 성

도서출판 두남

머리말

1990년대 중반 이후, e-비즈니스 분야는 국민생활과 국가경제 전반에 새로운 패러다임과 혁신의 물결을 이어오고 있다. 디지털경제, 지식경제 등과 같이 경제 전반은 물론이고 기업경영의 모든 영역에서 변화와 발전의 원동력으로서의 역할을 하고 있다. 길지 않은 시간 동안의 굴곡을 통해 한층 현실적인 미래가 웹2.0을 비롯한 혁신적인 비즈니스모델들로 인해 인터넷과 웹에 대한 새로운 지평을 열고 있다.

e-비즈니스 분야는 인터넷 정보기술과 표준, 여러 비즈니스 요소, 사회규범 등의 분야가 고려되는 폭넓은 분야이다. 특히 실제 기업의 경영활동을 수행하는 입장에서 e-비즈니스에 대한 관심분야는 e-비즈니스를 통한 기업전략의 수립과 혁신, 기업운영의 혁신적 변신과 발전, 가치사슬과 시장에서의 전략우위 확보 등일 것이다. 유·무선 인터넷 정보기술 발전과 변화 또는 정보보안의 확보와 같은 e-비즈니스의 변화하는 정보기반을 유지하는 것도 필요한 사항이다.

본서에서는 이와 같은 시각에서 e-비즈니스의 전반적인 구성과 활용, 그리고 e-비즈니스와 관련한 분야의 실무적 이해에 필요한 요소들을 정리하였다. e-비즈니스 정보기술에 포함되는 인터넷 디지털통신 및 웹기반 시스템, e-비즈니스 거래의 안전을 지원하는 전자지불과 정보보안, 그리고 기업에서 e-비즈니스의 혁신적 활용분야에 포함되는 소매, 마케팅, 공급사슬관리 등을 포함하고 있다.

e-비즈니스 분야는 앞으로도 계속 빠른 속도로 발전해 갈 것이기 때문에 본서의 내용도 시간이 흐름에 따라 보완이 필요하다는 점도 밝혀 둔다. 본서를 정리하는데 도움을 주신 도서출판 두남의 여러분에게 감사드리고, 이해로써 인내한 여러분에게 고마움을 전한다.

2013년 12월
윤 한 성 씀

차 례

제1장 개 요

제2장 인터넷 디지털통신

제3장 웹기반 시스템

제4장 e-비즈니스 정보보안

제5장 e-비즈니스 지불관리

제6장 e-retailing

제7장 e-비즈니스 마케팅과 고객관계관리

제8장 기업간 e-비즈니스

제9장 e-비즈니스와 공급사슬관리

제1장 개 요

e-비즈니스(e-business)는 인터넷을 비롯한 정보기술로써 이루어지는 순수 온라인(on-line) 가상세계에서는 물론 오프라인(off-line)의 실세계와 연계되어 다양한 비즈니스모델을 통해 구현된다. 또한, 일상생활과 기업경영을 포함한 다양한 경제활동에서 필요로 하는 e-비즈니스 분야는 인터넷 정보기술에 의존하여 구현된다. 따라서 e-비즈니스의 이해를 위해서는 사업수익의 창출을 위한 e-비즈니스모델 뿐만 아니라, e-비즈니스의 실질적 구현과 정보환경적 특성을 규정짓는 인터넷 정보기술 분야의 이해가 필요하다. 본장에서는 이와 같은 입장에서 e-비즈니스의 전반적인 구성에 관한 의견들을 정리해보기로 한다.

1.1 e-비즈니스와 혁신

e-비즈니스는 〈표 1-1〉과 같이 다소 다양하게 정의되지만, 대체로 "인터넷을 포함하는 정보기술에 기반하여, 조직 내부 및 외부의 모든 이해당사자들(고객, 공급자, 파트너, 내부직원 등)이 전자적으로 수행하는 비즈니스 활동 또는 경영효율의 추구 활동"으로 정리할 수 있다. 기존의 전화망(PSTN)과 케이블TV(CATV)망은 물론 무선통신 채널까지 인터넷이라는 거대한 통신망으로 연결됨에 따라, 사실상 인터넷과 함께 시작된 e-비즈니스는 확장과 발전을 지속하고 있다.

e-비즈니스는 '기술' 및 '시장'의 측면에서 이루어지는 '새로운 상품과 서비스의

개발'을 의미하는 혁신에서 그 본질을 이해할 수도 있다. '기술의 개발' 및 '시장의 요구'는 각각이 가지는 효과 또는 중요성에 따라 종종 선후관계가 바뀐다. 즉, 시장(고객)의 필요 또는 요구사항을 크게 고려하지 않고 개발된 기술을 시장에 출시하는 방식(technology push)과 시장이 요구하는 사항을 파악하여 그에 따라 기술을 개발하는 방식(market pull)은 상황에 따라 기업의 경쟁력이나 매출에 효과나 영향이 다르다는 것이다([그림 1-1] 참조).

▌표 1-1 ▌ e-비즈니스의 정의

기관 / 연구자	정 의
IBM(1997)	인터넷 기술의 사용을 통한 핵심적인 비즈니스 프로세스의 전환(transformation)
가트너그룹(1999)	디지털 기술을 통한 기업 비즈니스 행위의 최적화(optimization)
Kalakota & Robinson(1999)	최상의 비즈니스모델을 실현하기 위한 비즈니스 프로세스, 기업 애플리케이션, 그리고 조직구조의 복잡한 통합(complex fusion)
Evans(2001), Fang(2001), Krell & Gale(2005)	기업환경을 둘러싸고 있는 모든 이해당사자들인 고객, 공급자 또는 비즈니스 파트너 및 직원 등을 인터넷 기술과 디지털 정보기술 또는 e-비즈니스 관련 애플리케이션을 활용하여 수행하는 비즈니스 활동

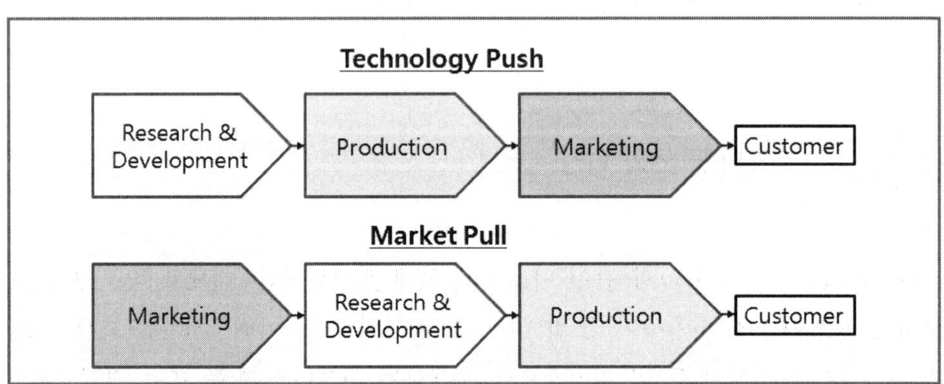

그림 1-1 — 기술과 시장을 통한 혁신의 구현방향

아마존이나 인터넷쇼핑몰과 같은 인터넷의 상업적 활용이 시작된 초창기(1990년대 하반기)의 e-비즈니스 분야에서의 혁신은 인터넷 정보기술의 가치가 낙관적

으로 평가된 'technology push'의 경향이 컸다고 할 수 있다. 즉, 시장(고객)이 긍정적으로 반응할 것이라는 과장된 기대에서 정보기술 차원의 e-비즈니스 서비스의 구현과 출시가 많았다고 할 수 있다. 이와 같은 기술적 구현 위주의 e-비즈니스는 시장(수익)에서의 한계성을 보였으며, 이로 인해 2000년대 이후의 e-비즈니스 분야는 수익창출의 가능성을 중요시하는(고객의 니즈를 우선시 하는) 'market pull'의 경향이 강조되는 측면이 있다.

그러나 이와 같은 현상들이 항시 고정적이기보다는 2요소가 상호보완적으로 변화하는 것이라고 볼 수 있다. 휴대폰을 통한 e-비즈니스, 즉 m-비즈니스(모바일 비즈니스, mobile business)는 스마트폰과 모바일 인터넷의 등장을 통해 비로소 현재의 수준으로 발전하였다고 할 수 있다. 이와 같이 스마트폰을 통한 모바일 인터넷 기술은 'technology push'의 측면과 'market pull'의 측면이 일치하여 성공한 경우라고 설명할 수도 있다. 한편으로는, 이미 일반 휴대폰을 통한 m-비즈니스의 한계성을 극복하기 위한 시장의 필요성에 따라 관련 기술이 개발되었다고 할 수도 있으며, 다른 의견으로는 기술적 발전을 추구하는 과정에서 관련 기술과 제품이 개발되었다고 설명할 수도 있다. u-비즈니스(유비쿼터스 비즈니스, ubiquitous business) 또는 t-비즈니스(TV business)의 경우도 마찬가지 사례이다.

'technology push' 또는 'market pull'의 어느 측면이 e-비즈니스의 출현과 발전(또는 혁신)의 동인이 되더라도, e-비즈니스 분야의 발전 또는 혁신은 다른 분야와 비교할 때 그 속도가 빠르다고 할 수 있다. 이는 무어의 법칙, 망외부성 등과 같이 e-비즈니스가 내재적으로 가지는 기본적인 특성, 사용자의 참여·공유·개방 등을 통한 지식과 정보의 확산과 고도화, 새로운 e-비즈니스모델의 빈번한 출현과 홍망 등에 기인한다고 볼 수 있다.

e-비즈니스가 제반 산업의 혁신을 주도하는 디지털경제의 시대에서, e-비즈니스의 혁신은 e-비즈니스가 활용되는 산업분야의 혁신으로 이어진다. 조달, 생산, 유통, 판매, 마케팅, 지식관리, 이해관계자(주주, 종업원, 고객, 공급자, 파트너 등) 관리 등의 제반 기업경영분야의 혁신과 발전에 e-비즈니스의 필요성과 역할이 필수적이다.

1.2 e-비즈니스의 구성과 정보기술

e-비즈니스의 구성요소를 기반(infrastructure)이 되는 정보기술을 포함하여 [그림 1-2]의 사례와 같이 '기반계층', '지원서비스계층', '응용계층' 등의 3개의 계층으로 표현하기도 한다. 기반계층은 e-비즈니스의 존재를 가능하게 하는 가장 기본적이고 필수적인 통신인프라 및 정보시스템을 포함하는 계층이며, 주로 인터넷 정보기술적 측면이 포함된다. 지원서비스계층은 기반계층의 정보기술 요소들에 의해 구성된 e-비즈니스 기능들이 실제로 소비자나 사용자에게 e-비즈니스 서비스로 제공되기 위해 추가적으로 필요한 제반 사회적 또는 환경적 사항이라고 볼 수 있다. 응용계층은 인터넷을 통해 사용자들에게 직접 제공되는 e-비즈니스 서비스나 e-비즈니스 기업의 사업형태 등을 의미한다.

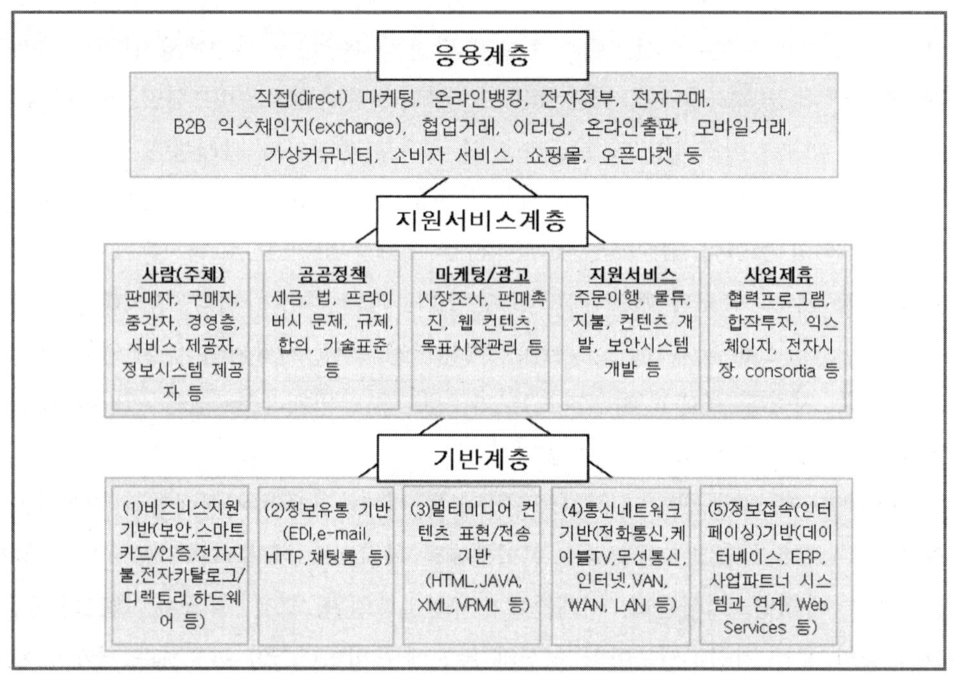

그림 1-2 — e-비즈니스의 구성체계 사례

e-비즈니스를 가능하게 해주는 요소, 즉 e-비즈니스의 가능자(enabler)를 다음과 같이 기본 인프라(infra)에 속하는 '정보기술 계층'과 이를 기반으로 이루어지

는 '비즈니스응용 계층'으로 분류해 볼 수도 있다.

- 정보기술 계층: 인터넷을 비롯한 컴퓨터통신기술 및 정보처리기술, 또는 이들을 활용하여 인터넷상에서 추구하는 e-비즈니스 서비스가 제공되도록 적절한 웹(또는 인터넷)기반 정보시스템을 구현
- 비즈니스응용 계층: 정보기술 계층을 기반으로 제반 비즈니스 환경요소(시장, 공급자, 파트너, 고객, 제휴사 등)를 고려하여 가치를 창출할 수 있는 e-비즈니스 사업모델(e-business model)의 구현

이상에서 e-비즈니스를 구성요소 또는 가능자를 통해 살펴보았는데, e-비즈니스의 실행이 "인터넷 정보기술을 바탕으로 제반 사업환경을 분석하여 시장(고객)이 원하는 가치창출을 위한 e-비즈니스모델의 구현으로 실현되는 것"이라고 설명할 수 있다. 즉, [그림 1-3]과 같이 '인터넷 정보기술'은 '비즈니스 환경의 분석' 및 '가치창출을 위한 e-비즈니스모델'과 함께 e-비즈니스의 성공요인(success factor)을 구성한다고 볼 수 있다. e-비즈니스의 존재와 변화를 실질적으로 가능하게 하는 인터넷 정보기술은 e-비즈니스가 구현되는 가상환경을 변화시키는 가장 큰 동인이라 할 수 있다.

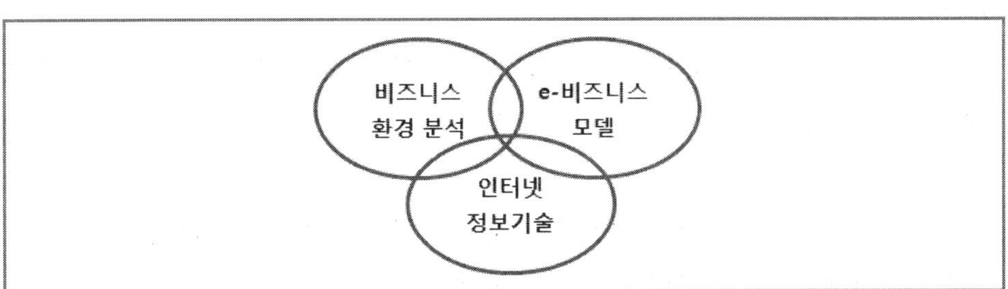

그림 1-3 — e-비즈니스 실행의 성공요인

1.3 e-비즈니스의 구현과 활용

e-비즈니스의 구현과 활용은 고려하는 각도에 따라 다양하게 이루어질 수 있다. 예를 들어 e-비즈니스를 구성하는 [그림 1-2]의 각 계층에서 특정 분야의 활용을 사업적으로 고려한다면, 기반계층에서 케이블TV 통신체계를 통한 ISP(Internet service provider) 서비스의 제공, 지원서비스계층에서 특정 e-비즈니스모델을 사업적으로 운영하는 경영자의 경영활동, 응용계층에서 온라인출판을 통한 디지털 도서콘텐츠의 판매 등이 e-비즈니스를 구현 및 활용하는 사례라고 할 수 있다. 즉, 전체 e-비즈니스의 범위를 이루는 일부의 역할을 사업적으로 구현하고 활용하는 것이다.

이미 기업의 거의 모든 경영활동은 직·간접적으로 e-비즈니스를 통하여 이루어진다. 전략수립, 판·구매, 마케팅, 생산, 연구개발, 인적자원관리 등을 포함한 모든 경영활동에서 디지털 정보자료의 전달, 공유, 거래 등과 같이 e-비즈니스의 기본적인 수단을 활용하고 있다. 특히 인터넷쇼핑몰, SNS사이트 등과 같이 순수 디지털기업인 경우에는 상품의 관리 및 거래가 디지털 정보처리에 의하여 이루어진다. 그리고 일반 시민의 사회생활이나 경제생활, 정부의 공공서비스 등을 포함하여 거의 모든 일상생활에서 e-비즈니스의 특정 분야를 선택적으로 활용하는 세계에 살아가고 있다.

본서에서는 이와 같은 e-비즈니스 활용의 통찰력 또는 특정 e-비즈니스 분야의 이해를 위해 다음 사항들을 다루기로 한다.

(1) 기본적인 인터넷 정보기술인 인터넷 디지털통신, 웹기반 시스템
(2) 인터넷상의 안전한 거래를 위한 e-비즈니스 정보보안 및 지불관리
(3) 기업경영에서 e-비즈니스의 활용과 영향이 현저한 분야

위 사항들에서 (1)은 [그림 1-2]의 기반계층을 설명할 수 있는 항목들을 포함하고 있다. (2)는 [그림 1-2]의 기반계층 및 지원서비스계층에 중복적으로 포함되는 항목들이다. (3)은 e-비즈니스를 활용한 전자소매(e-retailing), 마케팅, 고객관계관리, 기업간 상거래, 공급사슬관리 등의 항목들을 포함한다.

사례 1-1 •• 디지털세계로 이전 본격화, 3차 산업혁명이 온다

— 사물인터넷, 3D프린팅, 자동판단 기술을 앞세운 제3차 산업혁명 대두 —

디지털세계로의 이전이 본격화되면서 제3차 산업혁명이 예고되고 있다. 지난 6일부터 5일간 가트너 심포지엄/IT엑스포에서는 향후 3년간 전방위에 영향을 미칠 2014년도 10대 전략기술과 10대 주요예측이 발표됐다. 가트너는 이번 행사에서 모든 기업의 IT기업화, 산업의 재탄생, 디지털 세상에서의 C레벨의 역할변화에 주목하며 제3차 산업혁명의 청사진을 제시했다.

비즈니스가 디지털화되면서 전례없이 새로운 방식으로 기술을 결합하고 매출과 가치를 창출한다. 디지털세상을 이끄는데 C레벨(고위 임원) 역할변화가 대두되는 이유다. 전방위적인 디지털화로 인해 산업간 경계가 무너지고 산업이 재편성된다. 이는 새로운 비즈니스프로세스와 비즈니스모델의 탄생을 의미한다. 가트너리서치 부사장인 Dave Aron은 사물인터넷(Internet of Things)이 활성화된 머지않은 미래를 '무인택시를 타고 목적지에 도착하고 건물이 언제 쓰레기통을 비워야 하는지 알려주는 세상'이라고 묘사했다.

▶ 모든 기업이 기술기업으로

기술을 근간으로 기업 비즈니스프로세스를 최적화하고, 새로운 비즈니스모델을 만들고, 비즈니스기회를 포착할 수 있게 된다. 모든 기업이 기술기업이 될 것이라고 가트너가 말하는 이유다. 가트너가 가장 주목하는 기술은 사물인터넷(Internet of Things), 3D프린팅, 자동판단(automated judgment)의 3가지 기술이다.

사물인터넷이 차차 현실화되기 시작하면서 해당 기술에 대한 기대감은 더욱 커지고 있다. 인터넷에 연결된 '사물'이 환경과 상태를 감지하거나 보고 혹은 제어하게 될 것이다. 언제 식물에 물을 줘야 하는지 알려주는 센서처럼 간단한 형태에서 스마트카처럼 복잡한 형태도 이에 포함된다.

3D프린팅의 상용화도 머지않았다. 3D프린팅은 새로운 제조공법을 제공해 패션, 소매업, 부동산, 방위 등 다양한 산업을 획기적으로 탈바꿈시킬 전망이다. 3D프린팅을 통해 비즈니스프로세스 최적화는 물론 생산주기를 단축한 새로운 비즈

니스모델도 생겨날 수 있다. 개인의 요구에 맞춰 다품종 소량생산 혹은 일회성생산이 가능해 모든 비즈니스에 위기와 기회를 제공할 것으로 가트너는 내다봤다.

데이터는 비즈니스혁신의 원천이자 새로운 제품과 서비스를 구성하는 원재료가 될 것으로 보인다. 사물인터넷으로 수백 억 개에 이르는 물건과 엄청난 양의 실시간 데이터를 생성하게 될 것이다. 문제는 과도한 정보량으로 인해 개인이 모든 정보를 확인하고 관련 결정을 내릴 수 없게 된다는 점이다. 시간과 역량을 고려할 때 인간 대신 컴퓨터가 데이터와 지식을 바탕으로 복잡한 결정을 내리게 될 것이며 의사결정을 컴퓨터에 의존하는 것이 선택이 아닌 필수가 될 것으로 가트너는 예측했다.

▶ 산업의 재탄생

산업의 경계가 무너지고 비즈니스프로세스, 비즈니스모델, 비즈니스 위기 및 기회 등 비즈니스의 모든 단계에서 변화가 일어날 것으로 예상된다. 기업이 제품과 프로세스를 디지털화하면서, 기업운영 방식이 새로워지고 있다. 디지털기술이 이제 비즈니스모델에까지 영향을 주면서 더욱 획기적인 변화가 가능할 것으로 본다.

디지털 기술로 제품, 서비스 및 프로세스, 사용자경험이 개선되고 있으며 기업 내 근무방식과 파트너와 협력하는 방식도 변화하고 있다. 디지털화를 통해서 효율성과 효과성 모두 개선가능하다. 디지털을 이용해 기존의 금융 기관과 벤처 투자업체의 운영방식을 재구성한 예로 스퀘어(Square), 비트코인(Bitcoin), 킥스타터(Kickstarter)가 심포지엄 현장에서 소개됐다. 나이키(Nike)의 경우 인터넷에 연결된 스포츠 의류와 장비로 헬스케어 산업을 새로운 방향으로 이끌고 있다고 언급됐다.

디지털 전환은 보다 역동적인, 새로운 형태의 비즈니스 위기와 기회도 만들어 냈다. 스타우드(Starwood), 힐튼(Hilton), 하얏트(Hyatt) 호텔과 같은 대형 호텔체인의 경우 처음에는 호텔스닷컴(Hotels.com)과 같은 전자상거래시대의 비즈니스 모델을 상대로 경쟁해야 했으나 이제는 에어비앤비(AirBnB)와 같은 아주 새로운 형태의 비즈니스모델과 경쟁하고 있다. 모객을 위해 다른 호텔과 경쟁할 뿐만 아니라 빈방을 소유한 잠재고객과도 경쟁하게 된다.

▶ 디지털세상을 이끌다

디지털전환은 C레벨의 역할변화를 요구하고 있다고 가트너는 말한다. 가트너는 CEO가 디지털기술 활용에 있어 빠르게 기술을 개발하고 소유하는 것이 전부가 아님을 명심해야 한다고 조언한다. 작고, 혁신적인 기업과 파트너십을 구축하고, 크라우드소싱(crowdsourcing)을 고려하는 것이 중요하다.

CIO의 역할은 향후 몇 년간 '디지털 스토리텔러(digital storyteller)'로 자리잡을 것으로 내다봤다. 지금까지 CFO가 기업의 가치창출에 있어 각 역할을 정의하고 비즈니스에서 주된 서사를 담당했다면 이제 CIO가 회사의 디지털 스토리텔러가 되어 각 역할을 재정비하고 비즈니스 가치창출을 이끌어야 한다고 말한다. 따라서 CIO는 강력한 리더십을 확보하고 모든 임원이 디지털 리더가 될 수 있도록 지원해야 한다.

CDO(Chief Digital Officers: 최고디지털책임자)의 비중도 늘어날 것으로 예상된다. 아직 CDO를 두고 있는 기업은 전체 10%에도 미치지 못하지만, 현재 꾸준히 늘고 있는 추세이며 내년에는 그 비중이 크게 늘어날 것으로 예측했다.

◂ 인용 : 전자신문, 2013.10.17일자 ▸

사례 1-2 •• "페북 3년내 1위서 밀려날 수도", "혁신 절실"

—"디지털시대 영원한 1인자 불가능"—

페이스북이 현재 소셜네트워킹서비스의 최강자인 것은 확실하지만, 미국내 일부 전문가들 사이에 이르면 3년내 1위 자리에서 밀려날 수도 있는 만큼 과감한 혁신이 필요하다는 분석이 제기되고 있다고 미 일간 샌프란시스코크로니클이 22일(현지시간) 보도했다. 미국 팰러알토 소재 미래연구소의 재마시스 카시오 연구원은 "기업가 특히, 디지털 부분의 지배권이 있는 경우 영원히 1인자의 자리에 있을 수 없다는 것, 영원하지 않다는 점이 타고난 본성임을 알아야한다"고 지적했다.

실제로 웹검색의 선구자이자 인터넷포털의 왕자였던 야후는 구글과 페이스북 등장에 고전을 면치 못하고 있고, 2004년 개설된 소셜뉴스공유사이트인 디그도 4년 전만 해도 구글로부터 2억달러의 인수제안을 받았으나 최근 1천600만달러에 매각됐다. 심지어 마이크로소프트도 지난 분기 26년 만에 처음으로 순손실을 기록했다. 산업혁명 시대 헨리 포드와 같은 기업가가 세운 기업은 100년간 지속됐지만 인터넷 시대에는 불가능하다는 것이 이들의 지적이다.

이같은 맥락에서 2004년에 창업한 페이스북도 5년 만에 마이스페이스 등 경쟁자들을 제치고 1위 자리에 올라 승승장구하고 있지만 이 같은 트렌드에서 자유롭지 못할 것이라는 분석들이 나오고 있다. 뉴욕 소재 소셜미디어 컨설턴드 스토위 보이드는 "페이스북이 피할 수 있을 것으로 보이지 않는다"며 "3년 내 그같은 위기가 올 수 있다"고 전망했다. 전문가들은 혁신에 성공한 기업으로 PC에서 디지털 음원이나 모바일기기 회사로 변신한 애플을 꼽은 뒤 "애플은 과감하게 당시 성공한 제품라인까지도 내던질 수 있는 용기가 있었다"고 말했다.

◂ 인용 : 한국일보, 2012.07.23일자 ▸

제2장 인터넷 디지털통신

인터넷은 "TCP/IP에 기반을 통신규약과 주소체계로써 전 세계적으로 연결되는 범세계적인 정보시스템"으로 정의된다. 인터넷을 '전 세계적으로 연결된 네트워크 체계'와 같이 물리적인 범위로만 볼 것이 아니라, 다양한 참여자간에 정보교환을 촉진하는 공동체로도 볼 수 있다. 전 세계적으로 다양한 종류의 컴퓨터와 네트워크들이 상호운용성(interoperability)을 보장하는 정해진 표준에 의해 인터넷이라는 거대한 네트워크로 연결되고, 다양한 서비스와 비즈니스가 인터넷을 기반으로 이루어진다.

2.1 인터넷의 발전 및 구성

1969년 미국 국방성(DoD)의 지원으로 수행된 ARPA(Advanced Research Projects Agency) 프로젝트의 일부로 이루어진 ARPANET이라는 네트워크가 인터넷의 시초이다. 이때 개발된 ARPANET은 미국방성에서 군수업체와 관련 연구기관 간의 정보교환을 위한 것이었으며, 당시의 ARPANET은 NCP(Network Control Protocol)이라는 통신방식으로 이루어졌다.

여러 형태의 컴퓨터통신망의 등장으로 컴퓨터를 통한 정보교환이 증가되고 다양한 기종의 컴퓨터가 사용되면서, 이를 지원하기 위해 TCP/IP가 1970년대에 개발되어 기존의 NCP를 대체하게 되었다. 이후 활용이 늘어나는 ARPANET에 대해

1983년 군사용의 MILNET과 연구목적의 ARPANET으로 나누게 된다.

한편, 미국과학재단(NSF: National Science Foundation)은 5대의 슈퍼컴퓨터간의 정보전송을 위한 NSFNET을 구성하였다. NSF는 이를 연구목적의 ARPANET과 TCP/IP로 연결하였으며, 기존의 연구용 ARPANET은 NSFNET으로 통합되어 NSF가 전체 기간망을 관리하는 형태로 인터넷이 발전하게 된다. 그리고 민간분야의 활용을 위한 인터넷을 인터넷서비스사업자(ISP: Internet Service Provider)가 제공하게 되었고, 이는 전 세계의 네트워크들이 인터넷으로 연결되는 계기가 되었다.

인터넷이라는 네트워크가 물리적으로 세계적인 확대되는 것과 동시에, 스위스 입자물리연구소(CERN)에 의한 WWW의 개발과 이를 활용한 Mosaic, Netscape 등의 웹브라우저의 개발은 인터넷 이용자의 폭발적인 증가를 이루게 되었다. 이는 인터넷의 상업적 활용은 물론 인터넷이 기업 경영혁신의 주요 매개체로 발전하는 주요 계기가 되었다. 이상에서 나열한 인터넷의 발전과정을 정리하면 〈표 2-1〉과 같다.

▮ 표 2-1 ▮ 인터넷의 태동과 발전

년도	주요 내용
1969	미국 국방성의 프로젝트(ARPA)의 일부로서 ARPANET 개발
1979	TCP/IP 프로토콜 개발
1983	TCP/IP가 ARPANET의 통신표준으로 채택 ARPANET이 군사용의 MILNET과 연구용의 ARPANET으로 분리
1986	미과학재단(NSF)이 NSFNET 구축
1989	스위스 입자물리연구소(CERN)에서 WWW 기술개발 착수
1990	ARPANET을 NSFNET으로 통합
1991	CERN의 WWW 개발완료 및 CERN에 WWW 설치
1993	일리노이대학에서 웹브라우저 Mosaic 개발
1994	웹브라우저 Netscape 개발
1995	NSFNET은 연구망 이외의 인터넷을 ISP들이 관리하도록 민간분야에 개방

디지털 정보교환이 가능한 인터넷의 구성요소는 크게 물리적 네트워크, TCP/IP 프로토콜, 컴퓨터 단말기에 설치된 응용프로그램 등으로 나누어볼 수 있다. 주요 구성요소로써 인터넷을 [그림 2-1]과 같이 표현할 수 있는데, 여기서는 2개의 컴

퓨터가 인터넷으로 연결된 형태이다.

물리적 네트워크는 컴퓨터와 같은 정보단말기를 인터넷에 접속하고 인터넷 기간망을 통해 실제 정보신호를 전달하는 매개체이다. 모뎀과 전화선을 통한 ADSL, VDSL, 유·무선 LAN, 이동통신사의 셀룰러 무선인터넷 등의 인터넷 접속망을 통해 정보단말기가 접속되고, 인터넷 접속망은 통신사가 운영하는 인터넷 기간망에 연결되어 전 세계적으로 연결된 단일의 물리적 네트워크 기반이 구성된다.

TCP/IP(Transmission Control Protocol/Internet Protocol)는 TCP 및 IP가 중심이 되어 구성되는 여러 통신규약(통신 protocol)의 모음(suite)을 말한다. TCP/IP는 정보단말기에서 실행되는 응용프로그램 간의 정보교환 이나, 인터넷 접속망 및 인터넷 기간망에서 인터넷 신호를 전달하기 위한 통신표준이다. TCP계층은 정보단말기 내에서 주로 응용시스템별로 '메시지'별 정보교환을 처리하게 되며, IP계층은 송신 또는 수신하는 정보단말기별 인터넷주소를 포함하는 패킷(packet) 단위의 전송처리 기능을 포함한다. 이때 '메시지'는 여러 개의 패킷들로 구성된다.

응용프로그램은 인터넷에 접속된 정보단말기를 통해 서비스를 제공하거나 사용하는 서비스제공자 또는 사용자가 접하는 정보시스템이다. 대표적인 사례로서 웹브라우저 및 웹서버는 서비스 또는 정보를 요청하는 클라이언트(client)와 클라이언트의 요청에 따라 정보를 제공하는 서버(server)가 인터넷을 통해 웹정보를 교환하는 경우이다. 일반 사용자들이 이용하는 이메일, FTP 등은 물론 스마트폰을 통해 이용되는 수많은 애플리케이션과 이에 대응하여 유·무선 인터넷을 통해 정보를 제공하는 서버 시스템이 응용프로그램에 속한다.

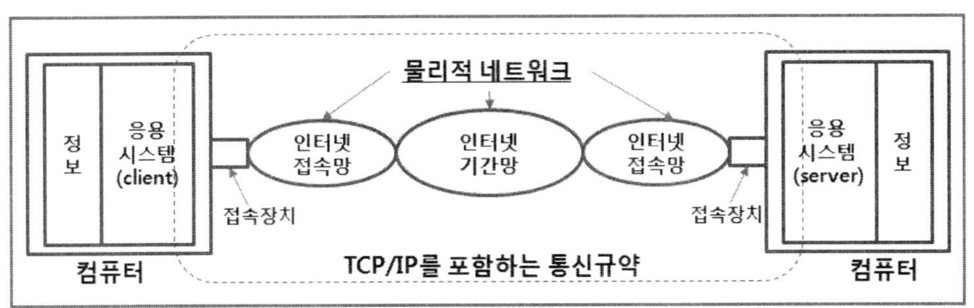

그림 2-1 — 인터넷의 구성

2.2 인터넷 주소체계와 도메인네임

(1) 인터넷 주소체계

인터넷 주소는 인터넷프로토콜 주소(Internet Protocol Address, IP Address)를 의미하며, 컴퓨터가 인터넷에 접속하여 다른 컴퓨터와 정보교환을 위해 컴퓨터 자신 또는 다른 컴퓨터를 정확히 구분하여 확인하는 수단이 된다. 이를 위해 인터넷에 접속하는 특정 정보단말기 또는 호스트(host)는 자신만이 가지는 유일한 인터넷 주소를 가져야 한다. 인터넷 주소는 인터넷에 접속하는 모든 정보단말기 또는 호스트(host)가 자신만이 가지는 유일한 주소로 이루어진다.

이러한 IP주소는 특정 컴퓨터의 IP주소를 확인하는 [그림 2-2]의 사례와 같이 32bits로 이루어지며, 8bits씩 편의상 10진수로 표현되는 4개의 필드(field)로 표현된다. 32bit로 이루어지는 IP주소 체계는 이론상 2^{32}개의 IP주소를 구성할 수 있다. IP주소를 구성하는 32bits는 '네트워크 주소영역'과 '호스트 주소영역'으로 나누어지는데, 네트워크의 규모에 따른 등급은 [그림 2-3]과 같이 A급(class A) ~ E급(class E)로 구분되는 인터넷 주소체계로써 관리된다. 이중 D급은 IP멀티캐스팅용, E급은 실험용으로 각각 지정되어 사용이 유보되고 있다.

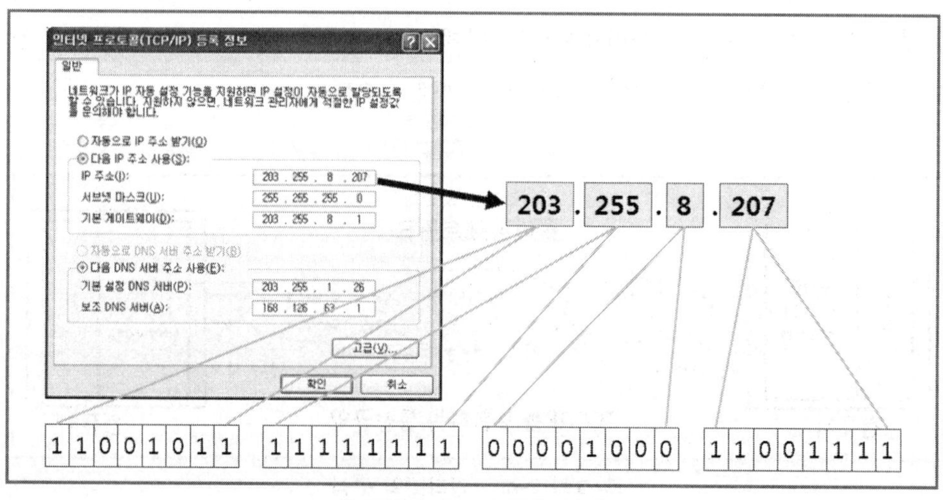

그림 2-2 — IP주소 사례

A급 네트워크는 첫 번째 bit가 '0'으로 할당되며, 네트워크 영역의 IP주소는 0~127의 범위에서 값을 가질 수 있고 나머지 3개 필드(24bits)는 A급 네트워크별로 접속가능한 호스트에 할당된다. A급 네트워크는 첫 번째 필드의 값인 0~127의 128개가 될 수 있으나, 모두 0이거나 1인 bit를 제외한 1~126의 126개가 된다. 접속되는 호스트의 최대 숫자에 있어서도 마찬가지 방식으로 (2^{24}-2)인 16,777,214개가 된다.

B급 네트워크는 상위의 2개 bits가 '10'으로 할당되며, 네트워크 영역의 IP주소는 '128.0'~'191.255'의 범위에서 값을 가질 수 있고 나머지 2개 필드(12bits)는 B급 네트워크별로 접속가능한 호스트에 할당된다. 연결가능한 호스트의 최대 숫자는 (2^{16}-2)인 65,534개가 된다. 마찬가지로 C급 네트워크는 상위 3개의 bits값이 '110'이며, 네트워크 주소영역의 범위가 '192.0.0'~'225.155.255'이다. C급 주소를 가지는 네트워크의 연결가능한 호스트수는 (2^{8}-2)인 254대이다.

0	Network (7 bits)				Host (24 bits)		Class A
1	0	Network (14 bits)			Host (16 bits)		Class B
1	1	0	Network (21 bits)		Host (8 bits)		Class C
1	1	1	0	Multicast용			Class D
1	1	1	1	0	실험용		Class E

그림 2-3 — 네트워크 등급별 인터넷 주소체계

인터넷에 접속된 LAN과 같은 단위 네트워크에 접속한 컴퓨터들의 IP주소를 효율적으로 할당하기 위하여 VLSM(Variable Length Subnet Mask)방식이 흔히 활용되고 있다. VLSM은 할당된 IP주소를 여러 개의 작은 네트워크(subnet)로 분할하여 IP주소를 신축적으로 사용하는 방식이다. 예를 들어, B급의 인터넷 주소를 할당받은 네트워크(151.113)에서 호스트용 IP주소 65,534개를 여러 세부 네트워크(조직)로 나누어 사용할 수 있다. [그림 2-4]는 B급의 네트워크를 8개의 서브넷으로 네트워크 주소영역과 호스트의 IP주소영역을 유연하게 할당한 사례이다.

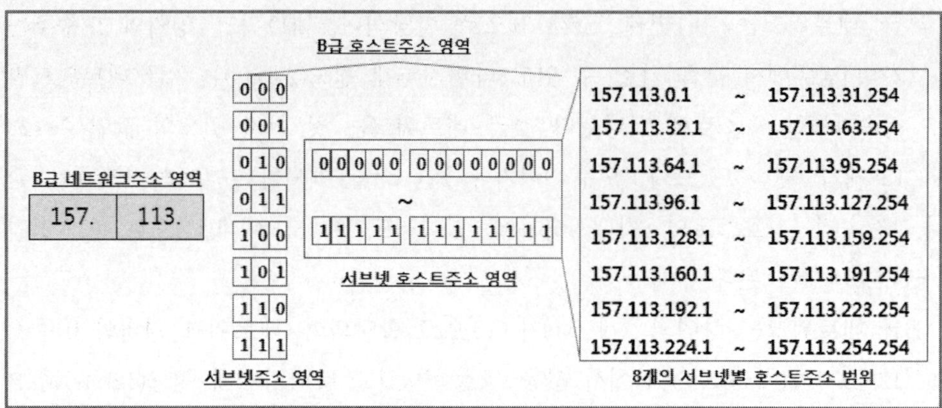

❁ 그림 2-4 — B급 네트워크의 서브넷 분할 사례

(2) 도메인이름

흔히 도메인이름은 "mis.gnu.ac.kr"과 같이 4단계로 구성되는데, 여기서 'mis'는 서버컴퓨터의 이름이며 'gnu.ac.kr'은 네트워크를 지정하는 도메인을 의미한다. [그림 2-2]와 같이 숫자로 구성되는 IP주소에 대해 기억을 용이하게 하기 위하여 숫자 대신 대개 문자(주로 영문자)로 표현되는 도메인이름(domain name)이라는 별칭을 등록하여 사용한다.

사용자가 접속을 원하는 인터넷 사이트(서버 컴퓨터)의 도메인이름을 입력하는 경우에. 이에 해당되는 실제 IP주소를 확인하여 접속하게 된다. 이 같이 도메인이름에 해당하는 IP주소를 제공하는 별도의 기능을 도메인이름 서버(DNS: domain name server)가 수행하며, [그림 2-5]와 같은 과정을 처리한다.

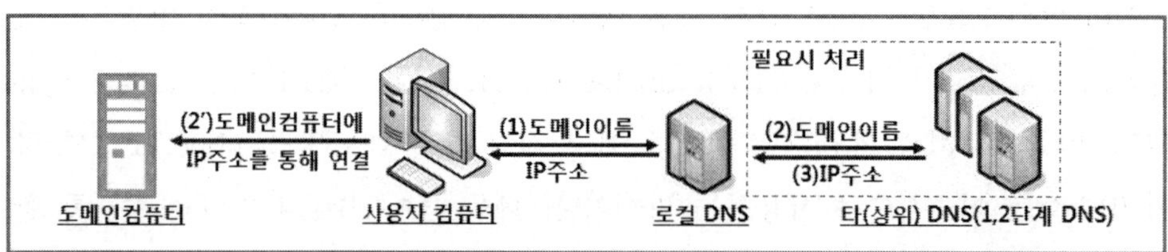

❁ 그림 2-5 — IP주소와 DNS

도메인이름과 그에 해당하는 IP주소를 등록 및 저장, 그리고 도메인네임의 통한 IP주소의 응답 등의 수행은 한 곳에 집중되어 관리되지 않고 [그림 2-6]과 같

이 계층적 구조의 분산된 데이터베이스 체계를 가진다. [그림 2-6]의 1단계(최상위 도메인)에서 일반 도메인의 각 영역(.com, .net 등)별 운영기관은 미리 정해져 있으며, 국가영역의 도메인은 각 국가의 NIC(Network Information Center)에서 관리한다.

한국에서는 KRNIC이 '.kr'을 최상위계층으로 가지는 2·3단계의 도메인 및 해당 도메인 네크워크의 루트서버(root server)를 데이터베이스로 관리한다. "mis.gnu.ac.kr"과 도메인 이름에서 'mis'는 서버컴퓨터의 이름이며, 이와 같은 서버컴퓨터의 이름에 해당하는 DNS서비스는 흔히 'gnu.ac.kr'의 네트워크에 존재하는 로컬 DNS에서 제공한다.

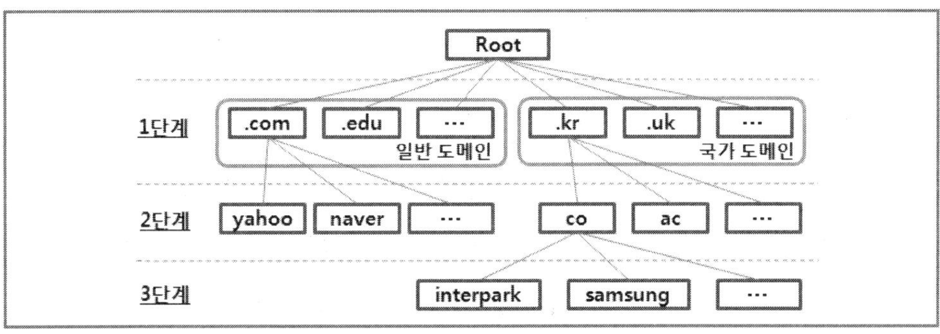

그림 2-6 — 도메인의 계층적 구성

2.3 TCP/IP 모음

인터넷의 통신규약을 흔히 'TCP/IP'라고 하는데, 이는 TCP 및 IP가 중심이 되어 구성되는 여러 통신규약(통신 protocol)의 모음 또는 꾸러미(suite)를 말한다. 일반 사용자들의 인터넷사용은 웹브라우저를 대표적으로 하여 e-mail, FTP, 동영상, 스마트폰의 각종 앱(app) 등 다양한 응용프로그램을 통해 이루어진다. 이러한 응용프로그램과 TCP/IP 및 통신매체(ADSL, LAN, 모바일 인터넷 등) 간의 관계는 [그림 2-7]과 같이 응용프로세스계층, 전달계층, IP계층, 네트워크접속계층 등의 계층적 구조로 표현되며, 각 계층에는 세부적인 여러 프로그램과 통신프로토콜 등이 존재한다.

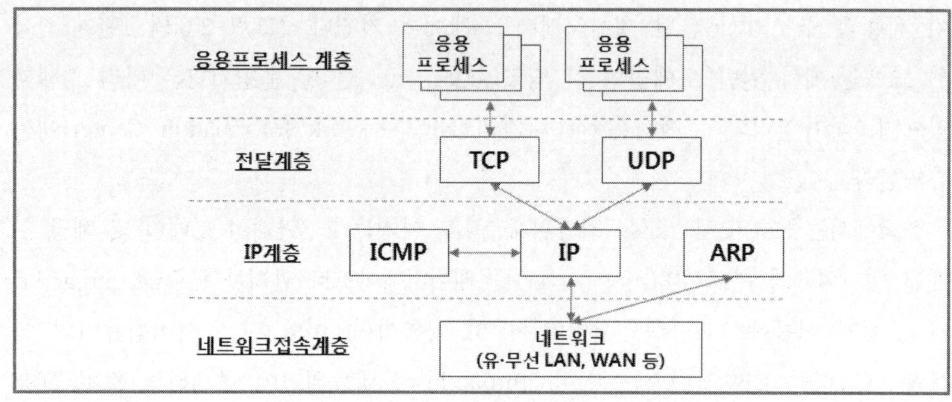

그림 2-7 — TCP/IP 체계의 구성

			data		응용프로세스 계층
		TCP(UDP) header	data		전달계층
	IP header	TCP(UDP) header	data		IP계층
Ethernet header	IP header	TCP(UDP) header	data	Ethernet trailer	네트워크접속계층

그림 2-8 — TCP/IP 계층의 전달정보의 구성

(1) 응용프로세스계층(application process layer)

인터넷을 활용하는 사용자들이 접하는 다양한 응용프로그램이 활용하는 기본기능들이 해당하는 계층이다. E-mail, HTTP, FTP, Telnet, SNMT 등이 해당된다. 이 중 일반 사용자들이 가장 많이 접하는 응용계층의 기능이 웹브라우저를 통해 웹서핑이 가능한 HTTP이다. 최근에는 스마트폰을 통해 개발과 활용이 다양하게 이루어지는 수많은 앱(App)들도 응용프로세스층의 기본 기능을 활용한다. 응용프로세스계층의 다양한 기능들은 용도에 따라 전달계층의 TCP 또는 UDP와 연결된다.

(2) 전달계층(transport layer)

전달계층은 인터넷으로 연결된 다른 컴퓨터(호스트)의 응용프로세스 간에 단위메시지의 전송을 다루는 표준기능을 수행하는 계층으로, TCP와 UDP의 프로토콜

로 이루어진다. TCP는 웹접속을 위한 HTTP, e-mail을 위한 SMTP, POP3, IMAP 등, 파일전송을 위한 FTP, 원격접속을 위한 telnet 등을 처리한다. 그리고 UDP는 인터넷전화 또는 동영상 전송을 위한 RTP, 인터넷상의 네트워크관리를 위한 SNMP 등을 처리하게 된다. [그림 2-8]의 TCP(UDP)헤더에는 호스트간 응용프로세스를 구분하는 포트번호(port number)가 기록된다.

TCP(Transmission Control Protocol)는 원격의 호스트에서 실행하는 응용프로세스들이 가상적으로 연결된 상태에서 메시지를 전송하는 서비스를 제공한다. 송신측 호스트에서 TCP는 응용프로세스의 전송메시지를 전달받아 적당한 크기의 부분(segment)으로 분할하여 이를 IP계층으로 보낸다. 수신측 호스트의 TCP는 IP계층으로부터 전달받은 단위 메시지의 부분(packet)들을 단위 메시지로 조합하여 응용프로세스층으로 전달한다. TCP는 메시지의 각 부분이 전송도중 에러가 발생하였는지를 확인하며, 필요시 재전송처리를 한다. 이러한 에러제어(error control)와 전송량을 조절하는 흐름제어(flow control)를 TCP가 수행하며, 수신된 메시지 부분들의 조합이 송신한 순서대로 이루어진다.

UDP(User Datagram Protocol)는 TCP보다 간단한 방식으로 이루어진다. UDP는 송·수신하는 원격의 응용프로세스 간의 가상적 연결없이 짧은 메시지를 전송하는데 사용되며, 메시지 부분들의 에러·흐름 제어를 처리하지 않고, 수신측에서 이루어지는 메시지부분들의 조합이 송신측의 순서와 다르게 이루어질 수 있다. 이와 같은 특징들로 인해, UDP는 순서에 관계없이 전달되어야 하는 짧은 길이의 제어용 메시지의 전송(SNMP)이나 동영상정보의 인터넷방송(RTP) 등과 같은 용도에 활용된다.

(3) IP계층

IP계층에는 IP, ICMP, ARP 등의 프로토콜이 있으며, 에러제어 및 흐름제어는 처리하지 않는다. 이중 인터넷을 통한 정보전달의 기능은 IP가 처리하며, 나머지는 인터넷상의 통신기술적 관리에 활용되는 프로토콜이다. 인터넷을 통한 정보전달의 기본단위가 IP계층의 패킷(packet)이며, 거미줄과 같이 연결된 지구상의 인터넷에서 패킷의 전송 및 경로선정(라우팅, routing)의 제반 통신장비도 IP계층의 기능을 활용한다. [그림 2-8]의 IP헤더에는 인터넷에 접속한 호스트를 구분하는

송·수신 호스트의 IP주소가 포함되어 있다.

IP(Internet Protocol)은 인터넷을 통한 정보전송에 핵심적인 역할을 수행한다. 전달계층의 TCP 및 UDP로부터 전달받은 메시지부분들에 대하여, IP계층에 접속한 네트워크접속계층의 종류에 따라 요구되는 크기로 분할하여 적절한 크기의 IP 패킷(IP packet) 형태로 네트워크접속계층을 통해 전송한다.

ICMP(Internet Control Message Protocol)는 IP에서 주로 전송경로상의 라우터 등에서 IP패킷의 처리에 이상이 발생하는 경우 활용된다. IP주소가 불분명한 패킷의 수신, 처리용량을 초과한 패킷의 폐기 등이 발생한 경우 IP패킷의 송신호스트에 ICMP패킷으로써 통지하게 된다.

ARP(Address Resolution Protocol)는 IP패킷상의 IP주소에 해당하는 호스트의 물리적 주소(physical address)를 확인하는 기능이 수행한다. 일반적인 유선 LAN의 경우 정보전송방식은 보통 이더넷(Ethernet)을 활용하는데, 개별 호스트에 설치된 LAN 접속장치(LAN카드, [그림 2-9] 참고)가 가지는 고유번호가 물리적 주소가 된다. 이더넷의 물리적 주소는 LAN과 같은 단위 네트워크에서 접속한 호스트간 서로 식별하는 기본정보이며, [그림 2-8]의 'Ethernet hearder'에 포함된다.

(4) 네트워크접속계층

LAN과 같은 단위 네트워크에서 접속된 호스트는 [그림 2-8]의 네트워크접속계층에 해당하는 패킷(packet 또는 frame)을 네트워크 접속장치인 [그림 2-9]의 LAN 카드를 통해 정보를 송·수신한다. 일반적인 LAN에서는 이더넷(Ethernet) 방식을 사용하며 그 외에 토크링, FDDI, X.25 등과 무선LAN 방식(Wi-Fi), ADSL, 셀룰러 무선인터넷 등도 모두 네트워크접속계층에 속한다.

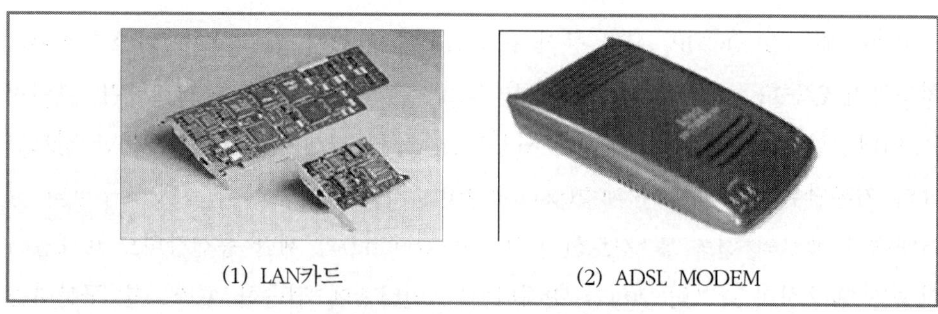

(1) LAN카드　　(2) ADSL MODEM

그림 2-9 — 네트워크 접속장치 사례

2.4 네트워크에서 디지털정보 전송

(1) 디지털통신 네트워크의 구성

인터넷을 비롯한 데이터통신 네트워크는 구성형태(topology)에 따라 흔히 [그림 2-10]과 같이 3가지로 표현된다. [그림 2-1]의 인터넷접속망 또는 인터넷기간망도 [그림 2-10]의 3가지 형태의 네트워크로 구성된다고 할 수 있다.

버스형 접속형태(bus topology)는 중추(backbone)를 이루는 네트워크에 컴퓨터 또는 하부망이 탭(tap)과 유도선(drop line)으로 연결된 구조이다. LAN을 버스형 접속형태로 구성하는 경우, 중추 네트워크와 유도선으로 구성된다. 성형 접속형태(star topology)는 허브(hub)를 사용하여 모든 접속장치를 방사형의 연결을 이루는 방식이며, 가장 많이 사용되며 관리가 쉬운 장점이 있다. 환형 접속형태(ring topology)는 링(ring) 형태의 네트워크에 여러 컴퓨터가 중계기(repeater)에 의해 네트워크에 접속한 형태이다.

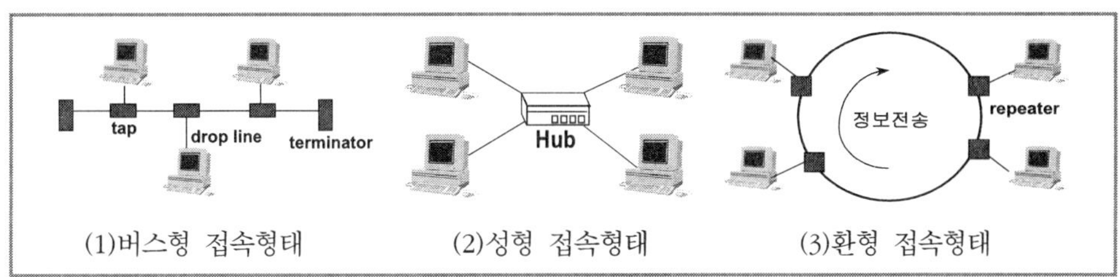

그림 2-10 — 네트워크의 구성형태

통신 네트워크를 네트워크의 규모, 소유자, 물리적인 연결구조 등에 따라 근거리통신망(LAN: local area network), 도시통신망(MAN: metropolitan area network), 광역통신망(WAN: wide area network) 등으로 나눌 수 있다. LAN은 주로 단위조직의 사무실이나 학교 등의 내부사용을 목적으로 구성되는 통신망이다. MAN은 케이블 TV망과 같이 단위도시 전체를 대상으로 하는 통신망이며, WAN은 원격지의 LAN 간 연결이나 원격지 단말기의 LAN 접속 등과 같이 장거리통신을 위한 네트워크이다.

LAN 등이 확장되어 WAN의 형태를 이루거나 LAN과 같은 단일 네트워크가 인터넷에 접속되는 형태 등으로 네트워크의 규모가 커지면, 이를 위한 통신상의 연결장치가 필요하다. 대표적인 연결장치로는 네트워크 상호간 연결과 신호전달을 처리하는 스위치(switch)와 통신경로를 결정하는 라우터(router)가 있다.

LAN과 같은 단위 네트워크들을 상호 연결하여 다양한 정보교환이나 정보서비스를 가능하게 하고 상거래까지 이루어지게 된 인터넷은 [그림 2-11]과 같이 여러 네트워크를 상호연결하는 개념으로 구성된다. 인터넷은 개별 네트워크를 연결하는 기간 네트워크를 운영하는 인터넷서비스제공자(ISP: Internet service provider)에 의하여 제공되는 컴퓨터통신 네트워크서비스이며, LAN을 비롯한 여러 단위 네트워크를 연결해주는 컴퓨터통신서비스라고 할 수 있다.

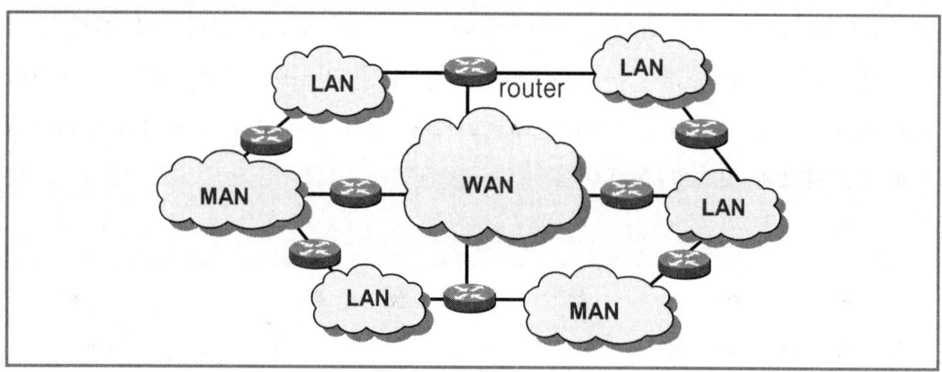

그림 2-11 ─ 단위 네트워크와 인터넷의 구성

(2) 디지털정보의 전송방식

① 디지털신호의 부호화

디지털통신에서 전송신호의 근간을 이루는 0과 1의 이진신호는 여러 가지 방식으로 표현된다. 근거리 통신에서는 주로 전기신호 전압의 고저에 의해 이진신호를 나타내며 NRZ, RZ, 맨체스터, AMI 등과 같은 여러 방식이 있다([그림 2-12] 참조). 원거리 통신에서는 아날로그 형태의 전기 또는 전자기 신호로써 이진신호를 나타내는데, 주파수·위상·진폭 중의 1가지 또는 2개 이상에서 변화를 주어 이진신호를 나타낸다. 주파수편이변조(FSK: frequency shift keying), 위상편이변조(PSK: phase shift keying), 진폭편이변조(ASK: amplitude shift keying), 구상변이변조(QAM: quadrature amplitude modulation) 등의 방식이 사용된다([그림 2-13] 참조).

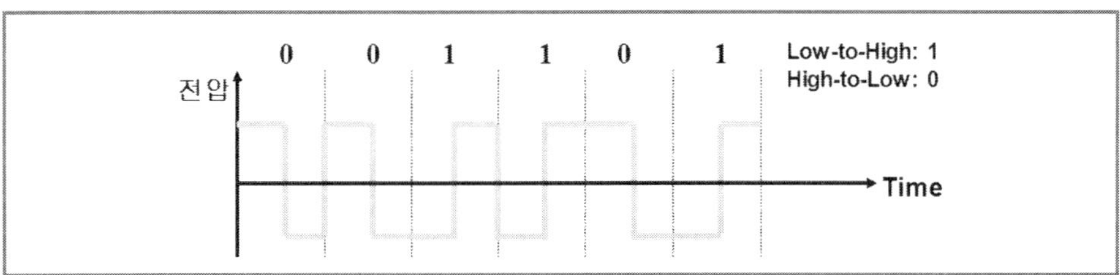

그림 2-12 — 이진신호의 부호화 사례(맨체스터 방식)

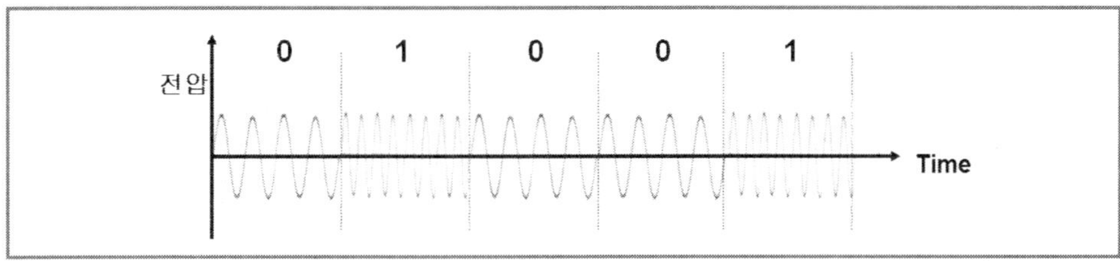

그림 2-13 — 이진신호의 부호화 사례(FSK 방식)

특정지역에 다수의 통신기기가 존재하고 두 지역간 통신을 위해, 통신이 이루어지는 송신기-수신기 짝의 수만큼 통신회선을 운영하는 것은 비효율적이다. 이러한 경우 [그림 2-14]와 같이 다중화(multiplexing)를 통하여, 특정지역간 통신량을 전송율이 높은 하나의 회선으로 한꺼번에 송·수신할 수 있다. 다중화기(multiplexer)를 통한 송신과 다중복구기(demultiplexer)를 통한 수신을 통하여 다수의 통신기기간 다량의 정보를 한꺼번에 처리한다. 다중화의 방법에는 주파수분할다중화(FDM: frequency-divisional multiplexing)와 시간분할다중화(TDM: time-divisional multiplexing) 방식이 있다. 주파수분할다중화는 개별 통신채널에 대하여 주파수영역을 할당하고 전체 주파수영역을 한꺼번에 전송하며, 시간분할다중화는 개별 통신채널별로 순서대로 일정한 시간을 할당하여 데이터를 전송하는 방식이다.

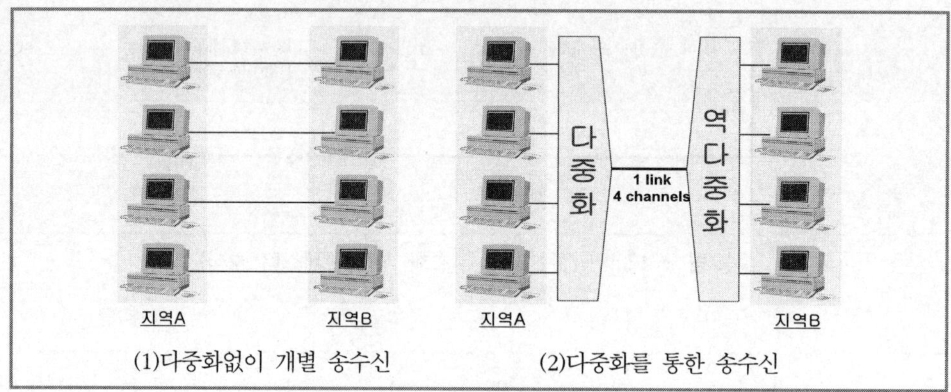

그림 2-14 — 다중화 활용여부에 따른 네트워크 구성

② 정보교환방식

네트워크로 연결된 통신기기간 정보교환의 방식에는 단방향 방식, 반이중 방식, 전이중 방식이 있다. 단방향(simplex) 방식은 네트워크에 연결된 통신기기 각각이 전송 또는 수신만 하는 형태이다. 예로써 전송만 하는 컴퓨터 키보드, 수신만 하는 모니터, TV, 라디오 등이 있다. 반이중(half duplex) 방식은 양방향으로 데이터 전송이 가능하나 한 시점에는 한 방향의 전송만 가능한 방식이며, 워키토키를 예로 들 수 있다. 전이중(full-duplex) 방식은 전송과 수신이 동시에 가능한 양방향 데이터전송 방식으로, 흔히 사용하는 전화 네트워크를 예로 들 수 있다. 일반적인 컴퓨터 디지털통신은 전이중방식으로 정보가 교환된다.

③ 직렬전송 및 병렬전송

컴퓨터 네트워크를 통한 신호는 모두 이진(bit: binary digit) 정보로 이루어지며, 이의 전송형식을 병렬전송(parallel transmission)과 직렬전송(serial transmission)으로 나눌 수 있다. 병렬전송은 여러 가닥의 전송매체를 통해 가닥수만큼 이진신호를 동시에 전송하는 한편, 직렬전송에서는 이진신호(bit signal)를 한 가닥의 매체를 통해 순서대로 전송한다.

병렬전송은 복수개의 전송매체가 필요하므로 직렬전송에 비해 고비용이고 전송매체간 이진신호의 전송속도 차이로 인한 전송오류발생 가능성으로 원거리 전송이 힘든 단점이 있으나, 짧은 거리의 전송에는 고속전송이 가능하다. 직렬전송은 병렬전송에 비해 원거리 전송은 가능하나, 병렬전송에 비해 전송속도가 느리다.

개인용 컴퓨터에서 시리얼 포트(serial port)의 경우에는 직렬전송을 사용하며, 프린트포트(print port) 또는 하드디스크와 메인보드 간의 전송 등은 병렬전송을 사용한다.

④ 비동기전송 및 동기전송

원거리 전송에 유리한 직렬전송은 다시 비동기전송(asynchronous transmission)과 동기전송(synchronous transmission)으로 나누어진다. 비동기전송은 송신기와 수신기 간에 합의된 전송단위의 이진신호(대개 1 byte)를 불규칙한 주기로 전송하는 방식이다. 전송단위의 앞뒤에는 보통 0과 1의 값을 가지는 시작비트(start bit)와 정지비트(stop bit)가 추가된다. 비동기전송은 전송단위 사이에 불규칙적인 휴지기가 있으므로 저속통신의 상황에서 경제적인 전송방법이다. 컴퓨터의 키보드에서 본체로 한 문자씩 전송하는 것을 예로 들 수 있다.

동기전송방식은 다수의 바이트(byte)로 구성되는 전송신호를 프레임(frame)이라는 단위로 합쳐서 전송하는 방법이다. 각 바이트를 구분하는 별도의 신호는 포함되지 않으며, 개별 비트(bit)의 시작과 끝을 인식해야 하는 동기화 기능을 송신기와 수신기가 갖추어야 한다. 동기전송방식은 다량의 데이터를 비교적 원거리에 전송할 수 있으므로, 컴퓨터간 또는 네트워크간 고속전송에 주로 활용되는 방식이다.

2.5 차세대 인터넷

(1) IPv6의 출현배경과 특징

오늘날 전 세계적으로 연결되어 이용되는 인터넷은 1980년대 이후 사용되어 온 인터넷프로토콜인 IPv4(Internet Protocol version 4)에 의해 안정적으로 구현되고 확산되어 왔다. 그러나 32bits 체계인 인터넷주소의 고갈과 새로운 기능의 필요성에 대한 지적에 따라 1995년경 인터넷프로토콜의 새로운 버전인 IPv6(Internet Protocol version 6)가 발표되었다. IPv6의 주요 특징은 다음과 같다.

■ **큰 주소공간 및 호스트주소 자동할당**

IPv4의 32bits 주소체계보다 훨씬 큰 128bits의 주소체계를 통해 2^{128}개의 IP주소를 가질 수가 있으므로 무한에 가까운 주소공간을 가진다. 그리고 네트워크ID와 호스트ID로 구분되는 IPv4의 2단계 주소체계와는 달리, IPv6에서는 서브넷(subnet) 체계를 다단계의 계층적인 형태로 구성할 수 있다. 또한, 단일 네트워크에서 호스트주소의 할당을 자동으로 설정한다.

■ **향상된 보안기능과 개선된 QoS**

IP수준에서의 IP 패킷단위로 암호화 처리가 가능한 IPsec(IP security)이 IPv6에서는 기본 요구사항에 포함된다. 따라서 별도 시스템의 설치없이 IPsec을 통한 전송정보의 보안처리가 가능하다. 그리고 [그림 2-8]의 IP 헤더(header)에 대해 새로운 형식으로 해당 패킷에 대한 트래픽 제어 및 구분방법을 정의하고, 이에 통해 차별화된 서비스가 가능하다. 이러한 방식은 계층적인 인터넷 주소체계와 함께, 인터넷상의 IPv6 라우터가 IPv4 라우터에 비해 더 빠르게 트래픽을 전달하는 수단이 된다.

(2) IPv6 주소체계

128bits로 구성되는 IPv6의 주소는 4bits씩 16진수로 나타내고, 16진수를 4개씩 콜론(:)으로 나누어 8개의 블록으로 표시한다. 예를 들어 '3ffe:8311:1:0:0:6eff:feb0:e5b9' 또는 '3ffe:8311:1::6eff:feb0:e5b9'와 같이 표시할 수 있으며, 연이은 '0'에 대해서는 한 번에 한하여 2개의 콜론(::)으로 표시할 수 있도록 하여 사례의 두 주소는 동일한 주소를 나타낸다. IPv4 인터넷 주소체계와 비교하면 〈표 2-2〉와 같다.

▮ 표 2-2 ▮ IPv4 및 IPv6의 주소체계

IPv4	IPv6
32bits	128bits
IP address = Network ID + Host ID	IP address = Prefix + Interface ID
Network ID	Prefix
Host ID	Interface ID

IPv6에서는 전체 128bits의 주소에서 앞 64bits는 주소의 유형 및 서브넷을 식별하기 위한 prefix를 포함하며 IPv4의 네트워크 ID에 대응된다. 그리고 뒤 64bits는 네트워크에 연결된 랜카드 장비 등에 할당하는 인터페이스 ID로서 IPv4의 호스트 ID에 해당된다. 주소의 유형에는 단일 인터페이스만을 지정하는 Unicast주소, 복수개의 인터페이스를 집합적으로 지정하는 Anycast주소 및 Multicast주소 등이 있다.

(3) IPv4-IPv6 변환

IPv4와 IPv6가 공존하는 경우 상호간에 변환(translation)하여 연동하는 것이 필요하다. 변환방식에는 헤더변환방식, 전송계층 릴레이 방식, 응용계층 게이트웨이 방식 등이 있다. 이중 헤더변환방식은 IPv4와 IPv6로 운영되는 네트워크의 중간 지점에 상호 IP주소와 패킷헤더를 변환하는 라우터(NAT-PT: network address translation-protocol translation)가 있어야 한다.

IPv6에 의해 통신하는 호스트 사이에 IPv4의 네트워크 영역이 있는 경우 IPv4 네트워크에 터널을 만들어 IPv6 패킷을 통과시키는 터널링(tunneling) 방법이 있다. 터널링에는 여러 방식이 있으며, 이중 자동 터널링의 6to4 방식은 IPv4와 IPv6의 경계를 이루는 두 라우터에서 IPv6의 패킷을 IPv4의 패킷으로 캡슐화 및 캡슐화된 IPv4의 패킷으로부터 IPv6의 패킷을 추출하는 과정을 거친다.

2.6 무선 인터넷

무선으로 인터넷에 접속할 수 있는 대표적 방식으로 무선LAN(Wireless LAN, 근거리무선망)과 이동인터넷(mobile Internet)이 있다.

(1) 무선LAN

IEEE 802.11 기반의 무선LAN은 [그림 2-15]와 같이 서비스 지역 곳곳에 설치된 AP(Access Point)를 통해 무선 단말기들이 기존의 유선LAN에 접속하게 된다. 하나의 AP에 의해 이루어지는 무선접속 서비스를 BSS(Basic Service Set)이라고 하고, 하나의 BSS에 의해 서비스가 이루어지는 지역을 BSA(Basic Service Area)라고 한다. 여러 BSS는 상위의 분배기능에 의해 ESS(Extended Service Set)를 구성하고, ESS를 구성하는 각각의 BSA는 셀룰러 이동통신의 셀(cell)과 유사하며, ESS 내에서 무선단말기가 다른 BSA로 이동하는 경우 핸드오프(hand-off)가 지원된다.

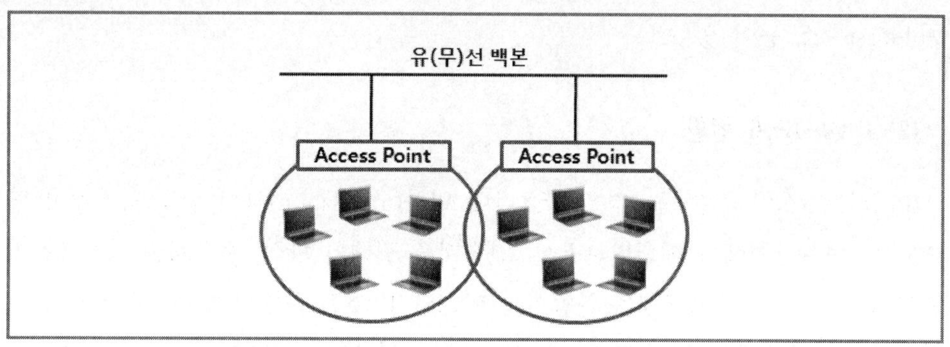

❀ 그림 2-15 — 무선LAN을 위한 다중 BSS의 구성

Wi-Fi(와이파이)는 무선LAN을 구성하는 IEEE 802.11과 동일한 기술표준을 의미하였으나, Wi-Fi가 인터넷에 데이터를 전달해 주는 기능을 위주로 하여 IEEE 802.11의 일부기능을 사용하지 않으므로 서로 동의어는 아니다. 그러나 Wi-Fi는 IEEE 802.11을 기반으로 하며, [그림 2-15]와 같은 무선LAN의 환경에서 단말기가 AP에 연결하기 위한 하드웨어(무선 랜카드)가 필요하다. 또한 운영체제에서 해당 무선랜카드를 인식할 수 있는 장치 드라이버가 설치되어야 한다.

(2) 이동인터넷

이동인터넷(mobile Internet)은 셀룰러(cellular) 이동통신망을 통하여 이동전화를 비롯한 무선 이동단말기가 인터넷에 접속할 수 있도록 하는 것이다. 이동인터넷은 별도의 게이트웨이를 통해 인터넷서비스를 제공하는 'WAP 방식'과 유선 인터넷환경을 그대로 활용할 수 있는 '유·무선통합 인터넷방식'으로 나누어볼 수 있다.

■ WAP 방식

화면의 크기, 메모리, 처리능력 등에서 성능이 제한된 휴대용 이동단말기로서는

웹(web)을 지원하기 위한 기본요건인 HTML문서의 처리가 쉽지 않다. 유선 인터넷에 비해 처리능력이 떨어지는 무선환경에서 이같은 문제에 대응하기 위해 제안된 기술표준이 WAP(Wireless Application Protocol)이다. WAP은 [그림 2-16]과 같이 WAP브라우저(WAP클라이언트)와 웹서버 사이에 WAP게이트웨이가 위치하여 WAP프로토콜과 HTTP프로토콜 사이의 필요한 변환작업을 처리한다.

WAP브라우저는 WML(Wireless Markup Language)문서를 처리하여 디스플레이 한다. WAP브라우저는 WML만을 인식하여 처리하기 때문에, 웹서버가 WML문서를 WAP게이트웨이로 바로 전송하거나 또는 웹서버와 WAP게이트웨이 사이에 HTML을 WML로 변환해 주는 HTML필터가 필요하다. WML문서를 받은 WAP게이트웨이는 WAP프로토콜로써 이를 휴대폰으로 전달하여 WML문서의 내용을 사용자에게 보여주게 된다.

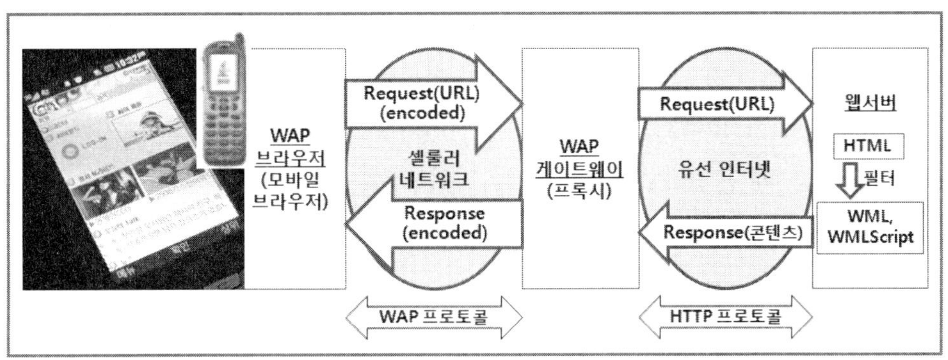

그림 2-16 — WAP을 통한 무선 인터넷접속 및 WAP 사이트 사례

■ 이동통신망의 인터넷통합 방식

스마트폰이 아닌 일반 휴대폰이 유선인터넷에 접속하기 위해서는 단말기의 성능을 고려하여 이동통신사가 접속을 관리하는 WAP게이트웨이 또는 무선포털과 같은 별도의 게이트웨이를 통해 이루어졌다. 핸드폰의 성능이나 이동통신망의 인터넷접속 환경을 고려할 때, 유선인터넷에서 활용하는 모든 콘텐츠를 이동통신망에서 서비스한다는 것은 거의 불가능하다. 따라서 극히 제한된 이동인터넷 서비스라고 할 수 있다.

풀브라우징(full browsing)이 가능한 휴대폰과 스마트폰의 등장은 더 이상 WAP게이트웨이와 같은 중간과정을 요구하지 않으며, 유선인터넷에서 제공하는 웹의

내용을 그대로 제공한다. 단지, 이동통신사가 인터넷서비스를 제공하는 입장에서는, 이동단말기가 인터넷 IP주소를 독립적으로 가지고서 유선인터넷의 서비스를 원활히 활용할 수 있도록 유선 인터넷과 무선 셀룰러통신망이 통합되도록 연결하는 것이다.

• **이동단말기에 IP주소 할당**

공인 인터넷 IP주소의 고갈, 인터넷 접속지점이 한곳에 고정되지 않은 이동단말기의 위치 등의 이유로 인해, 일반적으로 이동통신사들이 이동인터넷을 위해 이동단말기에 제공하고 있는 모든 IP주소는 유동(dynamic) 및 비공인(사설) IP주소이다. 사설 IP주소를 가지는 인터넷단말기가 IP주소에 대한 적절한 처리 없이 공인 IP주소를 가지는 유선인터넷의 서버컴퓨터에 접근하여 서비스를 제공받는 것은 유·무선에 관계없이 불가능하다.

이러한 상황에 대해 보통 사설 IP주소와 공인 IP주소를 변환해주는 NAT(Network Address Translation) 방식을 통해서 유선인터넷 환경을 그대로 이동인터넷에서 활용할 수 있게 한다. (그림 2-17) 참조). 이동통신사들은 수백만 대의 이동단말기에 유동의 사설 IP주소를 부여하고, 유선인터넷에 접근하는 이동단말기에 대해 준비하고 있는 공인 IP주소를 할당하여 처리한다.

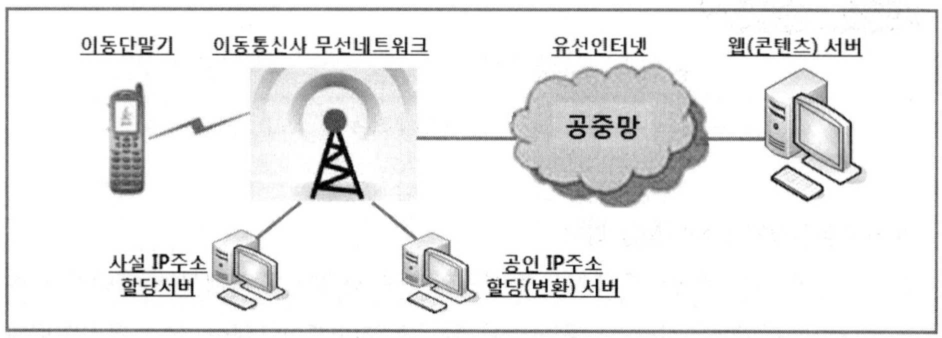

그림 2-17 — 이동통신망의 유선인터넷과 통합된 구성

사례 2-1 •• 무선 인터넷 기기 수, 올해 말엔 세계 인구 추월

올해 연말이면 스마트폰, 태블릿, 랩톱 등 무선인터넷 연결이 가능한 기기의 수가 전 세계 인구를 추월할 것이라고 영국 일간 가디언이 8일 보도했다. 미국의 네트워크장비회사인 시스코는 스마트폰과 태블릿 등 무선 인터넷 기기가 아시아, 태평양, 아프리카 등지에서도 급속도로 보급되면서 그 수가 연말 이전에 70억 대를 넘어설 것으로 예측했다.

비디오 감시체계, 유지관리, 빌딩 자동화, 스마트 제어·계측, 건강관리, 소비자가전 등이 점차 사람의 손을 거치지 않고 무선 인터넷을 통해 직접 중앙컴퓨터와 데이터를 주고받는 이른바 '사물지능통신(M2M)'도 급속도로 늘어날 것으로 전망했다. 이처럼 무선인터넷을 이용하는 기기가 급격하게 늘어남에 따라 현재의 인터넷 인프라는 과부하가 걸리게 되고, 인터넷주소부족현상으로 말미암아 현재의 인터넷주소 체계인 IPv4에서 IPv6로 전환할 수밖에 없게 된다고 내다봤다.

또한 모바일비디오가 이미 전 세계 데이터전송의 절반 이상을 차지하고 있으며 2017년까지는 3분의 2 이상을 차지할 것으로 전망했다. 스마트폰 이용자들이 사용하는 월평균 데이터용량은 2011년 189MB에서 2012년에는 342MB로 약 81%가 증가했다. 이전 단계인 피처폰은 월평균 데이터 트래픽은 6.8MB 정도다. 스마트폰은 전체 휴대전화의 18% 정도에 불과하지만, 세계 모바일 데이터트래픽의 92%를 차지하고 있다.

시스코는 2017년 스마트폰의 월평균 데이터 트래픽이 2.7GB가 될 것으로 전망되며 이를 뒷받침할 엄청난 물량의 인터넷 중추망이 있어야 할 것이라고 내다봤다. 미국에서 4세대(G) 이동통신인 LTE망은 전체 네트워크의 0.9%에 불과하지만 데이터트래픽은 이미 19%를 넘어섰다면서 4G가 유럽에서도 보급되기 시작하면서 기존 3세대 이전 버전의 트래픽 용량보다 19배나 많은 양의 데이터 트래픽을 유발할 것으로 예측했다.

◂ 인용 : 한국일보, 2013.02.08일자 ▸

사례 2-2 •• 새 혁신 몰고 올 미래 첨단기술 5가지

그동안 소비자들의 각광을 받아온 스마트폰과 컴퓨터 부문의 기술혁신이 최근 정체된 것처럼 보이지만 이런 첨단기기의 황금기가 지나갔다고 말하기는 이르다. 현재 과학자들이나 첨단기술 종사자들은 혁신엔진을 재가동할 수 있는 새 기술에 도전하고 있다. 다음은 CNN머니가 1일(현지시간) 현재 정체된 첨단기술의 혁신을 뛰어넘을 새로운 5대 기술분야를 소개한 것이다.

▲ **휘어지는 스크린** = 휘어지는 디스플레이 시제품은 수년 전부터 이미 존재해 왔다. 노키아와 삼성전자, 코닝 등은 실용화 제품을 개발 중이다. 애플도 최근 휘어지는 디스플레이를 가진 기기에 대한 특허를 신청한 상태다. 이 기술은 아직 소비자 기기에 적용하기에는 너무 비싸고 실용적이지 않은 것으로 알려졌으나 코닝은 올해 라스베이거스에서 열린 소비자 가전전시회 CES에서 초박막이고, 둘둘 말 수 있는 강화유리인 '윌로 글라스'가 몇년 내 스마트폰에 적용될 수 있다고 밝힌 바 있다.

▲ **스마트 클라우드** = 현재 스마트폰도 원격장소에 있는 클라우드서버를 이용하고 있지만 아직 '스마트하다'고 말하기는 이르다. 인지능력이 있는 미래의 스마트폰은 데이터 집적이 돼 있는 구글이나 IBM 등이 만들 가능성이 높다. 이미 스마트폰은 소지자의 개인정보를 거의 완벽하게 가지고 있다. 따라서 현재 공항으로 향하는 상황에서 항공편이 취소됐다면 곧바로 다음 항공편을 예약하고 새 터미널에 있는 스타벅스에 커피를 주문해 놓을 뿐 아니라 목적지의 첫 회의 참석자들에게 늦을 것이라는 이메일을 전송하는 시나리오도 가능하다. 하지만 이런 서비스는 항상 개인정보 문제가 논란이 될 수 있으며, 무선 인프라의 업그레이드도 필요하다. 하지만 클라우드 덕에 조만간 이런 기기의 등장을 기대할 수 있을 것으로 보인다.

▲ **획기적으로 향상된 배터리 성능** = 현재 스마트폰의 3분의2 정도가 리튬이온 배터리를 사용하고 있다. 배터리 크기 때문에 그만큼 프로세서나 카메라 등 다른 부품들의 크기를 줄일 수 밖에 없다. 스마트폰을 아예 크게 제작해 배터리 크기도 늘리는 것도 해결책 가운데 하나지만 현재 시장에서는 실리콘

이나 리튬 이미드 등 다른 재질의 배터리를 개발 중이다. 리튬 이미드 배터리는 현재 실용화단계까지 와 있으나 기존 리튬이온 배터리 성능을 10% 정도 늘리는데 그치고 있어 당분간 배터리 수명과 관련된 혁명적인 제품이 나오기는 쉽지 않아 보인다.

▲ **보다 빠른 네트워크** = 구글이 현재 캔자스시티에 기존 인터넷속도보다 200배 빠른 초속 1GB의 속도로 인터넷을 이용할 수 있는 네트워크를 설치했다. 또 이동통신사업자들도 네트워크를 업그레이드해 4G LTE(4세대 롱텀레볼루션) 기술을 채용하고 있으며 일각에선 이보다 빠른 네트워크도 개발중이다. 보다 빠른 인터넷망은 상상을 뛰어넘는 새로운 시대를 열어줄 수 있다. 56k모뎀을 사용하던 시기에는 지금처럼 휴대전화로 유튜브 영상을 보는 것을 상상할 수 없었던 것과 같다. 문제는 이처럼 초고속망을 설치할 때마다 비용이 크게 증가한다는 점이다. 현재도 무선사업자들은 매년 무선 인프라의 업그레이드를 위해 수백억 달러를 쓰고 있다.

▲ **슈퍼초고속 양자(Quantum) 컴퓨팅** = 현재 컴퓨터는 0과 1의 조합으로 이뤄져 있지만 미래 컴퓨터는 이보다 확률(probabilities)에 의존할 가능성이 높다. 양자역학을 채용해 가장 가능성이 높은 상황을 기반해 답을 내놓은 컴퓨터가 등장할 수 있다는 뜻이다. 이렇게 되면 이론적으로 현재 최고속 컴퓨터보다 엄청나게 빠르게 답을 구할 수 있는 컴퓨터가 등장할 수 있다. 지난 수십년간 이런 이론에 근거해 휴렛패커드, IBM, 마이크로소프트, 록히드마틴 등이 개발작업을 하고 있으나 아직 기존 컴퓨터를 뛰어넘는 성과를 내지는 못하고 있다.

◂ 인용 : 사이언스타임즈, 2013.04.03일자 ▸

제3장 웹기반 시스템

1994년경 WWW(World-Wide Web)를 이용한 인터넷 전자쇼핑몰이 등장하면서부터 인터넷을 통한 전자상거래의 폭발적인 확산은 시작되었다고 할 수 있다. WWW는 HTTP(Hyper Text Transfer Protocol)라는 통신표준(protocol)을 활용하는데, 사용자는 보통 웹브라우저(web browser)를 통하여 인터넷에 연결된 지구상의 모든 웹서버(web server)와 정보교환 또는 서비스를 활용하는 형태로 WWW을 이용한다. 이러한 웹상의 정보교환과 서비스는 다양한 방식의 웹기반 시스템에 통하여 이루어진다.

3.1 HTTP를 통한 인터넷 정보교환

(1) TCP/IP와 HTTP

인터넷상의 여러 통신 프로토콜 꾸러미를 TCP/IP 또는 TCP/IP 꾸러미라고 부르는데, 그 이유는 TCP 및 IP가 인터넷상에서 실행되는 정보시스템이 거의 공통적으로 사용하는 통신프로토콜이기 때문이다. TCP/IP 꾸러미의 구성은 [그림 2-7]과 같으며, 웹브라우저와 같이 인터넷을 활용하는 응용시스템들의 통신규약(HTTP, Telnet 등)은 일반적으로 TCP와 IP를 기본 프로토콜로 활용한다.

웹브라우저와 웹서버는 인터넷을 연결매체로 HTTP 통신프로토콜을 활용하는 클라이언트-서버(client-server) 형태이며, 앞서 언급한 하위의 통신프로토콜을 통

하여 [그림 3-1]과 같이 웹브라우저(웹클라이언트)의 정보요청에 대하여 웹서버가 해당 정보를 응답하는 형식으로 이루어진다. 웹서버는 필요시 [그림 3-1]의 CGI (Common Gateway Interface)로 불리어지는 실행 프로그램을 활용하여 필요한 정보를 생성하여 웹브라우저에게 전달하기도 한다.

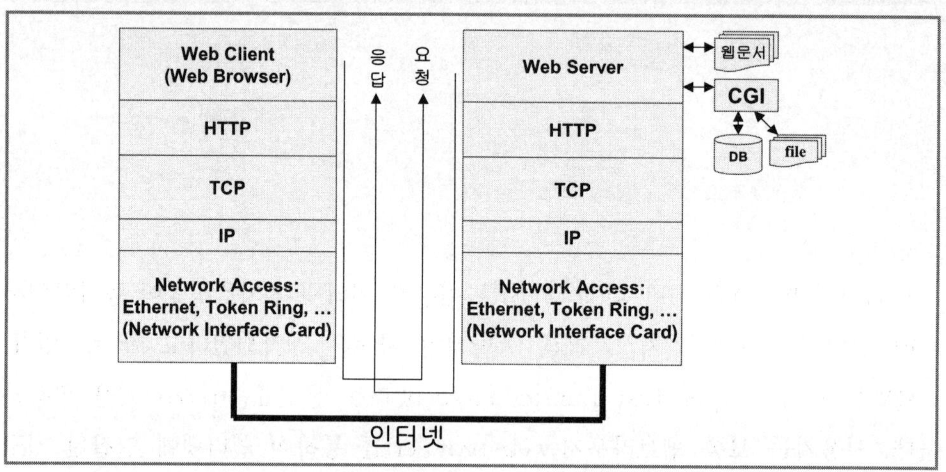

그림 3-1 — HTTP를 통한 인터넷상의 정보요청과 제공

(2) HTTP의 처리방식

1991년 스위스 CERN(Conseil Europeen pour la Recherche Nucleaire: 유럽 입자물리학연구소)에서 수행한 하이퍼미디어(hypermedia) 프로젝트의 결과인 WWW (World-Wide Web 또는 Web)은 인터넷기반 정보시스템의 기본 플랫폼으로 널리 활용되고 있다. 웹(web)은 웹브라우저와 웹서버간 클라이언트-서버 형태로 웹서버 컴퓨터에서 관리되는 웹사이트(web site)의 정보(웹페이지)를 웹브라우저로 전송하는 서비스이다.

웹브라우저와 웹서버간 HTTP 프로토콜에 의한 정보의 요청(request)과 응답(response)을 위한 처리과정은 [그림 3-2]와 같다. HTTP는 인터넷 상에서 클라이언트-서버 시스템을 구성하지만, 연결 상태를 유지하지 않는(stateless) 특징이 있다. 이는 클라이언트가 URL을 통하여 필요한 정보를 서버에게 요청(request)하고, 서버는 요청을 처리하여 응답(response)한 후 해당 클라이언트와 연결하는데 필요한 정보를 기억하지 않고 잊어버리게 됨을 의미한다. 즉, HTTP를 사용하는 클

라이언트와 서버는 필요시마다 [그림 3-2]의 처리과정을 반복한다고 할 수 있다.

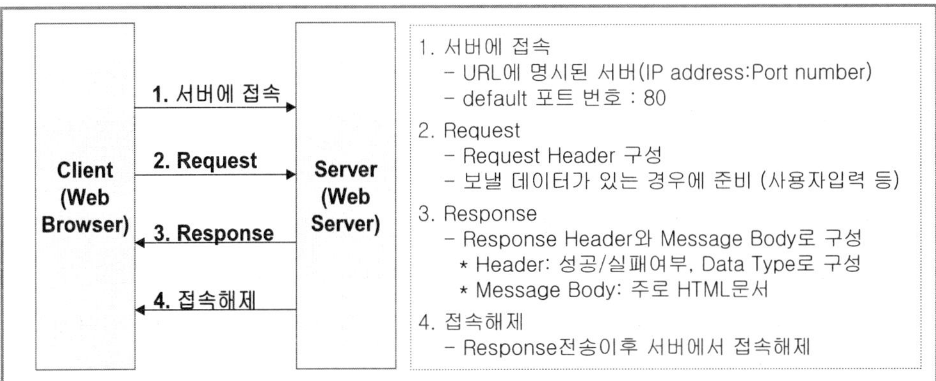

그림 3-2 — HTTP의 처리과정

인터넷 웹은 정보를 요청하고 응답하는 HTTP 프로토콜을 포함하여 여러 필요한 기능요소를 포함하고 있다. 즉, 인터넷 주소체계인 URL(Uniform Resource Locator) 및 요청(request)·응답(response)을 위한 전송문서(message)의 해석, 실제 응답(response)의 내용을 구성하는 웹문서, 실제로 웹상의 클라이언트와 서버의 역할을 하는 소프트웨어 등이다.

URL은 인터넷에 접근가능한 모든 자원의 주소를 고유하고 일관되게 식별하기 위해 부여된 주소체계를 뜻한다. URL은 문서, 이미지, 음성, 프로그램 등의 주소를 모두 표현할 수 있으며, 아래의 사례와 같이 구성된다.

• "http://www.w3.org:80/2001/Annotea/User/Writeclient.html"

여기서 'http'는 사용하는 프로토콜이 HTTP임을 의미한다. Internet Explorer와 같은 웹브라우저에서는 http 이외에 ftp, telnet, mailto 등도 지원하고 있다. 'www.w3.org'는 웹서버 컴퓨터 이름과 도메인 이름을 뜻하며 네임서버(name server)에 의하여 IP주소로 전환된다. ':80'은 웹서버 컴퓨터에서 제공하는 http 서비스의 포트(port) 번호를 뜻한다. HTTP 프로토콜의 디폴트(default) 포트번호는 80이며 임의의 포트번호를 사용할 수도 있다. '/2001/Annotea/User/Writeclient.html'은 웹서버 컴퓨터가 관리하는 요청 정보자원의 위치경로와 파일명(file name)을 나타낸다.

웹브라우저와 웹서버가 [그림 3-2]의 요청(request)과 응답(response)을 처리하기 위하여 서로에게 전송하는 전자문서는 헤더(header)와 보디(body)로 구성되며, MIME(Multi-purpose Internet Mail Extensions) 표준형식에 의하여 작성된다. 헤더(header)에는 컴퓨터가 인식해야 하는 여러 가지 정보를 포함한다. 요청문서의 보디(body)에는 사용자가 입력한 데이터를 포함할 수 있으며, 응답문서의 경우에는 웹브라우저에서 요청한 웹페이지의 내용을 포함한다.

웹페이지는 문자, 그림, 소리, 영상을 포함하는 멀티미디어 문서의 성격을 가진다. 기본적인 웹페이지 문서의 구성은 HTML(Hyper Text Markup Language)로써 이루어진다. HTML은 웹 문서의 내용을 기술하는 태그(tag) 언어이며, 인터넷상의 다른 웹페이지나 그림, 동영상, 음성 등의 멀티미디어 자료에 접근할 수 있는 하이퍼링크(hyper link)를 포함할 수 있다. HTML로 작성되는 웹페이지는 ASCII 파일로 구성되어 웹서버 컴퓨터가 저장하거나 CGI, JSP. ASP 등의 프로그램에 의해 생성될 수도 있으며, 클라이언트(웹브라우저)의 요청에 의하여 웹브라우저에게 전송된 후 사용자 컴퓨터의 화면상에 출력(display)된다.

3.2 웹브라우저와 웹서버의 기능확장

HTTP에 의한 웹브라우저의 요청에 대해 이루어지는 웹서버의 응답은 기본적으로 요청받은 웹페이지(web page, 즉 html file)를 전달(응답)하는 형식으로 이루어진다. 웹(web)에서의 응답을 처리하기 위해, 다음 사항을 고려하여야 한다.

- 웹서버는 모든 필요한 정보를 웹페이지로 준비하여 응답하여야 한다.
- 웹브라우저를 통한 요청이 데이터나 정보의 처리과정을 필요로 하는 경우, 응답과는 별개의 처리기능이 제공되어야 한다.

위 사항은 [그림 3-2]의 요청과 응답 이외에 웹브라우저와 웹서버의 기능을 확장함으로써 해결이 가능하다. 이에 대하여 정리하면 다음과 같다.

(1) 웹브라우저의 기능확장

웹브라우저가 웹서버에게 모두 사항을 응답으로 요구하지 않고, 웹브라우저의 기능을 확장하여 가능한 정보처리를 직접 실행한다고 하자. 그러면, [그림 3-2]의 요청과 응답을 상당부분 생략할 수 있고, 웹서버의 입장에서 요청처리 건수가 줄어들어 부담도 줄게 된다. 웹브라우저의 기능확장은 다음의 두 종류로 나눌 수 있다.

- 실행 프로그램을 통한 기능확장: 자바애플릿(Java Applet), 플러그인(Plug-In) 프로그램, ActiveX 등
- 스크립트(script)를 통한 기능확장: VBScript, JavaScript 등

실행 프로그램을 통한 기능확장을 위해서는 실행이 가능한 프로그램이 웹서버의 응답에 의해 웹브라우저로 전달되거나 또는 웹브라우저의 컴퓨터에 설치되어야 한다. 자바애플릿의 경우, 이에 대한 해석기 기능을 웹브라우저가 갖추어야 한다. 웹브라우저에서 실행되는 프로그램은 경우에 따라 사용자 컴퓨터의 보안에 문제가 되기도 한다.

스크립트(script)형 프로그래밍 언어는 컴파일(compile)이 필요없이 웹브라우저가 가진 해석기(interpreter) 기능에 의해 번역되어 수행되는 프로그램을 의미한다. 필요한 스크립트는 HTML 웹페이지 내에 일반 문자열로 포함되어 있으며, 프로그램 코드(code)가 웹브라우저 상에서 사용자에게 노출된다. 실행은 웹브라우저에서 이루어지지만, 스크립트 소스(source)가 포함된 HTML문서의 저장 및 전송은 웹서버 측에서 이루어진다.

(2) 웹서버의 기능확장

웹브라우저의 요청에 대하여, 웹문서의 전달에 의한 응답 이외에 [그림 3-1]의 CGI와 같이 다른 외부 프로그램의 실행을 통해 처리할 수 있다. 이때 외부 프로그램이 실행한 결과는 HTML을 비롯하여 웹브라우저가 인식할 수 있는 웹페이지의 구성형식이어야 한다. 웹페이지 형식을 갖춘 처리결과는 웹서버가 받아서 웹

브라우저에게 전달하게 된다.

이상의 과정은 기본적인 웹서버의 기능이 다른 외부 프로그램의 기능을 빌어 확장되는 형태로 구성된다. 이는 웹 환경이 단순한 정보제공의 범위를 넘어 기업이나 조직의 다양하고 복잡한 정보서비스 수단이 될 수 있게 한다. 웹서버의 기능확장에는 다음의 방식들이 있다.

- CGI(Common Gateway Interface) 방식: C, C++, Visual Basic 등
- 자바서블릿(Java Servlet) 방식
- 스크립트(script)를 통한 기능확장: ASP, JSP 등
- 웹서버 API(Application Program Interface)방식: ISAPI, NSAPI 등

CGI방식은 C와 같은 기존의 3세대 언어로써 작성한 프로그램이 HTML 형식의 웹문서를 생성하는 방식이다. CGI의 단점으로는, 웹브라우저가 특정 CGI프로그램에 접속할 때마다 CGI프로그램이 설치된 컴퓨터에서는 별도의 프로세스(process)에 의해 실행되어, 사용자가 많은 경우 해당 컴퓨터의 성능에 문제가 발생하기가 쉽다.

자바서블릿(Java Servlet) 방식은 Java라는 프로그래밍언어에 기반을 둔 것으로, 웹서버와 연결 및 자바가상머신(Java Virtual Machine)의 역할을 수행하는 서블릿 엔진(Tomcat, Jrun 등)을 설치하여야 한다. 자바애플릿(Java Applet)이 웹브라우저 측에서 실행되는 것이라면, 자바서블릿(Java Servlet)은 웹서버 측에서 실행되는 Java 프로그램이다. CGI 프로그램의 개별 프로세스에 의한 실행과는 달리, 서블릿 엔진을 통한 서블릿 프로그램의 실행은 멀티쓰레드(multi-thread) 방식으로 처리된다. 이는 서블릿이 실행되는 컴퓨터의 부담이 효율적으로 관리됨을 의미한다.

서버측 스크립트(server-side script)인 ASP(Active Server Page)는 Microsoft사의 IIS 웹서버와 연동하는 스크립트형 언어이며, JSP(Java Server Page)는 자바서블릿의 상위에 존재하면서 손쉽게 웹서버용 프로그램을 위해 고안된 언어이다. IIS 웹서버가 설치된 서버컴퓨터에서는 ASP 프로그램을 통한 웹페이지의 서비스가 가능하다. JSP(Java Server Page)를 활용한 프로그램을 위해서는 JSP엔진 또는 JSP 엔진이 포함된 웹서버의 설치가 필요하다.

웹서버 API방식은 특정 웹서버와 연동할 수 있는 프로그램 라이브러리(library)를 통하여 필요한 기능을 개발하는 방식이다. IIS(Internet Information Server) 웹서버 또는 Netscape 웹서버의 경우, 웹서버 개발사(Microsoft사 또는 및 Netscape사)에서 개발에 필요한 프로그램 라이브러리(ISAPI 또는 NSAPI)를 제공하고 있다. 단, 특정 라이브러리의 기능확인이 복잡하고 구현하는 기능이 웹서버 성능에 영향을 미칠 수 있다.

3.3 웹문서의 전송과 구성

(1) 웹문서의 전송

HTTP의 Request(요청) 또는 Response(응답)에 해당하는 전자문서는 '첫번째 줄(start line)', '헤더(header)', '메시지보디(message body)'의 3부분으로 구성된다. '첫번째 줄(start line)'과 '헤더(header)'는 웹서버-웹브라우저 간에 시스템상의 필요한 정보전달을 위한 사항이며, '메시지보디(message body)'는 사용자에게 정보서비스 제공을 위해 필요한 사항이다. '메시지보디(message body)'에는 주로 웹(web) 문서가 포함된다.

웹서버-웹브라우저 간에 Request 또는 Response에 해당하는 전자문서의 사례를 [그림 3-3]에서 볼 수 있다. [그림 3-3]에서 네이버(Naver)의 홈페이지(www.naver.com) 주소, 주소가 링크된 텍스트 또는 그림 등을 클릭하면 Request문서가 웹서버로 전달된다. 이 사례의 Request문서에는 메시지보디에 포함된 것이 없는데, 다른 경우에는 사용자 ID 또는 패스워드, 사용자의 상품선택사항 등이 포함될 수 있다. 사례의 Response문서에서 'message body'는 사례의 네이버(Naver) 홈페이지를 구성하는 웹문서(HTML문서)를 포함한다. 이와 같이 사용자가 웹브라우저를 통해 요청한 웹문서는 Response문서에 포함된 메시지보디에 포함되어 전달된다.

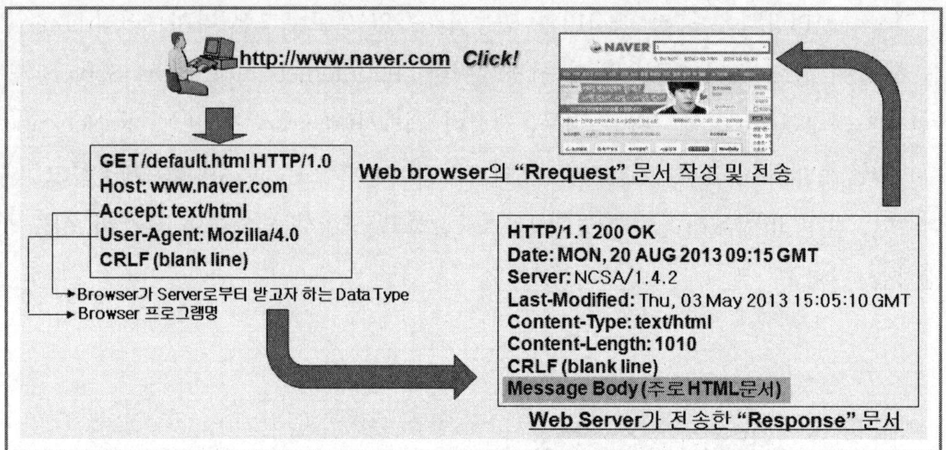

그림 3-3 — Request 및 Response 문서의 구성과 전달

(2) 웹문서의 구성

■ HTML과 CGI

웹문서는 웹브라우저에서 처리되어 컴퓨터 화면을 통해 사용자에게 보이는 내용이다. 웹문서를 구성하는 가장 기본적이고 보편적인 방식은 HTML(Hyper Text Markup Language)이며, HTML로 구성되는 전자문서를 흔히 HTML문서라고 칭하기도 한다. [그림 3-4]는 웹서버 측에서 저장된 HTML문서의 파일을 웹브라우저 측으로 전달하거나, 또는 CGI프로그램의 결과(주로 HTML문서)를 전달하는 과정을 보여준다.

HTML은 '〈...〉'의 형태로 표현되는 다양한 태그(tag)로 구성된다. 〈BODY〉, 〈BR〉, 〈IFRAME〉등의 태그로 구성되는 간단한 사례로서 웹상의 신문사이트를 보여주는 HTML문서를 보면 [그림 3-5]와 같다. 이와 같이 웹서버 측의 파일로 저장되어 관리되는 HTML문서가 있는 반면, CGI(Common Gateway Interface) 방식을 활용하여 일반 프로그램의 출력이 웹문서로 표현되는 방식을 활용할 수 있다. [그림 3-6]은 C언어 프로그램의 CGI방식을 활용한 간단한 웹문서 사례이다.

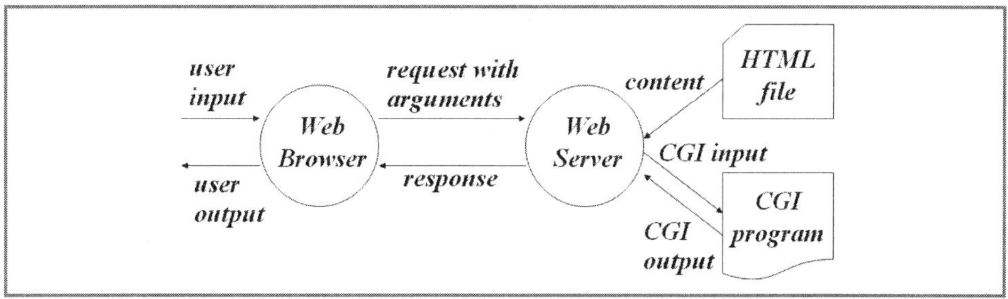

그림 3-4 — 'HTML문서' 또는 'CGI 처리결과'의 요청 및 응답

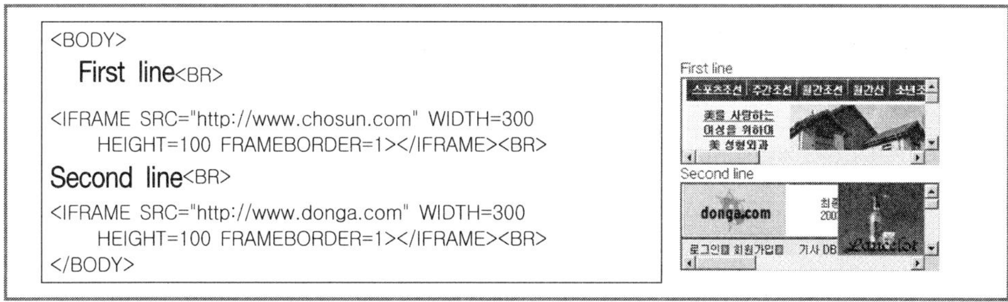

그림 3-5 — HTML문서의 구성사례

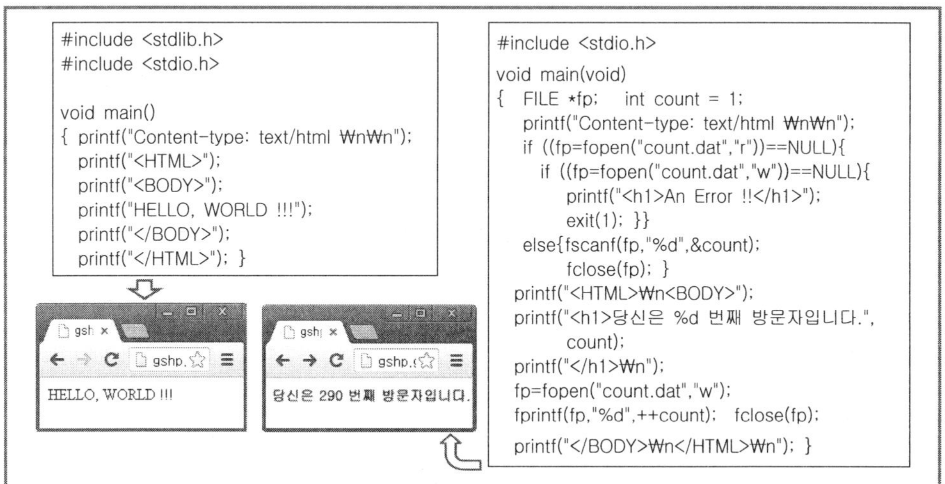

그림 3-6 — CGI방식을 활용한 HTML문서의 구성사례

HTML문서가 저장된 파일로 있다가 웹브라우저의 요청에 따라 전송되는 '정적인(static) 웹페이지'과 비교하여, [그림 3-6]과 같이 프로그래밍을 통해 사용자의 다양한 요구나 행위에 대응하여 반응하는 경우를 '동적인(dynamic) 웹페이지'라고

한다. 동적인 웹페이지는 움직이는 그림(GIF, JPG 등의 파일), 웹문서 스타일(CSS: Cascading Style Sheet) 등을 활용하거나 [그림 3-6]과 같이 프로그래밍을 통한 웹브라우저 또는 웹서버의 기능확장을 활용할 수 있다.

웹서버의 기능확장에 속하는 CGI, Java Servlet, JSP, ASP 등에 의한 프로그래밍 결과의 출력은 HTML문서로써 웹브라우저에 전달되고 사용자에게 출력된다. 그러나 원래 프로그램 소스(source), 즉 CGI, JSP, ASP 등으로 작성한 프로그램은 웹브라우저에서 볼 수 없다. 반면, 웹브라우저의 기능확장을 위한 JavaScript는 [그림 3-7]과 같이 HTML문서에 포함되어 있으며, HTML에 포함된 해당 프로그램 소스가 웹브라우저로 전달되어 사용자가 확인할 수 있다.

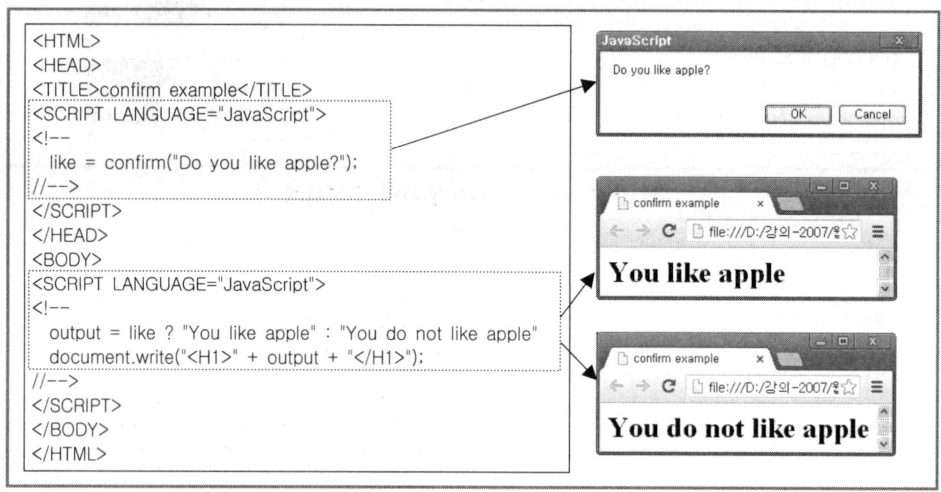

그림 3-7 — JavaScript에 의한 웹페이지 사례

■ XML

HTML에서 태그(tag)에 의한 웹문서 구성에서 단점으로 지적되는 사항은 반드시 정의된 태그만을 사용해야 하는 것과 태그의 기능이 주로 웹문서 구성항목들에 대한 컴퓨터상의 디스플레이에 관한 것이라는 것이다. 이와 같은 단점에 대해, 태그의 새로운 정의 그리고 태그가 전하고자 하는 데이터의 의미를 가지도록 구성할 수 있는 방안이 XML(eXtensible Markup Language)이다. XML에서 태그의 정의는 'DTD(Document Type Definition)'방식 또는 'XML 스키마(schema)'방식에 의해서 가능하며, 정의된 태그에 의해 구성된 자료항목들을 'XML 인스턴스(instance)'라

고 한다. [그림 3-8]은 DTD에 의한 태그의 정의와 이로부터 구성된 XML 인스턴스를 보여주는 간단한 사례이다. 그리고 XML문서의 저장은 2바이트 코드(unicode, UTF-8 등)로 처리되어야 한다.

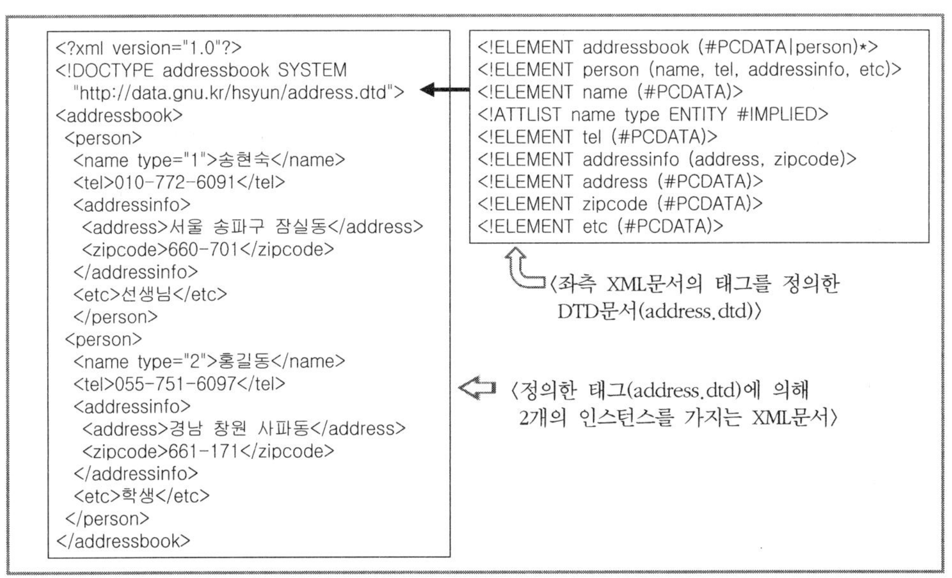

```
<?xml version="1.0"?>
<!DOCTYPE addressbook SYSTEM
  "http://data.gnu.kr/hsyun/address.dtd">
<addressbook>
 <person>
  <name type="1">송현숙</name>
  <tel>010-772-6091</tel>
  <addressinfo>
   <address>서울 송파구 잠실동</address>
   <zipcode>660-701</zipcode>
  </addressinfo>
  <etc>선생님</etc>
  </person>
 <person>
  <name type="2">홍길동</name>
  <tel>055-751-6097</tel>
  <addressinfo>
   <address>경남 창원 사파동</address>
   <zipcode>661-171</zipcode>
  </addressinfo>
  <etc>학생</etc>
 </person>
</addressbook>
```

```
<!ELEMENT addressbook (#PCDATA|person)*>
<!ELEMENT person (name, tel, addressinfo, etc)>
<!ELEMENT name (#PCDATA)>
<!ATTLIST name type ENTITY #IMPLIED>
<!ELEMENT tel (#PCDATA)>
<!ELEMENT addressinfo (address, zipcode)>
<!ELEMENT address (#PCDATA)>
<!ELEMENT zipcode (#PCDATA)>
<!ELEMENT etc (#PCDATA)>
```


그림 3-8 — DTD와 XML문서의 구성사례

[그림 3-8]에 예시된 XML문서에서 HTML과는 달리 〈address〉, 〈zipcode〉 등과 같이 새로운 태그를 정의할 수 있다. XML에서 정의하는 태그는 화면상의 디스플레이 효과(글자의 크기, 색깔 등)가 아니라 실제 데이터 항목이 가지는 의미(주소, 우편번호 등)를 포함한다. XML문서는 웹문서에서 활용하기도 하지만, 인터넷을 통한 자료교환(EDI)을 포함하여 다양한 정보처리 분야에서 활용된다. XML문서 자체로는 웹브라우저에서 원문이 텍스트(text) 형태로 나타나기 때문에, 디스플레이 효과를 위한 방안으로 XSL(eXentsible Style Language) 방식을 활용하면 XML문서상의 인스턴스들을 다양한 형태(예를 들면, 테이블 형식)로 웹브라우저에 나타낼 수 있다.

■ 'XHTML' 및 'HTML 5'

유럽입자물리연구소(CERN)의 팀 버너스리(Tim Berners-Lee)가 1980년 제안한 인콰이어(Enquire)는 1990년 말에 HTML로 명시되었다. HTML로 구성되는 웹문서를 대상으로 웹브라우저와 웹서버 소프트웨어가 개발됨으로써, HTML은 자연스럽게 웹문서의 작성표준으로 되었다. HTML은 1995년 HTML 2.0, 1997년 HTML 3.2, 1998년 HTML 4.0, 1999년 HTML 4.01 등으로 개선되어 왔다.

이후 HTML의 표준을 관장하는 W3C는 HTML 버전(version)의 개선보다 XHTML의 개발로 방향을 변경하였다. 2000년 XHTML 1.0, 2001년 XHTML 1.1이 발표되었으나, 작업중이던 XHTML 2.0은 중단하게 되었다. 중단된 이유로는, XHTML의 방식에 이견을 보인 브라우저 벤더들의 워킹그룹인 WHATWG(Web Hypertext Application Technology Working Group)가 제안한 방향인 'HTML 5'의 방식을 W3C가 인정한 때문이다. 이후 XHTML은 XHTML5의 이름으로 'HTML 5'에 포함되게 되었다.

• **XHTML**

HTML은 SGML(Standard Generalized Markup Language)로써 구성한 것으로서 SGML의 응용이라면, XHTML(Extensible Hypertext Markup Language)은 SGML의 부분집합인 XML의 응용이다. 이러한 이유로 HTML과는 달리 XHTML은 하나의 XML문서로서 문법적으로 엄격하며, 프로그램을 통해 표준 XML라이브러리를 이용한 자동화된 처리에 유리하다. 그러나 모든 웹브라우저가 지원하지 않은 단점이 있다.

HTML과의 차이로, 모든 태그가 〈body〉 등과 같이 반드시 소문자로 작성되어야 하고, 종료태그(〈/body〉 등)로 닫혀야 하는 등 문법에 엄격하다. XHTML문서는 [그림 3-9]의 간단한 사례처럼 〈!DOCTYPE html ...〉과 같이 반드시 XHTML의 DTD(Document Type Definition)를 선언해야 하며, DTD에 의한 유효성에 적합해야 한다.

```
<!DOCTYPE html
    PUBLIC "-//W3C//DTD XHTML 1.0 Strict//EN"
    "http://www.w3.org/TR/xhtml1/DTD/xhtml1-strict.dtd">
<html xmlns="http://www.w3.org/1999/xhtml" xml:lang="en" lang="en">
    <head>
        <title>XHTML Example</title>
    </head>
    <body>
        <p>This is tiny example of an XHTML usage.</p>
    </body>
</html>
```

❀ 그림 3-9 — XHTML문서의 작성사례

• HTML 5

HTML 5는 HTML의 차기 버전이라고 할 수 있다. 2004년 WHATWG에서 '웹 애플리케이션 1.0'이라는 이름으로 정리되어 온 표준으로, 2013년 4월 현재 여전히 개발 중이다. HTML 5는 HTML 4.01, XHTML 1.0, DOM Level 2 HTML 각각을 하나의 사양으로 통합한 차기표준의 제안이라고 할 수 있다. 2013년 7월 현재, HTML 5의 표준이 아직 확정되지 않았으나 마이크로소프트, 구글 등의 웹브라우저 벤더들은 HTML 5를 수용하는 차세대 웹의 주도권을 위해 노력하고 있다고 한다.

HTML의 기능적 한계에 대해 수많은 plug-in과 ActiveX 컨트롤 등과 같이 높은 외부기술 의존도는 웹의 심각한 문제로 인식되었으며, HTML 5는 이러한 문제를 극복하는 접근방식으로 이해할 수 있다. CSS3, JavaScript API 등을 이용한 HTML의 기능확장은 기존의 마크업 이상의 기능으로서 웹서버의 부하를 줄이고 웹의 활용도를 보다 확대시킬 것으로 예상된다. 이는 plug-in과 ActiveX 컨트롤의 필요성을 현저히 줄이고 순수 웹의 풍부한 기능성을 제공할 것으로 보인다. HTML 5가 만들어지는 디자인 원칙은 다음과 같다고 한다.

- ▸ 호환성
  - 컨텐츠의 호환성, 이전 브라우저와의 호환성, 기능의 재사용 등
- ▸ 실용성
- ▸ 상호운용성
- ▸ 보편적 접근성

HTML 5에 의한 문서의 구성은 'HTML'과 'XHTML' 두 가지 방식으로 각각 가능하다. HTML 5 가 따르는 HTML문법을 'HTML5', HTML 5가 따르는 XML문법을 'XHTML5'라 각각 부른다. HTML 5 문서를 HTML 또는 XHTML로 작성할 경우 [그림 3-10] 및 [그림 3-11]의 사례와 같이 DOCTYPE 태그에서 정의하여야 한다. HTML 5에서는 보다 개선된 태그를 통해 시맨틱 마크업(semantic markup) 지향, 폼(form) 기능의 개선, 보다 풍부한 UX(User eXperience) 및 멀티미디어 처리 등을 특징으로 한다.

```
<!DOCTYPE html>
<html>
 <head>
  <title>문서제목입니다.</title>
  <meta charset="UTF-8">
  <style type="text/css">h1 {font-size: 2em;}</style>
 </head>
 <body>
   <h1>HTML을 이용한 마크업 예제</h1>
   <p>단락 1</p>
   <input type="text" disabled>
 </body>
</html>
```

그림 3-10 — HTML 5 문서의 작성사례 (HTML5)

```
<?xml version="1.0" encoding="UTF-8"?>
<html xmlns=http://www.w3.org/1999/xhtml>
 <head>
  <title>문서제목입니다.</title>
  <meta charset="UTF-8">
  <style type="text/css">h1 {font-size: 2em;}</style>
 </head>
  <body>
   <h1>XHTML을 이용한 마크업 예제</h1>
   <p>단락 1</p>
   <input type="text" disabled>
  </body>
</html>
```

그림 3-11 — HTML 5 문서의 작성사례(XHTML5)

3.4 모바일 인터넷 애플리케이션

(1) 모바일 브라우저와 모바일 웹페이지

이동통신 서비스를 통한 휴대전화에서 모바일 웹브라우저를 활용하여 자유자재로 인터넷 웹을 접속하는 것은 3세대 무선이동통신 이후에 가능해졌다고 볼 수 있다. 스마트폰 또는 고성능 일반폰(피처폰)에서 구동가능한 풀 브라우저(full browser)를 통해 사용자들은 기존의 PC에서와 같이 인터넷 웹을 접근할 수 있게 되었다.

무선이동통신을 통해 WWW을 활용할 수 있는 것은 이동통신 네트워크를 기존

의 인터넷에 연결하는 이동통신사의 서비스가 그 기반이 된다. 모바일 단말기를 통해 웹브라우징을 하기 위한 모바일 브라우저(mobile browser)도 [그림 2-7]의 응용프로세스계층에 속하는 HTTP를 활용하는 애플리케이션(application)이다. 즉, 모바일단말기에서 작동하는 TCP와 IP를 거쳐 네트워크접속계층에서 인터넷에 접속되는 무선이동통신의 기능을 활용하는 것이다.

다양한 모바일 브라우저 애플리케이션이 사용되고 있는데, 잘 알려진 모바일 브라우저로서는 안드로이드, 오페라모바일, 크롬, 돌핀, 파이어폭스, 나인스카이, 보트모바일 등이 있다. 대개의 모바일 브라우저는 일반 PC와 같이 접속하는 웹페이지 모두를 화면상에 디스플레이(display)하는 풀브라우징이 가능하다. 그러나 화면의 크기가 작은 모바일 브라우저에서 PC의 접근을 고려하여 제공되는 웹페이지를 활용하는데 있어서는 사용편의성이 떨어진다. 따라서 모바일 브라우저의 상황이 고려된 웹페이지가 필요하다([그림 3-12] 참조).

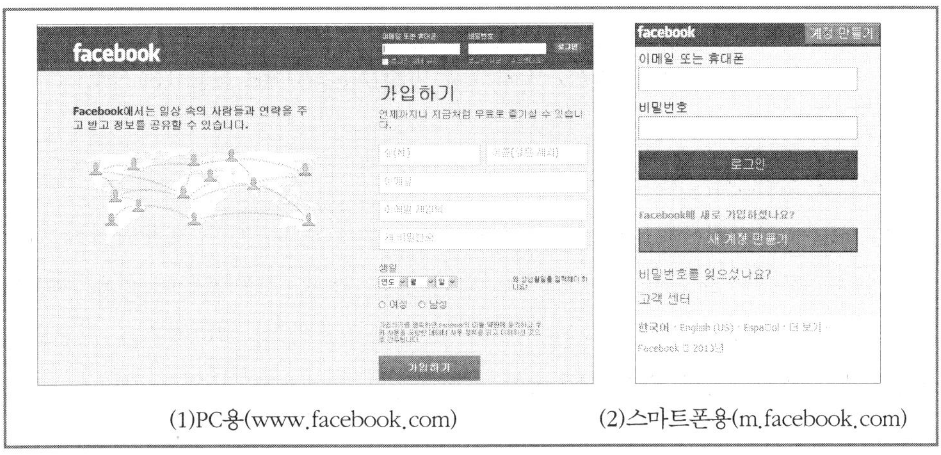

(1)PC용(www.facebook.com) (2)스마트폰용(m.facebook.com)

그림 3-12 — 일반 (PC용) 및 모바일용 웹페이지 사례

스마트폰과 같은 단말기의 사용자를 위해 모바일 서비스를 제공하는 기업이나 개인은 모바일전용 홈페이지를 준비하여 제공하는 경우가 많다. 사용자가 모바일 브라우저를 통해 기존의 홈페이지에 접속하는 경우, 준비된 모바일전용 홈페이지에 자동으로 접속하도록 하고 있다. 일반 웹페이지와 모바일전용 웹페이지를 동시에 제공하는 웹서버(web server) 측은 다음 사항을 준비하여야 한다.

■ **모바일 단말기의 인식**

홈페이지에 PC로 접속하는 경우에는 기존 홈페이지로, 모바일 단말기로 접속하는 경우에는 모바일 홈페이지로 자동접속(redirect)하도록 한다. 일반 PC용 웹브라우저 또는 모바일 브라우저로 웹서버에 접속하는 경우, 웹서버 측에서 미리 준비된 프로그램을 통해 사용자 브라우저의 종류를 파악하여 대응하도록 한다. 예를 들어, JavaScript로써 사용자 브라우저를 확인하는 사례는 [그림 3-13]과 같다.

```
<script type="text/javascript">
var mobileKeyWords = new Array('iPhone', 'iPod', 'BlackBerry', 'Android',
                               'Windows CE', 'LG', 'MOT', 'SAMSUNG',
                               'SonyEricsson', 'Windows Phone');
for (var word in mobileKeyWords){
   if (navigator.userAgent.match(mobileKeyWords[word]) != null){
    location.href = "이동할 모바일 홈페이지 주소를 입력 (ex : http:m.site.com)";
    break;
   }
 }
</script>
```

그림 3-13 — 모바일 브라우저 확인 및 이동(redirect)하는 프로그램 사례

■ **모바일 웹페이지의 제작**

스마트폰의 모바일 웹브라우저를 위한 웹페이지는 일반 PC용 웹페이지의 제작과 기술적으로 큰 차이는 없는 것으로 파악된다. 단지, 기본적으로 적은 화면을 가지는 스마트폰의 특성을 충분히 고려하는 것이 필요하다. 일반적으로 지적되는 모바일전용 웹페이지의 제작에 유의할 사항들을 나열해보면 다음과 같다.

- 사용자 인터페이스(interface)의 차이: 기본적으로 기존의 데스크톱 PC보다 디스플레이(display) 화면의 크기가 작다. 그리고 일반 PC에서 사용되는 마우스의 조작에 의한 사용자 인터페이스의 기능은 제공되지 않는다. 또한 웹페이지 내 또 다른 스크롤바의 추가가 거의 어렵기도 하다.
- 단말기별 화면의 크기 및 해상도의 차이: 스마트폰 단말기별 해상도에 차이를 미리 고려하여 이에 최적화된 웹페이지의 설계가 필요하다. 단말기별 해상도를 예로 들면 아이폰4는 960*640, 아이폰5는 1136*640, 갤럭시S3는 1280*720, 갤럭시4는 1920*1080 등이다.

• 사용자의 터치편의성: 손가락 터치의 오류가능성을 최소화하기 위해 링크(link) 간의 거리, 버튼(button)의 크기 등을 정해야 한다. 사용자가 터치하는 범위의 넓이를 44*44 픽셀(pixel) 크기를 기준으로 하기도 한다.

모바일 웹사이트는 키보드를 비롯한 번거로운 입력방식을 가능한 한 최소화하도록 효과적으로 설계하는 것이 필요하고, 사이트의 정보를 간결하고 가볍게 제공하는 것이 적절하다.

(2) 앱(app)

2000년대 중반이후 급격히 확대된 스마트폰은 모바일 웹(mobile web) 뿐만 아니라, 휴대성과 개인성 등 스마트폰의 특성을 최대한 활용하는 다양한 모바일 어플리케이션(mobile application)을 통하여 다양한 정보서비스를 이용할 수 있다. 앱(app)이란 어플리케이션의 단순한 줄임말로 볼 수 있으나, 일반적으로 스마트폰을 통해 이용할 수 있는 어플리케이션을 말한다. 스마트폰의 제조사 또는 무선이동통신사들은 '앱스토어', '안드로이드마켓', 'T스토어' 등과 같이 개발된 앱을 거래하거나 유통하는 서비스를 운영하고 있다.

■ 모바일 웹과 앱

무선통신 속도가 빨라지고 웹 표준이 스마트폰과 같은 모바일 단말기에 적용이 가능하므로 기존의 웹 이외에 모바일 웹을 동시에 서비스하는 경우가 많다([그림 3-12] 참고). 그러나 아직 많은 웹사이트 또는 웹페이지가 스마트폰과 같은 작은 화면과 사용자 인터페이스에 충분히 적합하지 않은 측면이 있다. 아이폰의 출시 이후 스마트폰의 사용환경을 충분히 고려한 앱의 개발 및 다운로드를 통해, 모바일 웹을 대체하여 앱을 활용하는 방식이 확대되고 있다.

이와 같이, 스마트폰과 같은 휴대용 인터넷단말기를 위한 '앱'과 '모바일 웹'이 서로 경쟁 또는 보완하는 형태로 제공되고 있다. 한편 앱과 모바일 웹을 서로 절충하는 '하이브리드 앱'의 방식이 제시되고 있다. '하이브리드 앱'의 방식은 기존의 웹기술을 통해 사용자 인터페이스와 시스템기능을 구성하고, 단말기의 센서나 카메라의 조작 등과 같이 웹기술이 제공하지 않는 기능들은 단말기전용 소프트웨어 라이브러리(API)를 활용하는 방식이다.

■ 앱의 개발환경

스마트폰과 앱의 시장을 양분하고 있는 애플(Apple)사의 아이폰과 구글(Google)사의 안드로이드폰은 각각 iOS과 안드로이드(Android)라는 시스템운영체제(operation system)를 가지며, 앱의 개발에서도 iOS는 Object C언어 기반이고 안드로이드는 자바(Java)언어 기반에서 이루어진다. iOS는 애플사가 제공하는 아이폰에서만 운영되며, 안드로이드는 여러 스마트폰제조사에 개방되어 제공되고 있다. 스마트폰 초창기에 아이폰과 iOS의 시장우위는 [그림 3-14]와 같이 개방전략의 안드로이드에 의해 많이 위축되고 있다.

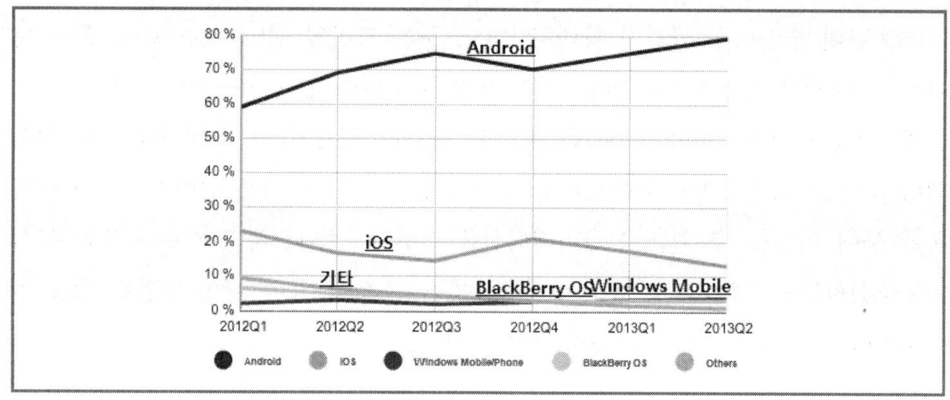

❀ 그림 3-14 — 스마트폰 운영체제 세계시장 점유율(IDC)

iOS나 안드로이드는 직접 관리하는 홈페이지를 통해 앱(app)의 개발을 위한 소프트웨어개발도구(SDK: software development kit)를 제공하고 있으며, 개발자는 이를 자신의 컴퓨터(데스크톱 PC 등)에 설치하여 개발환경을 구성하고 앱을 스스로 개발할 수 있다. 참고로, 자바언어를 기반으로 하는 안드로이드에서 앱 개발환경의 구성과정은 [그림 3-15]와 같다.

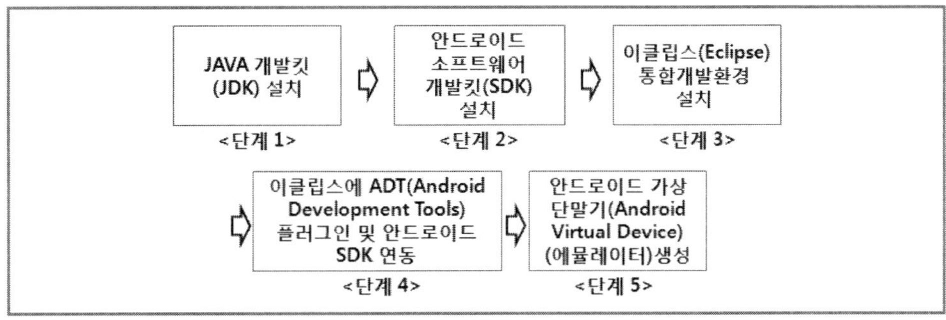

그림 3-15 — 안드로이드에서 앱 개발환경의 구성과정

사례 3-1 •• KT, HTML5 기반 스마트IPTV 첫 상용화

KT는 개방형 웹 언어 표준인 HTML5 기반의 스마트 IPTV인 '올레TV 스마트'를 상용화했다고 22일 밝혔다. IPTV와 위성의 결합상품인 올레TV스카이라이프(OTS) 가입자가 1000원을 더 부담하면 웹브라우징, 웹상 동영상 시청, TV용 애플리케이션 등 스마트 서비스 등을 이용할 수 있다. HTML5를 이용한 스마트 IPTV 서비스가 상용화 된 것은 이번이 처음이다.

케이블TV 방송사(MSO)인 티브로드가 지난달 HTML5를 기반으로 한 스마트 케이블TV인 '스마트 플러스'를 출시한 바 있지만 HTML5를 이용한 스마트 서비스가 IPTV 업계에서 상용화된 적은 없었다. KT는 이에 앞서 지난 1월부터 안드로이드 운영체제(OS) 기반의 스마트 IPTV 서비스인 '올레TV 스마트팩'을 출시한 바 있다. 이 서비스 가입자는 셋톱박스 펌웨어 업그레이드를 통해 추가 비용 부담 없이 새 서비스를 즐길 수 있다.

HTML5는 월드와이드웹(World Wide Web)에서 콘텐츠를 제시하는 기본 언어인 HTML의 최신 버전이다. HTML5 기반의 웹 페이지나 앱은 iOS나 안드로이드 OS와 호환되며 PC, 스마트폰, 스마트IPTV를 넘나들며 사용할 수 있다. 이에 따라 HTML5 기반의 스마트 유료방송은 특정 OS 기반의 기존 서비스에 비해 확장성이 대폭 향상돼 콘텐츠 확보가 용이하다는 장점을 갖는다.

특히 방송과 IP(인터넷 프로토콜) 사이의 매시업(Mash-up;융합)이 용이해져 방송을 보면서 TV 방송 화면 위에 뜬 별도의 창에서 웹상의 정보를 확인할 수도 있다. KT는 매시업을 활용해 프로야구 중계를 보면서 선수의 개인 정보, 상대 전적, 타구장의 경기 정보 등을 확인하는 '스마트 야구 중계'를 서비스하고 다른 스포츠 중계나 정보형 방송 프로그램으로 매시업 콘텐츠를 확대할 계획이다. 김주성 KT미디어허브 사장은 "HTML5 플랫폼의 뛰어난 확장성과 양방향성을 활용해 진정한 차세대 IPTV 서비스를 정착시켜 전 세계 IPTV 산업의 판도를 바꿔 나갈 것"이라고 밝혔다.

◂ 인용 : 디지털타임스, 2013.07.22일자 ▸

사례 3-2 •• "한국인 스마트폰 데이터 통화량 1위는 웹서핑"

— SA "내년부터는 동영상이 웹서핑보다 늘어날 전망" —

한국인들이 스마트폰을 이용하면서 가장 많은 데이터사용량(트래픽)을 쓰는 기능은 인터넷 서핑인 것으로 나타났다. 미국의 시장조사업체 스트래티지 애널리틱스(SA)는 지난해 한국의 연간 스마트폰 데이터사용량이 150.6PB(페타바이트)였다고 7일 발표했다. 1PB는 1천24TB(테라바이트)이고 1TB는 1천24GB(기가바이트)라는 점을 고려하면 지난 한 해 동안 한국인들은 스마트폰으로 1억5천792만GB의 데이터를 썼다.

이 가운데 웹브라우저를 이용한 인터넷서핑 사용량이 90.9PB로 전체의 60% 이상을 차지했다. 이어 게임·애플리케이션(앱)을 통한 데이터 사용량이 28.6PB, 동영상 사용량이 24.4PB로 각각 2~3위를 기록했다. 올해도 연간 데이터 사용량 231.5PB의 절반이 넘는 118PB가 인터넷서핑으로 쓰일 것으로 예상된다. 그러나 내년부터는 동영상을 통한 데이터사용량이 인터넷서핑을 넘어설 것으로 SA는 내다봤다. 내년 연간 데이터사용량은 354.1PB를 기록할 것으로 전망되는 가운데 동영상을 통한 사용량이 163.7PB로 인터넷서핑 사용량 148.9PB보다 많으리라는 것이다.

이 같은 추세는 2017년까지 이어지면서 인터넷서핑을 통한 데이터 사용량은 매년 평균 20.9%가량씩 완만하게 늘어나는 반면, 동영상은 연평균 72.2%의 가파른 증가세를 기록할 것으로 예상된다. 통신업계 관계자는 "LTE와 LTE-A 등 빠른 속도의 통신서비스가 늘어나면서 고화질 동영상 이용자가 늘어나고 있다"며 "동영

상 데이터사용량이 급증하는 것은 통신 서비스의 영향이 크다"고 설명했다. SA는 전 세계 동영상 데이터사용량이 2012~2017년간 연평균 42.1% 늘어나 인터넷서핑 사용량의 연평균 증가율 29.5%보다 더 빠르게 늘어날 것이라고 전망했다.

◂ 인용 : 연합뉴스, 2013.07.07일자 ▸

제4장 e-비즈니스 정보보안

e-비즈니스에서 이루어지는 제반 거래정보가 컴퓨터 및 디지털 네트워크에 의해 처리되므로, e-비즈니스 정보보안은 e-비즈니스의 기반기술 또는 기반 정보시스템의 영역에 속하는 요소이다. 본 장에서는 정보보안의 일반적인 설명과 함께 암호화 기술, 방화벽, 정보자료유출방지 등에 관해 살펴보기로 한다.

4.1 정보보안의 의미와 구성

컴퓨터와 네트워크로 확대·발전하는 정보환경에서, 정보자원(하드웨어, 소프트웨어, 데이터 등)을 위·변조, 유출, 훼손 등과 같은 정보보안 사고로부터 보호하는 것을 정보보안(information security 또는 정보보호)이라고 광범위하게 정의할 수 있다. 정보보안를 위하여 이루어지는 여러 활동은 대개 다음과 같은 정보보안 구성요소로써 이루어진다.

- **물리적 보안**(physical security): 컴퓨터실이나 중요한 정보를 보관하는 공간에 대하여 물리적인 접근이나 출입을 통제하는 방식이다.
- **관리적 보안**(administrative security): 정보보호의 지침이나 기준 등을 규정한 보안정책(security policy) 수립, 정보관리자 또는 사용자의 업무처리 중에 필요한 보안절차(security procedure) 관리, 정보보안에 밀접한 관리자 또는 사

용자의 채용에서부터 정보보안 교육에 이르는 보안인원(security personnel)의 관리, 정보보안 사고시 피해를 최소화하는 복구절차(recovery procedure) 수립 등으로 구성된다.

- **컴퓨터 보안**(computer security): 기본 서버시스템, 응용시스템, 데이터베이스 등으로 구성되는 컴퓨터 시스템이 여러 보안위협으로부터 정보보안 사고를 당하지 않도록 하는 것이다.
- **네트워크 보안**(network security): 근거리통신망(LAN), 광역통신망(WAN), 공중전화망(PSTN), 인터넷(Internet) 등과 같은 네트워크를 통한 컴퓨터 통신상에 발생하는 보안위협을 막자는 것이다.

위 4가지 보안의 구성요소는 주어진 정보환경에 대한 정보보호 활동에 상호보완적으로 고려되어야 한다. 예를 들어, 특정 컴퓨터 시스템과 관련 데이터베이스에 대한 정보보안을 위해 최신 기술로써 보안시스템을 구성하더라도 외부의 불법접근이나 관리자의 부주의 또는 불법사용 등에 대한 방안을 없다면 효과적인 정보보안을 이룰 수 없다.

컴퓨터 보안과 네트워크 보안을 이루기 위한 기본적인 요소에 해당하는 정보보안 방식의 분류와 각각의 응용분야를 정리해 보면 다음과 같다.

(1) 암호화 (encryption)

암호화는 전달하고자 하는 전자정보에 대해 비대칭형 방식, 대칭형 방식, 해쉬 알고리즘 등을 기본으로 하는 전자서명 또는 전자봉투의 방법으로 처리하여, 암호화된 형태로 전달하는 방식이다. 암호화 또는 복호화의 효율을 위해 비밀키의 교환에만 비대칭형 방법을 사용하고(즉 전자봉투를 사용하고), 전달정보는 비밀키로만 암호화하는 경우가 많다.

응용분야로는 전자지불, 인터넷상의 응용시스템에서 전송문서의 보안(S/MIME), 네트워크 상에서 사용자나 코드(code)의 인증, 데이터의 보호, 가상사설망 등을 들 수 있다. 특히 가상사설망(virtual private network)은 두 개 이상의 네트워크 간에 정보교환을 인터넷을 통해 처리하는 경우에 교환되는 모든 정보를 암호화하여 전송정보가 유출되거나 훼손되지 않도록 하는 방법이다.

(2) 방화벽 (firewall)

특정기업의 내부에서 활용하는 근거리통신망(LAN)이 인터넷과 접속되어 있다면, 네트워크를 통해 외부로부터의 원격침투가 가능하다. 즉 인터넷을 통해, 인터넷에 접속된 기업 내부의 LAN에 설치된 서버 컴퓨터에 불법으로 로그인(login)하거나 데이터를 엿보거나 파괴할 수 있다는 것이다.

이와 같이 외부로부터의 불법침입에 대해 내부망의 정보자원을 보호하기 위해 사용되는 기본적 수단이 방화벽(firewall)이다. 방화벽의 기본원리는 정보의 전송단위인 패킷(packet)의 헤더(header) 정보에 포함된 송·수신 컴퓨터의 인터넷 주소(address)와 응용시스템을 구별하는 포트번호(port number)로써 패킷의 출입을 통제하는 것이다. 또는 패스워드(password) 등을 통한 사용자 인증을 통해 네트워크의 접근을 통제할 수도 있다. 방화벽은 주로 내부망과 인터넷이 연결되는 위치(gateway)에 설치되며, 구성방법과 기능에 따라 패킷 필터링(packet filtering), 스크린 호스트(screened host), 듀얼 홈 게이트웨이(dual homed gateway), 스크린 서브넷(screened subnet) 등의 방식이 있다.

(3) 백신 (Vaccine) 프로그램

흔히 컴퓨터 바이러스라고 일컬어지는 악성코드(malicious code)는 활동가능시기, 감염능력에 따라 바이러스, 트로이목마 및 웜으로 분류한다. 바이러스(virus)는 숙주가 되는 컴퓨터 파일이 실행되는 경우에만 다른 파일을 감염시켜 증식하거나 보안 침해행위(정보의 삭제, 훼손, 백도어 등)가 가능한 악성코드이다. 트로이목마(Trojan horse)도 바이러스처럼 숙주가 실행되는 경우에 보안침해행위를 할 수 있으나, 다른 파일을 감염시키지는 않는 특징을 가진다. 그리고 가장 최근에 나타난 웜(worm)의 경우에는 숙주 파일의 실행에 관계없이 독립적으로 실행가능할 뿐만 아니라 자기증식이 가능한 경우이다.

이러한 여러 악성코드를 막는 방법은 백신(Vaccine) 프로그램을 사용하는 것인데, 백신 프로그램은 컴퓨터 상에 저장된 정보 또는 네트워크를 통해 전달되는 정보를 일일이 확인하여 악성코드의 정보 패턴(pattern)을 확인하고 제거하는 기능, 즉 코드 스캐닝(code scanning)을 수행한다. 그러나 백신 프로그램은 이미 알려진 악성코드의 패턴에 대해서만 확인이나 치료가 가능하며, 신종 악성코드에 대해서는 효과를 가지기 어려운 한계를 가진다.

4.2 암호화와 응용

인터넷상의 안전한 e-비즈니스, 즉 전자적으로 안전한 거래를 위해서는 인터넷으로 교환되는 거래정보의 보안이 필요하며 이에 암호화(encryption) 방식을 활용할 수 있다. 또한 e-비즈니스상의 안전한 거래를 위해서는, 거래 상대자의 신분과 자격을 인증(authentication)하는 방법이 필요하다. 이와 같이 전자상거래의 기본적인 필요사항을 해결하기 위해 암호화 기술은 효과적으로 응용된다. 본 절에서는 일반적인 암호화 기법과 인증기술, 그리고 암호화 기술의 몇 가지 응용분야에 대해서 살펴보기로 한다.

(1) 암호화의 목적

암호화는 정보보안을 구현하기 위한 수단이며, 정보 또는 데이터를 암호화하는 기본적인 목적, 또는 암호화를 통해 구현해야 할 목표를 다음의 4가지로 요약할 수 있다.

- **기밀성**: 기밀성(confidentiality)은 비밀성(secrecy)이라고 불리기도 하며, 허가된 사용자 이외에는 암호문을 해독하여 원문을 확인할 수 없도록 하는 것이다.
- **인증**: 인증(authentication)의 기본적인 의미는 암호문(ciphertext)을 통해 원문의 작성자 또는 작성원(origin)을 파악할 수 있어야 한다는 것이다. 이를 인증(authentication) 또는 메시지 인증(message authentication)이라고 한다. 예를 들어, A라는 사람이 전송한 정보가 실제 A라는 사람이 작성하여 전송하였는가의 여부를 확인하는 문제이다. 특히, 폭증하는 인터넷(Internet)의 컴퓨터 통신망을 통하여 수많은 전자메시지가 전달되는 상황에서는 인증은 더욱 중요한 요소이다. 내가 접하는 또는 전송받은 정보의 작성자 또는 전송 컴퓨터가 인터넷주소나 사용자ID를 도용하여 위조한 불법정보가 아니고, 적법한 사

용자가 작성한 정보임을 증명할 수 있어야 한다.

- **완전성**: 완전성(integrity)은 무결성으로 불리기도 하며, 보관정보 또는 전송정보가 작성시점 이후 사용자(또는 수신자)가 내용을 보거나 전달받는 과정까지 훼손되거나 불법적으로 변경되는 것을 방지하는 것을 의미한다. 암호화 방법을 통하여 원래의 정보내용이 전송 도중에 훼손되거나 변경되는 것을 방지하거나, 훼손·변경이 발생한 경우 이를 확인할 수 있어야 한다.
- **부인방지**: 정보의 작성자나 수신자가 작성·전달과정 또는 수신과정을 거쳤는데도 불구하고 전자문서 또는 정보의 작성·전송이나 수신을 부인할 수 있는데, 이와 같은 사항을 암호화 방법을 활용하여 방지하고자 하는 것이 부인방지(non-repudiation)이다.

(2) 대칭형 또는 비대칭형 암호화

대칭형 암호방식(symmetric cryptography)은 대칭키 암호방식(symmetric key cryptography) 또는 비밀키 암호방식(secret key cryptography)으로 불리기도 한다. 용어가 의미하는 바와 같이, 대칭형 암호방식은 암호화 키(encryption key)와 복호화 키(decryption key)가 동일한 암호방식을 말한다. 정보의 보안을 위하여 암호화 키와 복호화 키는 정보의 발신자와 송신자 이외의 제3자에게 공개하지 않고 비밀로 해야 한다. 동일한 값을 가지는 암호화 키 및 복호화 키를 비밀키(secret key)라고 하는데, 이러한 의미에서 대칭형 암호방식을 비밀키 암호방식이라고 하며, 원문에 대한 암호화와 복호화 처리과정은 [그림 4-1]과 같다.

대칭형 암호화를 구현해 주는 암호화 알고리즘은 〈표 4-1〉과 같이 여러 종류가 있다. 여기서 블록크기(block size)는 암호화하기 위하여 원문을 나누는 단위를 말하며, 블록 단위로 암호화키를 통하여 암호화 또는 복호화 한다. 대칭형 암호화 알고리즘 중에서 DES(Data Encryption Standard)가 널리 사용되고 있으나, 암호의 안전성을 높이기위하여 최근에는 AES(Advanced Encryption Standard)로 불리는 Rijndael 알고리즘이 많이 활용되고 있다.

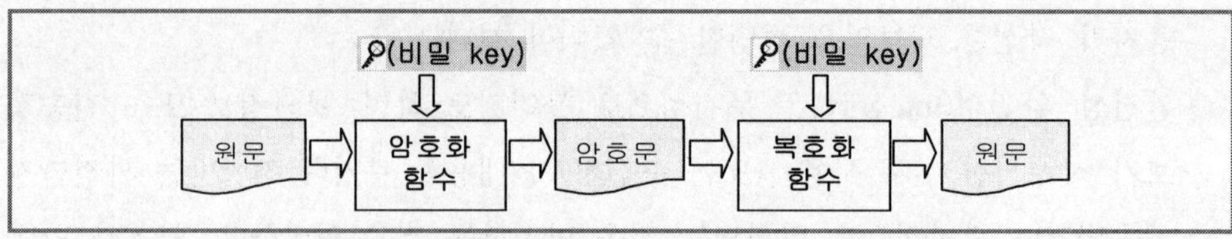

그림 4-1 ― 대칭형 암호방식의 암호화와 복호화 과정

표 4-1 대칭형 암호 알고리즘의 종류

대칭키 알고리즘	블록 크기 (bits)	비밀키 크기 (bits)
DES	64	56
3DES(Tripple DES)	64	56, 168
IDEA	64	128
Rijndael	128	128, 192, 256
Seed	128	128

한편, 비대칭형 암호방식(asymmetric cryptography)은 공동키 암호방식(public key cryptography)으로 불리기도 한다. 용어가 의미하는 바와 같이, 비대칭형 암호방식은 암호화 키(encryption key)와 복호화 키(decryption key)가 동일하지 않은 암호방식이다. [그림 4-2]와 같이 암호화 키와 복호화 키는 반드시 키짝(key pair)을 이룬다. 짝을 이루는 두 키(key)를 각각 공동키(public key) 및 개인키(private key)라고 한다. 개인키는 반드시 키짝(key pair)의 주인(owner)만이 보관하며 누구에게도 유출하지 않아야 하고, 공동키는 키짝 주인 이외에 누구에게나 전달할 수 있으며 누구나 보관 및 활용할 수 있다.

[그림 4-2]와 같이 두개의 키(key)중 어느 하나의 키로써 암호화하면, 반드시 나머지 다른 하나의 키만이 암호문을 복호화할 수 있다. 즉, 다음과 같은 키의 활용 규칙에 의해서 전자정보의 암호화와 복호화가 사용자간에 이루어진다.

- 공동키로 암호화하면 개인키로만 복호화할 수 있다.
- 개인키로 암호화하면 공동키로만 복호화할 수 있다.
- 키짝의 주인은 키짝(2개의 키)을 보관하다가, 정보를 교환할 상대방에게 공동키를 제공한다.

• 자신의 공동키를 가진 누구와도 암호문으로써 정보를 교환할 수 있다.

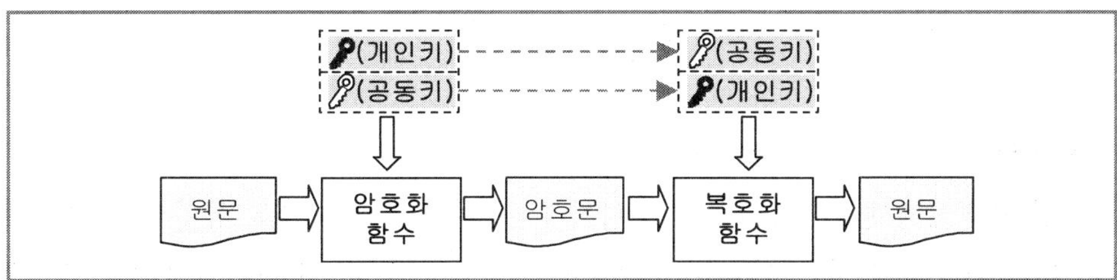

그림 4-2 — 비대칭형 암호방식의 암호화와 복호화 과정

표 4-2 비대칭형 암호화 알고리즘의 종류

알고리즘	개발년도	활용 이론
RSA	1978	소인수 분해 문제
Knapsack	1978	부분합 문제 (배낭문제)
McEliece	1978	대수적 부호(coding) 이론
ELGamal	1985	이산대수 문제
ECC	1985	타원곡선 이산대수 문제
NTRU	1996	다항식의 혼합(격자이론)
Lattice	1997	근접벡터 탐색문제

비대칭형 암호화 알고리즘의 구현을 위해서 〈표 4-2〉와 같이 여러 알고리즘이 개발되고 있으며, 현재까지 RSA 알고리즘이 대표적인 비대칭형 암호화 알고리즘으로 활용되고 있다.

(3) 암호화 알고리즘의 효과성

대칭형 방식과 비대칭형 방식은 암호화를 통한 정보보안에 가장 기본적으로 사용되는 방법이다. 이 두 가지 방법은 '키(key)의 운영규칙'에 따라 앞에서 언급한 암호화의 목적을 이루는데 차이를 보인다. 키운영 규칙이란, 대칭형 방식에서는 정보를 교환하는 모든 거래자별로 서로 다른 비밀키를 생성하여 보관하여야 하는 반면, 비대칭 방식에서는 정보를 교환하려는 각 참여자가 자신의 키짝(key pair, 공동키와 개인키) 만을 보관하면 된다는 것이다.

두 암호화 방식이 암호화의 목적을 충족하는 과정은 다음과 같으며, 대칭형 방식으로는 부인방지를 이룰 수가 없으므로 인터넷상에서는 비대칭형 방식을 기본적인 암호화방식으로 활용하는 것이 일반적이다.

■ **기밀성**

대칭형 방식에서는 정보교환의 당사자(발신자 및 수신자)별로 동일한 비밀키를 가진다. 따라서 제3자는 암호문을 복호화할 수 없으므로 기밀성을 유지할 수 있다. 반면 비대칭형 방식에서는 수신자의 공동키로 암호화하면 수신자만이 보관하는 개인키로 복호화할 수 있으므로 기밀성의 구현이 가능하다.

■ **인증**

대칭형 방식에서는 정보교환의 상대방이 동일한 비밀키를 가지고 있다는 것을 확인함으로써 상대편을 인증하게 되는데, 상대편 비밀키가 자신의 것과 동일하다는 것은 [그림 4-3]의 'challenge and response 프로토콜'로써 가능하다. 비대칭형 방식에서는 개인키를 키짝의 주인만이 보관한다는 키운영 규칙을 활용하면, 정보의 수신자는 작성자의 개인키로 암호화된 암호문으로써 정보의 전달자가 원문의 작성자임을 인증할 수 있다. 원문의 작성자 신분을 확인하는 인증은 나중에 살펴볼 '전자서명(digital signature)'을 통해 일반적으로 이루어진다.

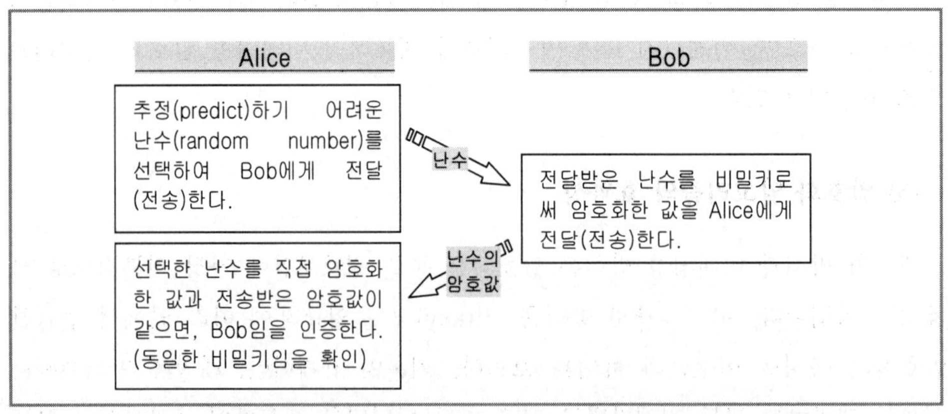

그림 4-3 — challenge and response 프로토콜

■ 완전성

대칭형 및 비대칭형 방식 모두 해쉬함수(hash function)가 생성하는 메시지 다이제스트(message digest)를 활용하여 완전성을 보장한다. 해쉬함수(〈표 4-3〉 참조)는 원문의 내용이나 크기(size)에 관계없이 일정한 크기의 랜덤(random)한 이진수(binary digit)로 구성된 정보(메시지 다이제스트)를 생성한다. 따라서 서로 다른 원문의 메시지 다이제스트가 같을 확률은 거의 없다.

대칭형 또는 비대칭형 암호방식을 통해 완전성(integrity)이 보장되는 과정을 살펴 보면 다음과 같다.

① Alice는 원문과 원문의 메시지 다이제스트 D_{Alice}를 각각 대칭형 방식의 비밀키(또는 Bob의 공동키)로 암호화하고, 두 암호문을 Bob에게 전달
② Bob은 Alice로부터 받은 원문의 암호문과 다이제스트의 암호문을 비밀키(또는 자신의 개인키)로 복호화
③ Bob은 복호화한 원문에 대해 Alice의 것과 동일한 해쉬 함수로 다이제스트 D_{Bob}를 구함.
④ '$D_{Alice}=D_{Bob}$'임이 확인되면, Bob은 Alice가 작성한 원문이 변경·훼손되지 않았음을 확인할 수 있음.

▌표 4-3 ▌ 해쉬 알고리즘의 종류와 메시지 다이제스트 크기

해쉬 알고리즘	메시지 다이제스트 크기
MD2, MD4, MD5	128 bits
SHA-1	160 bits
SHA-2	256, 384, 512 bits
RIPEMD	128, 160, 256, 320 bits

■ 부인방지

대칭형 방식으로 Alice가 작성하여 전송한 어떤 원문의 암호문에 대해, Bob이 전달받은 후 복호화하였다. Bob이 전달받은 암호문에 대하여, Alice는 자신이 보낸 것이 아니라고 부인(repudiation)하고 동시에 Bob이 받은 암호문은 Bob이 직접 작성한 것이라고 주장한다. 이러한 상황에서 대칭형 암호방식에서는 반박할

근거가 없다. 따라서 대칭형 암호화로는 부인방지를 보장할 방법이 없다.

비대칭형 암호화 방식에서는 인증(authentication)과 마찬가지로 전자서명을 활용함으로써 부인방지(non-repudiation)가 가능하다. 전달받은 원문과 전자서명을 일정기간 보관하고 작성자의 공동키를 확보할 수 있다면, 이후 원문의 작성자가 부인하더라도 보관중인 작성자의 전자서명과 원문으로부터 2개의 다이제스트간 비교를 통하여 부인방지를 할 수 있다.

(4) 암호화 알고리즘을 통한 정보의 보안

암호화 알고리즘은 보호대상의 정보에 따라 다양하게 적용될 수 있다. 디지털 정보의 보호를 위한 암호화의 활용은 대개 다음과 같이 분류할 수 있다.

- 전송정보의 보안: 인터넷과 같은 네트워크를 통해 전송할 정보(파일, 패킷 등)를 정해진 규칙에 따라 암호화하여 전송
- 보관정보의 보안: 개인 또는 조직전체의 전자문서 또는 전자정보를 보관하는 EDMS(electronic document management system) 또는 데이터베이스 등에서 필요사항을 암호화하여 저장·보관함으로써 위법한 활용·훼손이나 유출을 방지
- 네트워크의 보안: 인터넷 또는 특정 네트워크에서 특정 '발신지-수신지' 간의 교환되는 정보를 모두 또는 일부를 암호화함으로써, 네트워크 차원의 정보보안을 통해 해당 네트워크로 교환되는 모든 정보에 대해 외부의 정보침해행위로부터 보호

이상의 암호화 활용은 물론, e-비즈니스의 수행에 따른 전자문서에 대해 암호화를 통한 보안을 위해 일반적으로 사용하는 방법은 '전자봉투' 및 '전자서명'의 활용이다. 각각에 대하여 다음과 같이 설명할 수 있다.

■ **전자봉투**

전자봉투(digital envelope)는 비대칭형 암호화를 기반으로 하는 암호화 방식에서 암호화의 효율성을 위해 대칭형 방식을 활용하는 경우이다. 전자봉투는 수신자의 공동키로 암호화된 일회용 비밀키를 지칭한다.

또한 전자봉투로 보호되는 대상은 일회용 비밀키로 암호화된 전자문서라고 할

수 있다. 일반적인 우편봉투에서 적법한 수취인만이 봉투속에 포함된 내용을 볼 수 있듯이, 암호화된 원문의 내용을 복호화할 수 있는 일회용 비밀키의 암호문을 수신자만이 자신의 개인키로써 복호화할 수 있다.

■ **전자서명**

전자서명(digital signature)은 개인키로 암호화한 암호문을 통틀어 일컫는 용어이다. 그러나 전자서명의 작성 및 전송의 효율성을 위하여, 대개 원문의 해쉬 함수 결과(메시지 다이제스트)를 작성자의 개인키로 암호화한 결과를 전자서명이라고 말한다. 전자서명을 통해 메시지 인증뿐만 아니라, 전달정보의 완전성까지 확인할 수 있다. 전자서명의 생성 및 처리과정은 다음과 같다.

① 송신자의 문서(또는 해쉬처리로 구한 다이제스트)를 (전자서명 프로그램에 의하여) 개인키로 암호화하여 전자서명을 생성한다.

② 송신자는 전송할 전자문서의 전자서명, 전자봉투로 처리한 암호화된 문서, 전자인증서를 함께 전송한다. (전자인증서는 전자서명 작성키가 누구의 소유라는 것을 증명하는 것으로 인증기관의 전자서명, 비밀키 소유자 이름, 주민등록번호, 유효기간, 일련번호, 공개키 등을 포함한다.)

③ 수신자는 전자인증서에서 꺼낸 송신자의 공개키를 통해 전자서명을 복호화하여 원문서(또는 원문서의 다이제스트)를 구한다.

④ 전자서명에서 구한 원문서(또는 원문서의 다이제스트)와 전자봉투를 처리하여 구한 원문서(또는 이를 해쉬처리하여 구한 다이제스트)의 일치성 여부를 검증한다.

(5) 공인 인증기관 및 전자인증서

비대칭형 암호화 방식에 의하여 특정 전자상거래 서비스의 보안을 위해서는 인증기관(CA: certificate authority)이라는 별도의 기능이 필요하다. 인증기관의 주요 임무는 전자인증서(digital certificate)를 적법한 사용자에게 제공하는 것이다. 인증기관이 발급하는 전자인증서는 사용자의 공개키와 공개키에 대한 인증기관의 전자서명 등을 포함한다.

인증기관은 인터넷쇼핑몰 등에서 판매자, 구매자, 지불자, 피지불자, 지불게이트웨이 등의 참여자는 물론 인터넷뱅킹, 인터넷증권 등의 금융거래 등의 거래참여자에 이르기까지 전자인증서를 발급하는 공공성을 띠는 임무를 수행한다. 정부나 공공기관 등에서 인증기관 서비스를 제공하는 기관을 공적으로 지정하는 경우, 지정된 인증기관을 공인(public) 인증기관이라고 한다. 반면, 민간이 스스로 인증기관 서비스를 하는 경우에는 사설(commercial) 인증기관으로 구분하기도 한다. 인증기관의 역할을 다음과 같이 정리할 수 있다.

① 신청자는 인증기관의 등록처(RA: registration authority)에 관련 증빙자료와 함께 전자인증서 발급을 신청한다. (대개 오프라인으로 이루어지는 경우가 많으며, 인터넷뱅킹의 경우에는 주로 은행창구가 역할을 수행)

② 주로 인터넷상에서 신청자의 컴퓨터시스템을 통해 등록절차를 거친 후 공개키와 비밀키를 주어진 절차대로 생성한다. 인터넷으로 인증기관에게 전자서명 검증키(공개키)를 제출하고, 인증기관은 공개키가 신청자의 전자서명 생성키(개인키)와 합치하고 안전한지를 확인한다(challenge and response 프로토콜 등을 활용).

③ 인증기관은 인터넷상의 시스템을 통해 전자인증서 신청자에게 전자인증서를 발급·전송한다. 전자인증서의 주요 내용은 신청자의 '공개키'와 '공개키에 대한 인증기관의 전자서명'이다.

④ 인증기관은 발급한 전자인증서와 동일한 전자인증서를 인증기관의 저장소에 저장하고 관리한다.

⑤ 인증기관은 외부의 요청이 있을 경우 전자인증서를 공개하고, 효력변경(정지, 폐지)이 발생한 경우 이를 관련 사용자에게 통지하고 공표한다.

한편 [그림 4-4]와 같이, 인터넷 웹 사용자들의 전자인증서 없이 전송정보를 암호화하는 SSL(Secure Socket Layer)방식을 흔히 접하게 된다. SSL방식을 위해서는, 해당 방식을 제공하는 웹서버(web server) 측이 미리 사설 인증기관에 등록절차를 통해 전자인증서를 발급받고 해당 개인키를 소지하고 있어야 한다. 사용자의 웹브라우저와 웹서버 간에는 개념적으로 다음과 같은 형식의 암호화가 이루어진다.

① 웹서버가 보유한 전자인증서가 사용자의 웹브라우저로 전송된다.

② 사용자의 웹브라우저는 전송받은 전자인증서에 포함된 전자서명에 대해, 이미 보유하고 있는 등록된 사설 인증기관의 공인인증서([그림 4-5] 참조)에 포함된 공개키로써 복호화하여 웹서버 측의 적법성을 확인한다.

③ 웹브라우저는 전송할 정보에 대해 전송받은 전자인증서 속의 공개키로써 전자봉투로 처리하여 웹서버에게 전송한다.

④ 웹서버는 전송받은 암호화된 정보를 복호화한다.

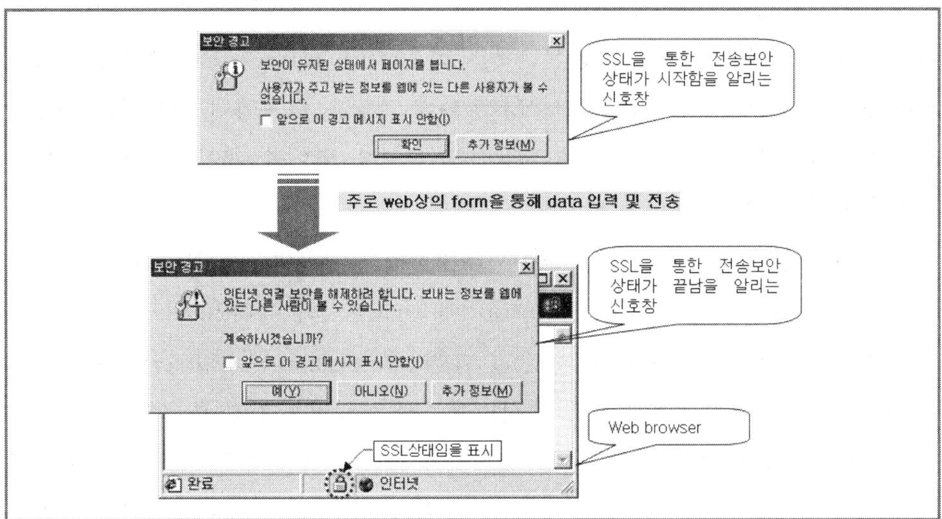

그림 4-4 — 웹브라우저에서 SSL방식의 암호화

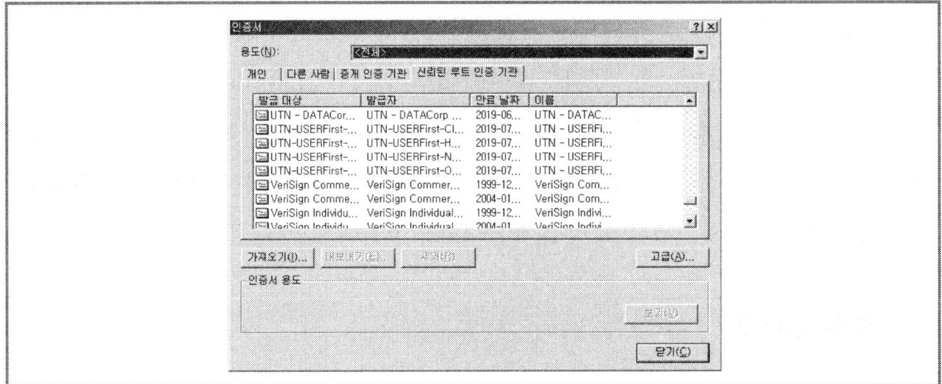

그림 4-5 — 인터넷 익스플로러에서 확인되는 사설 인증기관 전자인증서

4.3 방화벽을 활용한 네트워크 접근통제

방화벽(firewall)의 원래 의미는 화재발생시 불이 번지는 것을 막기 위하여 건물의 경계 지점이나 내부에 불연성 재료로 만들어 세운 벽을 의미한다. 컴퓨터통신 분야의 보안수단으로서의 방화벽이 뜻하는 바는, 단위조직(기업 등)의 컴퓨터통신 네트워크(LAN) 전체 또는 일부분에 대하여 모든 통신 내용의 출입을 통제할 수 있는 시스템이다.

조직내부의 근거리통신망(LAN: local area network)은 외부의 인터넷(Internet)과 연결되어 있으며, 외부와 통신연결은 라우터(router)라는 통신장비에 의해서 처리된다. 흔히 비교적 간단한 수준의 방화벽 기능은 라우터에 포함되는 경우가 많으며, 모든 출입 통신내용을 통과하도록 설치한 별도의 게이트웨이 컴퓨터에 방화벽을 설치하여 출입통제를 할 수도 있다.

TCP/IP 통신프로토콜에 기반을 둔 인터넷상에서 방화벽의 기본적인 통제는 인터넷으로 전송되는 IP(Internet Protocol) 패킷(packet)의 헤더(header) 내에 기록되어 있는 ①송신 컴퓨터(source)와 수신 컴퓨터(destination)의 IP(Internet Protocol) 주소(213.255.7.81 등의 32bits로 표현) 및 ②통신서비스의 ID를 의미하는 포트(port) 번호를 통해 이루어진다. 즉, 허용하지 않은 IP주소 또는 포트번호에 대하여 통신을 허용하지 않음으로써 출입을 통제하는 것이다. 또는 접속행위의 패턴에 이상한 징후가 발견되는 경우에도 접속을 차단하여 내부의 정보자원을 보호하게 된다.

방화벽은 역할과 구성에 따라 패킷 필터링(packet filtering), 스크린 호스트(screened host), 듀얼 홈 게이트웨이(dual homed gateway), 스크린 서브넷(screened subnet) 방식 등이 있으나, 전자상거래 서비스 방식인 웹서버(web server)에 접근하는 것을 통제하는 기본적인 방화벽의 패킷 필터링(packet filtering)과 프록시 서버(proxy server) 방식에 대하여 정리해보면 다음과 같다.

(1) 패킷 필터링

패킷 필터링 방식은 인터넷의 TCP/IP 통신 프로토콜중 IP Layer의 IP 패킷 헤더에 명시된 출발지(source) 및 목적지(destination) 컴퓨터의 IP주소와 서비스 포

트(port) 번호를 이용하여 접속을 제어한다. 패킷 필터링을 적용한 방화벽은 인터넷의 최하위 통신 패킷에 대하여 직접 동작하기 때문에 다른 방식의 방화벽에 비해 접속차단과 통과를 처리하는데 속도가 빠르며 효율적이다.

그러나 외부에서 IP 패킷의 헤더 부분(IP주소와 포트번호)을 임의로 수정한 후 접속을 시도한다면, 패킷 필터링에서 필터링되지 못하고 내부망에 연결된 컴퓨터와 접속이 되는 위험성이 있다. 그러나 패킷 필터링은 적용하기 쉽고 사용이 간편한 장점이 있다.

(2) 프록시 서버

프록시 서버(proxy server) 방식은 내부 네트워크에 접속된 웹서버(web server)의 IP주소와 포트번호 등을 외부에 노출시키지 않도록 가상의 통신중개 서버(프록시 서버)를 활용한다. 예를 들어 내부 네트워크에 접속하고 있는 웹서버를 보호하고자 하는 경우, 프록시 서버는 공개된 웹서버의 IP주소를 가지며 외부의 해당 웹서버에 접속요청을 우선적으로 받는다. 그리고 해당 요청을 웹서버에게 재요청하며, 웹서버로부터 전달받은 응답정보를 외부의 요청 컴퓨터에게 재전달한다([그림 4-6] 참조).

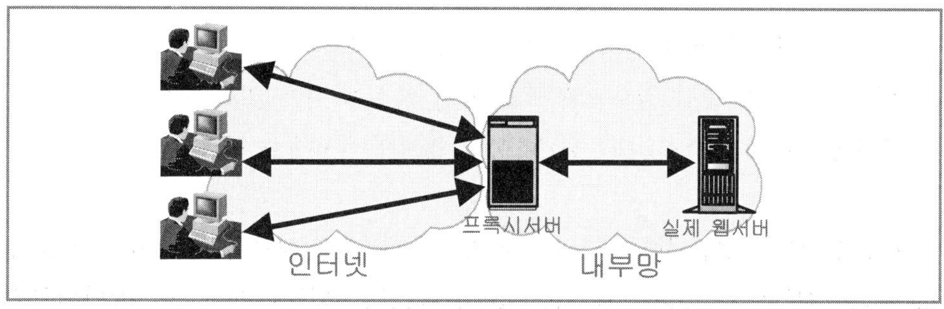

그림 4-6 — 프록시 서버를 통한 웹서버 접근방식

이때 웹서버의 답변정보를 외부의 요청 컴퓨터에게 전송하는 동시에 프록시 서버의 캐쉬(cache) 메모리에 저장한다. 만일 또 다른 요청이 이미 프록시 서버의 캐쉬에 저장되어 있었다면, 프록시 서버와 실제 웹서버의 접속은 생략된다. 이와 같이 프록시 서버를 웹서버의 게이트웨이로 사용하며, 외부의 요청은 웹서버와의 직접 접속이 허용되지 않는다. 프록시 서버를 사용하면 웹서버의 IP주소는 외부에 공개되지 않기 때문에, 패킷 필터링과는 다른 웹서버의 보안효과를 가진다. 이와 같이 목적이나 용도가 다른 방화벽은 서로 상호보완적으로 활용된다.

4.4 내부보안위협 및 정보유출방지의 대응

4.4.1 내부보안위협과 정보유출방지

(1) 업무처리와 내부보안위협

기업 내·외부에서 이루어지는 정보시스템의 활용 및 정보교환의 확대에 따라 내부의 조직구성원에 의한 정보 처리·전송의 양적 증가는 급속히 이루어지는 한편, 조직의 내부 구성원에 의한 정보보안 침해의 심각성은 더욱 커지고 있다. 이는 내부 구성원에 의한 정보 처리 및 전송 등에 대한 완전한 관리 및 통제가 사실상 불가능함에 기인한다고 할 수 있다. 다음의 사례는 조직의 내부 구성원에 의한 정보보안위협의 심각성을 짐작하게 한다.

- 기업비밀정보 통제의 어려움과 비권한자의 정보조회
- 내부 구성원의 불법 정보복제 또는 도난·분실에 따른 외부유출
- 휴대용 저장수단(USB, CD 등)을 통한 정보의 무단유출 등

정보보안위협은 보안위협의 근원지(origin)에 따라 외부보안위협(external security threat)과 내부보안위협(internal security threat)으로 나누어진다. 외부보안위협은 조직외부로부터 컴퓨터 네트워크를 통한 보안공격(security attack from outside)이나 외부로부터 입수한 소프트웨어 등에 의해 발생하는 정보보안위협으로서 해킹(hacking) 또는 컴퓨터 바이러스를 포함하는 악의적 코드(malicious code) 등을 포함한다. 내부보안위협은 주로 조직내부자가 주체가 되는 악의적·고의적 또는 비고의적 보안침해행위(security violation behaviors)에 기인하여 발생하는 정보보안위협이다.

(2) 내부보안위협의 피해

정보보안상의 내부보안위협은 컴퓨터 기기에 저장된 정보 또는 시스템에 대하여 조직 내부자에 의해 이루어지는 악용, 훼손, 변조, 유출 등이라고 할 수 있다. 최근 미국의 경우, 내부보안위협에 의한 정보보안상의 연간 피해금액이 외부보안위협의 그것보다 50배를 상회하는 것으로 조사되고 있다. 또한 전체 정보보안 사고발생수의 80% 이상이 내부위협에 의한 정보보안 사고건수로 파악되고 있다. 국내 기업의 경우에도 발전해가는 지식정보 수준과 함께 내부직원의 기밀정보 유출사례 피해가 급증하고 있다.

특히, 기업간 치열한 경쟁환경에서 기업정보의 불법유출에 의한 피해는 나날이 심각해지고 있다. 정보유출의 형태를 보면, 주로 컴퓨터 파일(file)로 처리된 기업정보를 이메일(e-mail) 등을 통한 컴퓨터 네트워크 또는 휴대용 저장장치 등을 활용하는 것으로 알려지고 있다. 이러한 여건에서 내부보안위협에 의한 정보유출 방지수단의 도입이 점차적으로 확대되고 있다. 정보유출 방지수단은 기존의 정보보안 도구와 상호보완적인 정보보안의 주요수단으로 발전할 것으로 예상된다.

4.4.2 정보유출방지의 대응

정보보안은 적용분야 또는 관리기준 등에 따라 흔히 관리적 보안, 물리적 보안, 기술적 보안의 3영역으로 나누고 상호보완적 보안대책을 수립하는 경우가 많다. 내부보안위협에 의한 정보유출방지를 위해 관리적 보안, 물리적 보안, 기술적 보안의 영역에서 이루어지고 있는 대응방안을 다음과 같이 정리할 수 있다.

(1) 물리적 보안 분야

물리적 보안은 정보를 수록하거나 처리하는 영역에 대해 사용자의 물리적 접근을 통제함으로써 이루어지는 보안의 영역이다. 흔히 물리적 보안은 정보의 보관이나 열람을 직접 통제하거나, 또는 컴퓨터실과 같은 특정 공간이나 지역의 전체에 대해 출입을 통제함으로써 이루어진다. 정보자료의 보관·열람 통제, 정보자료의 보관·처리·통신 시설의 접근·출입 통제 등이 필요하다.

(2) 관리적 보안 분야

관리적 보안은 보안정책, 보안절차, 보안인원, 복구절차 등으로 구성되는데, 각각의 분야에서 정보유출방지를 위한 방안을 포함하는 것이 필요하다.

(3) 기술적 보안 분야

기술적인 보안은 관리적 보안 또는 물리적 보안과 상호보완적이며, 관리적·물리적 보안을 효과적 또는 효율적으로 가능하게 하는 기술적 요소의 집합체와 운영방식으로 볼 수 있다. 정보기술 측면의 범위에서 정보보안 및 정보유출방지를 위한 기술적 요소를 컴퓨터 네트워크 분야, PC활용 분야, 정보자료저장 분야, 정보자료인쇄 분야 등에서 접근할 수 있다.

4.4.3 정보유출방지의 기술적 수단

내부 정보자료의 유출방지를 위한 기술적인 수단은 타 보안수단에 비교하여, 내부 구성원 개개인의 정보활용에 보다 직접적이고 연속적인 효과를 가진다고 할 수 있다. 정보기술을 활용하여 내부 정보유출을 통제하기 위한 수단은 [그림 4-7]과 같이 정보자료전송 분야, 개인PC활용 분야, 정보자료저장 분야, 정보자료인쇄 분야의 4분야로 나눌 수 있다.

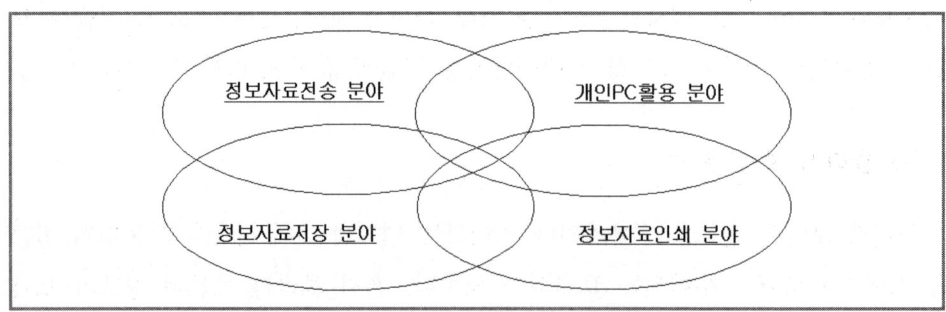

그림 4-7 — 기술적 정보자료 통제방안 영역

정보유출방지 수단들이 [그림 4-7]의 각 분야에서 기능적으로 확장되어 감으로

써, 영역간 기능이 서로 중복되거나 상호보완적인 관계로 발전하고 있다. 각 분야에 대해서 정리해보면 다음과 같다.

(1) 정보자료전송 분야

내부 네트워크(LAN)이나 인터넷 등을 통해 정보자료의 유출을 통제하기 위해 다음의 수단들이 활용된다.

■ 방화벽

방화벽(firewall)은 인터넷을 통한 외부침입에 대응하는 목적이 크지만, 내부자의 네트워크를 통한 정보자료의 외부유출 트래픽(traffic)을 통제할 수도 있다. 단, 방화벽은 통제하고자 하는 통신 네트워크 전체 차원에 대해 통제방식을 적용하기에는 용이한 반면, 개별 사용자별로 서로 다른 다양한 세부적인 통신내용에 대해 통제하기에는 적합하지 않다.

■ 인터넷 통신서비스 감시·통제 수단

내부망(LAN)에서 외부망으로 접속되는 게이트웨이(gateway) 상에서 내부에서 외부로 전달되는 통신 메시지(message)를 분석하여 이메일(e-mail), 메신저(messenger), 파일전송(FTP) 등의 이용을 감시·통제하고, 전송내용을 저장하거나 로그를 관리할 수 있는 수단이다. 단, 미리 알려진 전송 메시지의 패턴(pattern)을 통해서만이 통제 대상을 확인할 수 있어서, 미리 전송 메시지의 패턴이 파악되지 않은 통신서비스에 대해서는 감시·통제가 완전하지 않을 수 있다. 그리고 전송내용이 암호화된 경우에는 전송내용을 파악하기 어려운 한계가 있다.

■ 네트워크 접근제어(NAC: Network Access Control)

흔히 NAC으로 일컬어지며, 네트워크에 접속하는 모든 정보기기에 대해 엄격한 보안기술을 적용하기 위한 방안을 통칭하는 것이다. 네트워크(LAN)에 접속하는 사용자가 정당한 사용자인지 또는 PC 등 단말기가 필요한 보안정책의 준수여부를 확인하여 네트워크 접속을 통제하는 방식이다. 개념적으로 네트워크를 통한 내부정보의 유출을 근원적으로 차단할 수 있는 방안으로 알려져 있다.

(2) 개인PC활용 분야

조직 구성원 개인의 일반적인 정보단말기인 PC에 대하여 활용 전반을 감시·통제하기 위한 정보기술적인 수단이다. 최근 내부정보의 유출사고와 관련하여 조직 전체의 정보유출방지를 의미하는 DLP(Data Loss Prevention)가 관심분야가 되고 있는데, DLP에서 가장 기본적으로 다루는 분야가 '개인PC활용 분야'이다. 동 분야에 해당하는 정보기술적인 수단을 'PC보안시스템'으로 칭하기로 한다.

PC보안시스템으로 분류되는 상업적인 솔루션마다 다소간 기능의 차이가 있으며, 타 범위의 솔루션과 보완효과의 고려하여 적절히 선정하여 활용하는 것이 필요하다. 구성원 개인의 PC에 에이전트시스템을 설치하고 관리자시스템에 의해 통제되는 PC보안시스템 운영체계의 사례를 참고하면 [그림 4-8]과 같다. PC보안시스템을 통해 구현할 수 있는 일반적인 기능을 나열하면 다음과 같다.

- 조직 전체의 PC에 설치된 정보시스템(하드웨어 및 소프트웨어) 자산관리 및 사용권한 통제
- 개인별 PC의 모든 정보행위를 감시 및 권한통제: 인터넷 사용(웹, 이메일, 메신저, FTP 등), 파일 작성 및 저장, USB 등 사용, 화면캡처, 키보드 입력사항 등
- PC자원의 사용제한: folder숨김, folder별 메모리 할당, 포트(port) 및 프로세스 사용통제
- 정보보호: 저장자료의 암호화, 정보자료의 완전삭제(복구불능) 등

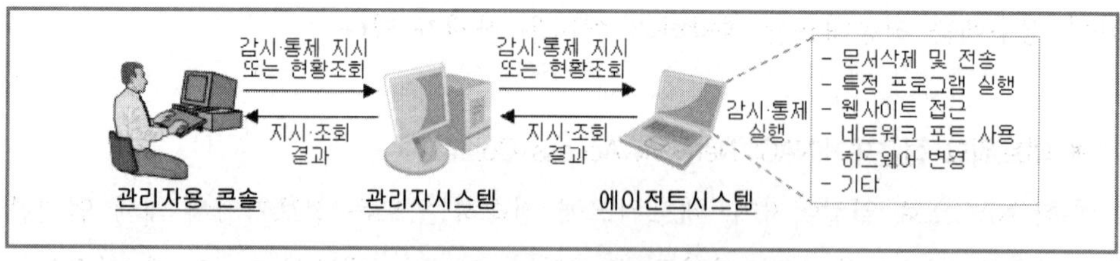

그림 4-8 — PC보안시스템의 운영체계 사례

(3) 정보자료저장 분야

정보자료의 저장위치를 통제하거나 암호화하여 정보자료의 유출방지를 위한 수

단들이다. 일반적으로 다음의 수단별 기능을 활용할 수 있다.

■ PC보안시스템
- PC저장의 금지 및 제한(허용folder 및 memory제한)
- 특정 folder(또는 disk) 단위의 암호화 또는 용량할당

■ PC DRM 및 Server DRM
- PC DRM: PC저장 정보자료를 암호화
- Server DRM: File서버 또는 EDMS에 집중된 정보자료를 암호화

■ 정보자료 집중관리: 개인 PC의 자료저장 통제와 병행하여 적용시 효과
- File서버: 정보자료의 집중 저장 및 접근권한 관리 및 통제
- EDMS: 전문적인 정보자료 집중관리 솔루션

(4) 정보자료인쇄 분야

정보자료의 인쇄는 기술적인 보안요소 뿐만 아니라 인쇄물의 물리적인 통제가 요구되는 만큼 물리적 보안요소의 중요성이 함께 하는 특성을 가진다. 따라서 정보자료인쇄에 대한 정보자료통제의 기술방안은 오프라인(offline) 상에서 가지는 물리적 보안의 효과를 제공하는 방식이 추가적으로 필요하다.

■ 프린터(printer) 작업관리

사용자의 컴퓨터에 클라이언트(에이전트) 프로그램이 설치되고 정해진 규칙에 따라 프린트작업에 대한 권한 및 프린트 로그 등을 관리한다. 서버 프로그램은 클라이언트 프로그램을 통해 개별 사용자의 프린트 권한을 수정하거나, 인쇄작업의 비용관리(개인별, 부서별 등), 사후적 보안관리(사후 추적 등)를 위한 프린트 로그의 저장·관리 등을 수행한다.

■ 프린터(printer) DRM

프린터 DRM으로 분류되는 수단들은 일반적으로 프린터 작업관리의 기능에 워터마킹(watermarking) 기능이 추가된 방식으로 구현되고 있다. 워터마킹은 인쇄

물의 배경에 미리 정한 글자나 도안을 인쇄하거나, 사용자의 신분사항 등을 인쇄물에 추가하여 인쇄하는 것을 의미한다. 워터마킹을 통해 인쇄자료의 구별(비밀정도, 인쇄부서 등)을 용이하게 하고, 사용자의 자료보안 책임감을 향상시킨다. 인쇄자료 유출시 사후추적의 근거자료로써 활용할 수 있다.

사례 4-1 •• 나라장터 이용자 PC 해킹 원천차단

── 조달청, 클라우드 기반 가상 입찰서비스 시행 ──

조달청은 나라장터 이용자 PC에 대한 보안을 대폭 강화한 '클라우드 기반의 가상 입찰서비스'를 22일부터 제공한다고 밝혔다. 이는 나라장터 서버를 공격하는 대신 보안성이 상대적으로 취약한 공공기관 및 조달업체 PC에 악성코드를 감염시켜 입찰정보를 유출하거나 위.변조하는 부정행위 사례가 적발됨에 따른 것이다.

가상 입찰서비스를 통해 해킹에 취약한 이용자 PC는 화면으로만 사용하고 예가작성, 입찰, 예가추첨 등 중요 입찰업무는 조달청에서 제공하는 보안 안전지대인 가상화 서버에서 처리, 해킹을 원천 차단하게 된다. 이러한 가상 입찰서비스는 조달청에서 집행하는 전자입찰의 예정가격 작성에 먼저 적용한다.

이후 12월부터 공공기관에서 직접 집행하는 모든 입찰에 적용할 예정이다.조달업체 투찰업무에는 올해 12월 일부 입찰에 시범 적용하고 내년 하반기 전체로 확대할 계획이다. 백명기 조달청 전자조달국장은 "이번 개선 조치는 정부가 클라우드 환경을 통해 전자정부 서비스 이용자 보안을 해결하는 첫 번째 사례로 평가된다"며 "나라장터 이용자 보안을 대폭 강화하기 위해 가상화 서비스를 도입하게 됐다"고 말했다.

◂ 인용 : 매일경제, 2013.10.22일자 ▸

사례 4-2 •• "감청파문 '프리즘', 무엇을 얼마나 알았나"

── 방대한 정보수집 규모… "범죄 사전예방엔 한계" ──

미국 국가안보국(NSA)의 인터넷 감시활동 논란이 고조되는 가운데 정보수집 도구로 알려진 '프리즘(PRISM)'의 작동 체계와 실제 사찰 내용에 관심이 쏠리고 있다. 전직 미국중앙정보국(CIA) 직원 에드워드 스노든의 폭로에 따르면 NSA는 프리즘을 통해 버라이즌, AT&T, 애플, 구글, 페이스북 등 대형 IT업체를 대상으로 방대한 고객정보를 수집해 온 것으로 드러났다. NSA는 개인 사용자의 인터넷 접속기록과 이메일은 물론 파일전송, 인터넷 메신저 대화, 소셜네트워크(SNS) 활동, 음성통화 등 세부적 내용까지 접근한 것으로 나타났다. 특정 감시대상의 유무선 실시간 구글 검색내용까지 감시해왔다는 주장도 제기됐다.

10일(현지시간) 영국 BBC 방송은 이 같은 의혹과 관련, NSA의 감시활동이 주요 IT기업의 서버를 장악한 차원의 본격적인 수준에는 이르지 못했을 것이라고 밝혔다. 방송은 보안전문가들을 인용해 NSA가 인터넷 트래픽을 수집·분석해 위험인물을 적발하는 감시망을 가동했더라도 방대한 정보량 때문에 그 효과는 크지 않을 것이라고 분석했다.

디지털 감식전문가인 피터 소머 교수는 "인터넷에 트래픽 수집·분석기를 설치해 테러리스트를 추적할 수 있지만 이런 노력은 엄청난 오류 정보와의 싸움이 될 것"이라고 기술적 한계를 지적했다. 그는 "멀쩡한 중산층 가정에서 자생적 테러리스트가 나오는 이유조차 알지 못하는데 일개 소프트웨어로 이런 작업을 할 수 있다는 생각은 난센스"라고 밝혔다.

감청기관이 중간에서 보안접속을 무력화해 인터넷 데이터를 가로채는 건 어렵지 않지만, 사전에 범죄 가능성을 적발하는 것은 간단한 일이 아니라는 설명이다. 그는 이를 근거로 NSA가 완전히 독립적으로 대규모 감시활동을 벌였다고는 볼 수 없으며, 영장을 통해 관련 기업의 협조를 받아 혐의자의 정보에 접근하는 방법이 주로 쓰였을 것으로 추정했다.

인터넷 보안기술의 발달로 정보기관의 감청 활동이 점점 어려워지는 난점도 지적됐다. 보안전문가 브루스 슈나이어는 이미 공개된 암호화 기술과 파일은폐 기

술만으로도 정보기관의 감청 활동을 교란할 수 있다고 지적했다. 그는 "보안 체계를 강화할수록 감청 활동은 어려워진다. 안보상의 이유로 감청 활동을 강화하라면 인터넷 보안 체계를 약화해야 하는 딜레마가 따른다"고 밝혔다.

보안전문가 앨런 우드워드는 정보기관의 인터넷 트래픽 감시활동은 새로울 것이 없다는 회의론을 제기했다. 그는 "정보기관의 트래픽 사찰은 공공장소의 CCTV 녹화나 다를 바 없어 개인정보 침해로 보기 어려운 측면이 있다"고 밝혔다. 그는 오히려 NSA가 자국민 대상 정보수집은 '부수적'이라고 주장하면서도 그런 정보를 부주의하게 축적해 온 점은 논란의 대상이라고 강조했다.

◂ 인용 : 한국일보, 2013.06.10일자 ▸

제5장 e-비즈니스 지불관리

인터넷 웹(web)이나 스마트폰 등과 같은 전자적 수단을 통해 지불자와 피지불자 간에 화폐가치의 전달을 중심으로 하는 지불처리에 대해 편의성과 안전성을 보장하기 위한 제반 방식을 '전자지불(e-payment)'이라고 한다. 이에 반해 'e-비즈니스 지불'을 e-비즈니스의 수행에 필요한 지불처리 방식으로 이해할 수도 있으나, 전반적으로 전자지불의 의미와 대동소이하다. 본 장에서는 e-비즈니스 지불 또는 전자지불을 일괄하여 '전자지불'로 표현하기로 하며, 전자지불의 활용이나 구현에 관해 정리하기로 한다.

일반적인 오프라인 지불에서와 마찬가지로, 전자지불에서도 지불에 따른 화폐가치의 안전한 전달, 지불수단의 적법한 활용, 신용카드번호 등과 같은 지불정보의 적절한 보호 등이 여전히 중요하게 다루어진다. 인터넷쇼핑몰 등을 통해 원격지의 구매자와 판매자들이 상품을 거래하는 경우, 상품거래에 수반되는 전자지불은 일반적으로 전자지불서비스제공자의 서비스를 통해 이루어진다. 오프라인 거래에서 구매자와 판매자가 직접 거래대금을 수수하거나 신용카드 지불처리를 수행하는 것과는 달리, 인터넷 온라인(on-line) 지불시스템 등과 같이 전자지불서비스제공자가 매개하는 전자지불 처리과정을 통하여 처리된다는 것이다.

인터넷 전자지불의 출현 이전의 오프라인(off-line) 지불에 있어서도 지불처리의 중요한 일부과정은 전자적으로 이루어져 왔다. 예를 들어 '지불자-피지불자'간의 신용카드 또는 직불카드에 의한 지불의 경우에는, 은행 등 금융기관의 컴퓨터시스템과 이들을 연결한 금융망(financial network)에 기반을 둔 정산체계를 통해 처리되고 있다. 미국의 오프라인 지불의 경우, 전자적 처리에 크게 의존하는 신용카드와 직불카드의 지불액이 2000년대 초반이후 현금과 수표의 지불액을 초과하여 증가하고 있다. 이와 같이 인터넷 이전부터 활용된 금융망을 통한 금융·지불 서비스는 인터넷 전자지불에서도 여전히 중요한 역할을 하고 있다.

5.1 전자지불의 개념과 구성

e-비즈니스 초기(1990년대 후반기) 인터넷쇼핑몰 등에서의 거래에서는, 고객의 상품주문에 따른 대금지불이 은행을 통한 오프라인 입금이나 웹을 통해 신용카드 번호를 인터넷쇼핑몰로 전송하는 방식으로 주로 처리되었다. 이러한 방식에서 지적되는 '거래과정(상품주문과 지불처리)이 통합되지 않은 불편함'과 '지불정보유출의 정보보안문제'로 인해 편리하고 안전한 전자지불 수단이 요구되었다.

웹브라우저(web browser)를 통해 이루어지는 전자지불서비스가 인터넷과 함께 새로이 출현하고 개선되어 왔으나, 거래당사자 입장에서는 기존의 지불특성이나 기능을 그대로 컴퓨터 신호와 전송방식으로 변환하였다고 볼 수도 있다. 비록 인터넷을 통한 전자적인 환경이라 하여도 지불자나 피지불자의 입장에서는 기존의 지불형식, 즉 현금이나 수표, 신용카드 또는 계좌이체 등의 개념을 크게 벗어나지 않는 경우가 많다. 또는, 고객의 입장에서는 기존의 인쇄된 지폐(paper money)와 전자현금(electronic cash) 간에 개념적인 차이가 크게 없을 수 있다.

그러나 e-비즈니스상의 전자지불에서는 화폐가치의 보관, 전달, 정산(clearing), 기존 금융기관과의 연계 등 모든 방식이 컴퓨터 시스템 및 인터넷을 비롯한 디지털 네트워크를 통하여 처리된다. 더욱이 지불처리 프로세스가 상품거래 프로세스와 서로 혼재하는 경우가 많다. 따라서 인터넷 전자지불은 이와 같이 상거래 과정에서 상품 구입 대금을 전자적으로 안전하게 지불하는 목적 이외에 기본적인 화폐가치의 활용을 전자적으로 수행하기 위하여 여러 기준과 방식이 필요하다.

e-비즈니스 전자지불은 이러한 인터넷 가상공간에서 지불자와 피지불자 간에 안전한 지불을 지원해주는 유형적 또는 무형적인 메커니즘(mechanism)이라고 할 수 있다. 유형적인 요소는 필요한 컴퓨터 시스템, 네트워크, 저장장치 등을 말하며, 무형적인 요소는 지불정보의 처리절차나 사용방식 등을 의미한다.

5.1.1 e-비즈니스에서의 주문과 지불

인터넷쇼핑몰(shopping mall)이나 경매 사이트에서 상품을 구매할 때, 가격과 배달조건 등을 확인한 후 반드시 처리해야 하는 과정이 지불이다. 인터넷쇼핑몰의 입장에서 상품주문과 지불을 위한 정보흐름을 [그림 5-1]처럼 표현할 수 있다. 고객(구매자, 지불자, customer, cardholder, payer)이 직접 처리하는 [그림 5-2]는 [그림 5-1]의 '단계2'에 해당하는 '주문·지불정보'를 고객이 결정하여 쇼핑몰시스템으로 전달하는 단계이며, 고객의 주문과 지불이 실제로 시작되는 단계로 볼 수 있다.

인터넷을 통한 일반적인 상품거래과정 속에서 처리되는 전자지불과정을 [그림 5-1]의 전달정보와 처리사항을 통해 살펴보면 다음과 같다.

■ **단계1: '상품정보'의 전달 및 처리**

인터넷쇼핑몰과 같은 상인시스템(merchant system)은 판매할 상품에 대한 외양, 가격, 규격, 품질, 배송조건, 반품 등의 판매조건을 포함한 정보를 전자카탈로그(e-카탈로그, electronic catalog)의 형태로 웹(web)을 통해 고객에게 제공한다. 고객은 웹브라우저(web browser)상에서 e-카탈로그의 상품정보를 검색하고, 선택한 상품을 자신의 전자장바구니(electronic cart)에 담는다.

■ **단계2: '주문·지불정보'의 전달 및 처리**

고객은 구매하기로 선택한 상품, 즉 주문정보와 함께 지불정보(신용카드번호 또는 은행계좌번호, 비밀번호, 지불금액 등)를 선택하거나 입력하여 상인시스템으로 전송한다. 이때 전송되는 지불정보는 인터넷상의 전송정보 보호를 위하여 적절한 형태로 암호화되어야 한다.

■ **단계3: '지불정보'의 전달 및 처리**

고객시스템(주로 웹브라우저)을 통해 상인시스템으로 전송된 지불정보는 주문정보와 상호확인과정을 거친 후, 지불처리를 위하여 관련 금융기관으로 전송된다. 이때 전송되는 지불정보는 신용카드번호(또는 은행간 전자이체(electronic fund transfer)를 위한 계좌번호 등), 지불금액 등으로 구성되며, 지불승인요청(payment authorization request)의 의미를 가진다. 만일, 지불되는 금액이 실재 통용되는 화폐가 아니고 인터넷쇼핑몰 자체에서 관리하는 고객 마일리지(mileage) 등이라면, 〈단계3〉과 〈단계4〉는 생략되거나 인터넷쇼핑몰 내부에서 처리될 수 있다.

■ **단계4: '지불처리결과'의 전달 및 처리**

신용카드 또는 은행간 전자이체 등을 통한 전자지불의 경우, 쇼핑몰시스템은 실제 구매금액을 처리할 금융기관(신용카드회사 또는 은행 등)으로부터 지불처리결과(지불승인: payment authorization)를 전송받아 확인한다.

■ **단계5: '주문완료정보'의 전달 및 처리**

고객의 지불수단(신용카드, 전자이체 등)을 처리하는 금융기관의 구매금액 지불승인결과와 구매내역에 관한 정보를 쇼핑몰시스템으로부터 전달받음으로써, 고객은 자신이 주문한 상품에 대하여 주문이 완료되었다는 것을 확인하게 된다.

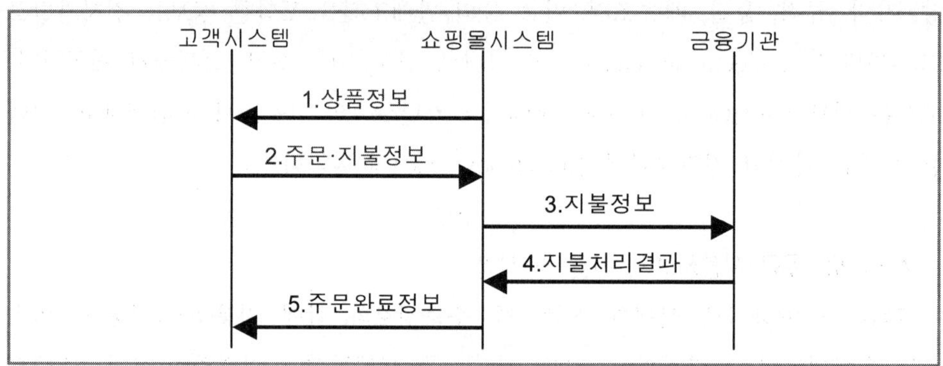

그림 5-1 — 상품주문과 지불처리를 위한 일반적인 정보흐름

주문서 작성

장바구니 > 주문서작성 > 결제하기 > 주문완료

상품	판매가	수량	합계
[최저가도전 상품] 디지털 캠코더 68만화소/10배줌/2.5LCD VM-C630 개별배송	602,000원	1	602,000원
20평형 공기청정기 무구(CAP-M2010W) 색상선택:CAP-M2010A(아쿠아) 개별배송	385,000원	1	385,000원

가격 합계 : 987,000원
총액 : 987,000원

»결제수단선택 결제방법에 대한 자세한 안내

신용카드 (아래 사용하실 신용카드의 종류를 선택해 주세요.)

○ ISP안전결제 ▸국민카드 ▸비씨카드 ▸우리카드 ▸조흥카드
◉ 안심클릭 ▸신한카드 ▸외환카드 ▸엘지카드 ▸삼성카드 ▸현대카드 ▸롯데카드 ▸하나카드 ▸한미카드 ▸전북카드 ▸제주카드
○ 그외 신용카드
* 신용카드 30만원 이상 결제시 공인인증 절차가 의무적으로 적용됩니다.

공인인증안내 공인인증서 택배서비스

○ 롯데백화점카드 (주문하신 상품은 롯데백화점카드로 결제할 수 없는 상품입니다)
○ 온라인 입금 선택하세요
○ 인터넷 뱅킹
○ iCash
○ Visa Cash
○ 월드패스카드
○ 국민관광상품권

정확한 주문을 위해 주문상품 내역 및 배송정보를 다시 한번 확인해 주십시오.

이전단계 다음단계

그림 5-2 — 인터넷 쇼핑몰에서의 상품주문·지불 사례

5.1.2 전자지불서비스의 필요사항

인터넷 전자지불은 일반적으로 다양한 지불수단의 제공과 이에 대한 지불자의 원활한 선택, 선택된 지불수단의 안전하고 신속한 처리 등이 필요로 한다. 전자지불의 처리는 흔히 제3의 전문 전자지불서비스 업체가 주체가 되고, 이와 인터넷 및 디지털 네트워크로 연결된 지불자, 피지불자, 관련 금융기관이 지불처리에 필요한 정보를 교환함으로써 이루어진다. 전자지불서비스의 제공 및 구현에 기본

적으로 필요한 사항을 다음과 같이 정리할 수 있다.

(1) 지불처리 프로세스의 신속성과 다양성

기존의 지불처리 프로세스는 지불형식(현금, 수표 등)에 따라서 대개 고정된 프로세스로 처리된다. 현금의 경우에는 일정 금액을 전달함으로써 지불이 처리되며, 수표는 지불금액을 명기하여 지불자가 피지불자에게 전달하고 피지불자는 받은 수표를 거래은행에 제출하여 정산(clearing) 처리를 요구·처리함으로써 지불과정이 완료되게 된다. 전자지불에서는 인터넷과 같은 온라인 네트워크에 의해 지불정보가 실시간으로 전달되고 온라인(on-line) 컴퓨터시스템으로 지불처리서비스가 이루어지므로, 다양한 지불서비스 모델도 가능하다. 가능한 사례로서, 수표의 수취인이 지불시점에 지불자의 신용조회를 할 수도 있고, 매지불시 지불자의 지불한도를 온라인으로 조정하는 것도 가능할 것이다.

(2) 기존 금융기관과의 연계성

전자지불이라는 용어와 기능은 인터넷과 더불어 일반화되었다고 할 수 있다. 그러나 지불자와 피지불자가 직접 지불가치를 자신의 개인용 컴퓨터를 통해 처리하지는 않았으나, 기존의 금융기관 간의 금융망을 통해 전자적으로 지불을 처리할 수 있었다. 예를 들어, 폰뱅킹(phone banking)이나 은행창구를 통한 은행간 전자이체서비스(electronic fund transfer) 등이다. 또는 기업들이 은행과의 제휴를 통해 사용하는 금융서비스인 펌뱅킹(firm banking)이 있다. 기존 금융기관의 기능이 인터넷 전자지불과 연계됨으로써, 기존의 금융망을 통한 전자지불 및 전자금융서비스가 인터넷을 활용하는 사용자에게 온라인 실시간으로 제공된다.

(3) 지불정보 보안의 중요성

인터넷을 통한 전자지불을 위해 신용카드번호 또는 계좌번호(account number), 지불금액 등의 지불정보를 전달하는 경우, 지불정보가 안전하고 정확하게 처리되어야 한다. 즉, 지불정보나 금융거래정보의 파손이나 변경의 방지, 제3자의 도청·탈취 방지, 지불거래 정보나 당사자의 인증 등과 같이 네트워크상의 지불정보 전달에 대해 적절한 보안기능이 제공되어야 한다. 이와 같은 지불정보의 보안처리

를 위해 통신네트워크상의 전송정보 보안방식인 암호화방식의 개념을 주로 활용하고 있다.

5.1.3 e-비즈니스로서의 전자지불서비스

인터넷상에서 원활한 상품거래와 지불편의성을 위해 특정 지불서비스가 선호될 수 있다. 이 때에, 큰 금액 또는 소액 등의 지불금액 크기, 기업간 또는 개인간 지불과 같이 참여자 종류, 신용지불의 허용여부, 지불처리참여자의 익명성(anonymity) 등이 고려될 수 있으며, 선택기준에 따라 적절한 지불수단(payment method)과 처리방식이 필요하다. 지불자와 피지불자 간에 지불금액이 직접 전달되는 경우도 있으나, 신용카드 지불과 같이 지불서비스 회사가 지불자의 신용을 기반으로 지불의 대행 및 중개하는 경우도 고려하여야 한다.

그리고 인터넷 전자지불에서 기존의 오프라인(off line) 지불에서의 지불수단과 마찬가지로 각국의 중앙은행(central bank)에서 발행하는 화폐가치(한국의 '원', 미국의 '달러' 등)에 기반을 두는 경우가 대부분이지만, 가상의 화폐단위를 통해 지불서비스를 제공하는 방식도 활용되고 있다. 가상의 화폐단위에 의한 경우에도, 오프라인의 지불가치와 동일한 교환비율을 두는 경우(okcashbag.com, flooz.com 등 참조)와 오프라인의 화폐와는 별개의 지불가치를 가지는 경우(beenz.com 등 참조)가 있다. 후자의 경우는 대개 인터넷 마케팅과 관련성이 깊은 고객로열티 보상시스템(customer loyalty reward system)과 연계되어 있다.

이상과 같은 여러 상황에 따라 지불서비스에 대한 요구사항도 다양해질 수 있으며, 지불서비스 제공자의 입장에서 지불서비스를 하나의 e-비즈니스 사업으로 수행하고 있다. 실제로 인터넷 상거래에 수반되는 전자지불 처리과정의 일부 또는 전부에 대해서, 인터넷쇼핑몰과 같은 상품거래 서비스를 제공하는 웹 사이트는 외부의 전문 전자지불서비스 회사에 위탁하는 경우가 대부분이다.

5.1.4 인터넷 전자지불의 구성

인터넷 전자지불의 구성은 '전자지불참여자', 그리고 전자지불참여자 간에 이루어지는 '전자지불정보의 구성 및 흐름'으로 설명이 가능하다. 이에 덧붙여, 전자지불정보의 구성에 중요하게 다루어지는 '지불정보의 보안'을 같이 정리하면 다음과 같다.

(1) 전자지불참여자

지불자와 피지불자를 포함하는 전자지불참여자는 전자지불을 완결하기 위해 필요한 기능을 수행하는 주체들을 의미한다. 유사한 전자지불 유형이라도 처리 메커니즘에 따라 전자지불참여자의 구성은 다양해질 수 있다. 예를 들어, 다음의 전자현금 지불사례를 보자.

사례 1 화폐가치가 저장된 지불자 컴퓨터의 전자지갑 시스템으로부터 지불금액 만큼의 화폐가치가 피지불자 컴퓨터의 전자지갑으로 전달된다.

사례 2 지불자와 피지불자 간의 지불처리방식은 (사례-1)과 같으나, 개인이 보유하는 화폐가치 정보를 지불서비스 제공자의 서버(server) 컴퓨터가 저장하고 지불시마다 지불금액 만큼 지불자와 피지불자의 잔고를 갱신한다.

(사례-1)에서는 인터넷에 연결된 지불당사자(지불자와 피지불자)의 시스템을 통해 지불처리가 완료되며, 전자지불참여자는 지불자와 피지불자이다. (사례-2)에서는 매 지불시마다 지불서비스 제공자의 서버 컴퓨터가 필요한 과정을 처리하여야 하며, 전자지불의 참여자는 지불자와 피지불자 그리고 지불서비스 제공자로 구성된다. 이와 같은 전자지불참여자는 인터넷상의 컴퓨터시스템을 통해 지불자와 피지불자 그리고 지불서비스 제공자의 세 참여자가 전자지불에 필요한 정보를 교환하는 [그림 5-3]과 같은 형태로 구성된다.

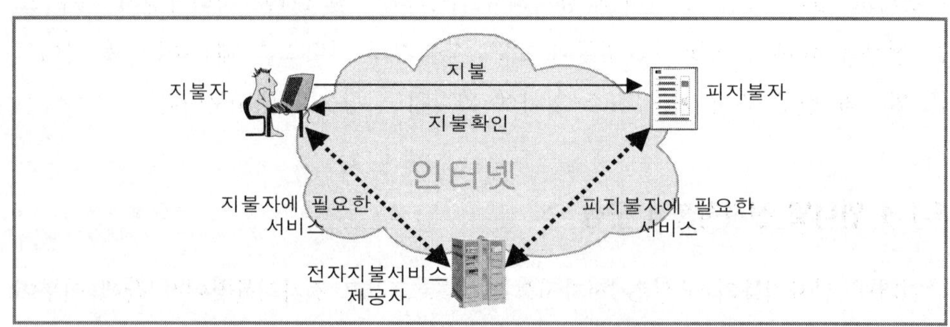

그림 5-3 — 인터넷 전자지불의 기본적인 참여자 구성

신용카드(credit card) 또는 은행계좌간 전자이체(electronic fund transfer) 등을 통한 인터넷 전자지불을 고려한다면, 인터넷뿐만 아니라 기존의 금융망을 같이 고려하여야 한다. 기존의 신용카드회사 또는 은행은 금융기관의 외부에 패쇄적인 금융망(financial network)을 통하여 지불서비스를 할 수 있기 때문이다. 이와 같이 신용카드 등의 지불서비스를 활용한 인터넷 전자지불참여자의 구성은 [그림 5-4]와 같이 나타낼 수 있다. [그림 5-4]에 나타나 있는 전자지불참여자 각각의 역할을 정리하면 다음과 같다.

- **지불자**(payer): 주로 인터넷상의 고객(customer)이며, 신용카드 지불의 경우에는 카드소유자(cardholder)라고 하기도 한다. 웹상의 선택 버튼(button)이나 별도의 지불처리시스템을 통하여 지불수단의 선택 및 지불금액에 대한 결정을 한다.
- **피지불자**(payee): 가능한 지불수단을 통해 지불자의 지불가치를 전달받는 참여자이며, 인터넷쇼핑몰에서는 상품을 판매하고 대금을 지불받는 판매자(merchant)가 해당된다.
- **지불게이트웨이**(payment gateway): 인터넷과 금융망이 연결되는 구조의 전자지불서비스에서, 지불게이트웨이는 인터넷과 금융망 사이에 존재하면서 지불처리에 필요한 정보전달의 가교역할을 수행한다. [그림 5-3]의 전자지불서비스 제공자가 지불게이트웨이의 역할을 맡는 경우가 많다.
- **신용카드사, 은행 등의 금융기관**: 인터넷을 통한 신용카드 또는 은행간 계좌이체 전자지불의 경우에 전자지불참여자로 포함된다. 지불게이트웨이는 지불자의 지불금액에 대해 지불가능 여부를 확인하기 위한 정보(지불승인요청 정보)를 금융망을 통하여 신용카드사(또는 지불자의 은행)와 지불승인결과 정보와 교환한다.
- **정산기관**(clearing center 또는 clearing house): 신용카드, 수표 또는 계좌간 전자이체의 방식을 통한 전자지불의 경우에 지불자와 피지불자간 지불금액의 정산을 처리하는 금융기관이다. 지불자의 계좌(account)보유 은행(payer's bank)과 피지불자의 계좌보유 은행(payee's bank)이 다른 경우에는, 지불자의 은행계좌에서 지불금액을 차감하고 피지불자의 은행계좌에 지불금액을 더해야 하는 정산(clearing 또는 settlement)을 처리하여야 한다. 이러한 정산의 기본적

인 역할을 정산기관(정산소 또는 clearing house)이 수행하며, 우리나라에는 금융결제원이 있다.

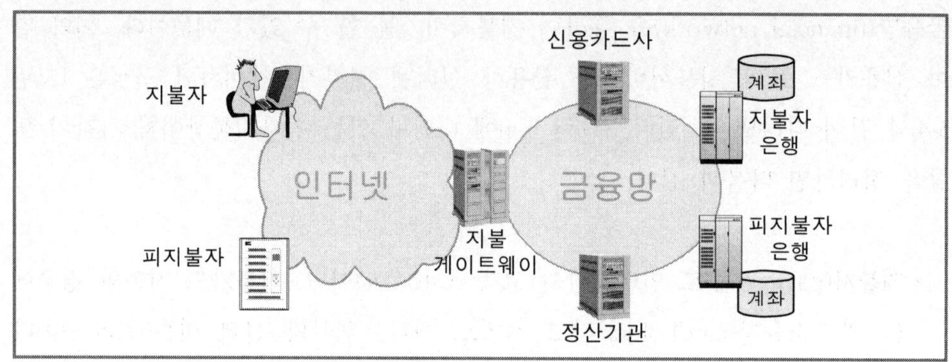

그림 5-4 — 기존의 금융망을 고려한 전자지불참여자의 구성

(2) 전자지불정보의 구성 및 흐름

상품제공과 지불로 이루어지는 일반적인 인터넷 상거래에서, 전자지불정보의 흐름은 기본적으로 상품을 구매하고 지불하는 고객(customer, 지불자)과 상품을 판매하는 판매자(merchant, 피지불자)의 사이에서 발생한다. 그리고 기존의 금융기관(신용카드사, 은행 등)과 관련되는 지불서비스인 경우에는 지불게이트웨이의 지불승인정보 처리가 필요하다. 그리고 지불참여자의 인증(authentication) 및 전송정보의 암호화처리를 위해 인증기관(certificate authority)의 역할이 포함된다 ([그림 5-5] 참조).

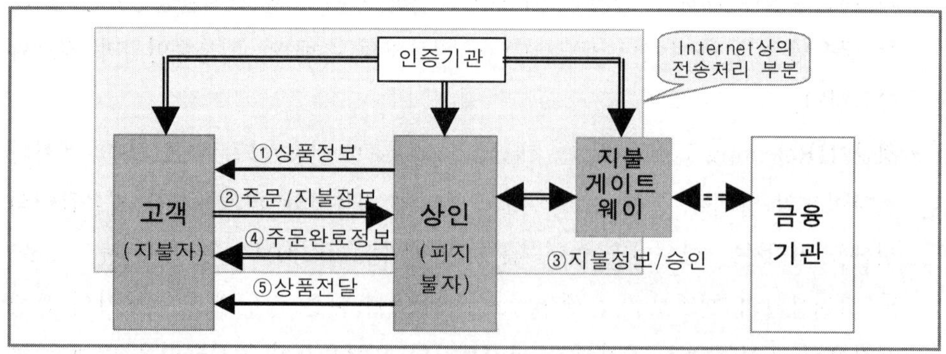

그림 5-5 — 지불승인이 필요한 일반적인 전자지불체계

인터넷 상품거래에서 일반적인 전자지불정보의 흐름에 대하여, 신용카드형 또는 전자이체형 지불에서 필요한 지불승인, 인증기관의 전자인증서발급 등을 포함하면 [그림 5-5]와 같이 나타낼 수 있다. 여기서 이중실선(=)은 전달되는 정보가 보안을 위해 암호화되는 부분이다. 인터넷상의 안전한 신용카드 지불을 위해 1997년 제안된 SET(secure Electronic Transaction) 표준은 [그림 5-5]의 ②, ③, ④의 처리를 중심으로 지불자(payer, cardholder), 피지불자(payee, merchant), 지불게이트웨이(PG), 인증기관(certificate authority) 간에 암호화를 통한 메시지전송을 위한 방식이다.

(3) 지불정보의 보안

인터넷쇼핑몰에서 흔히 신용카드형 전자지불을 위해 신용카드번호를 [그림 5-6]과 같이 웹을 통해 입력한다. 여기서 고객은 두 가지 보안상의 문제점을 우려할 수 있다. 첫 번째는 입력한 지불정보가 인터넷상에서 전송중 불법적 도청이 가능하다는 것이다. 두 번째는 신용카드번호 또는 계좌번호와 같은 지불정보를 쇼핑몰시스템에서 수신함으로써 쇼핑몰의 지불정보 악용이 있을 수 있다는 점이다.

그림 5-6 — 웹(web)상의 신용카드 지불정보 입력

이와 같은 보안상의 우려사항을 제거하기 위하여 암호화 방법이 활용된다. 웹브라우저와 웹서버 간의 대표적인 전송정보 보안방식인 SSL(Secured Socket Layer)은 첫 번째 우려사항인 '지불정보의 전송중 도청'을 방지할 수 있다. 일반적인 웹브라우저(Internet Explorer 등)는 SSL을 지원하는 것이 보통이다. [그림 5-7]은 웹브라우저에서 SSL이 처리되는 과정을 나타낸 것이다.

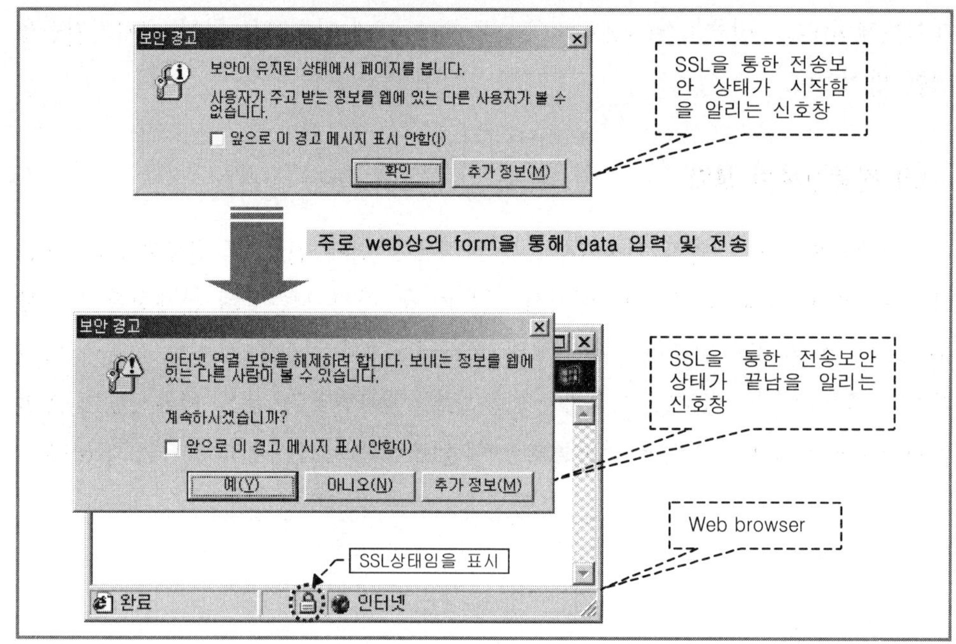

그림 5-7 — 웹브라우저상의 SSL 보안처리 과정

쇼핑몰의 '지불정보 악용 우려'를 방지하기 위해서는 지불정보가 쇼핑몰시스템을 거치지 않고 금융기관(또는 지불서비스 제공자)으로 전달되거나, 또는 쇼핑몰시스템을 거쳐서 금융기관에 전달되더라도 쇼핑몰 측이 신용카드번호 등의 지불정보를 알 수 없도록 해야 한다. 또한, 전달된 지불정보와 주문정보 서로가 연관되어 있다는 것을 쇼핑몰시스템과 금융기관 측이 각각 확인할 수 있어야 한다. 이를 위해서 고안된 방법으로 ① '지불정보와 주문정보의 별도 전송' 방식과 ② SET(Secure Electronic Transaction)에서 제안된 'Dual Signature' 방식이 있다. 이 두 방식을 설명하면 다음과 같다.

① **지불정보와 주문정보의 별도 전송**

주문정보와 지불정보를 각각 쇼핑몰 및 PG로 전송하여 쇼핑몰이 직접 지불정보를 확인할 수 없도록 하는 방식이다. 이때 전송정보는 SSL 등으로 보안처리할 수 있다. [그림 5-8]을 보면, 고객 시스템은 주문정보 및 지불정보를 분리하여 각각 SSL 암호화를 거쳐 쇼핑몰시스템 및 PG에게 별도로 전송한다. 쇼핑몰시스템은 지불게이트웨이(PG)로부터 지불승인 결과를 확인(거래승인과정)한 후, 주문상품을 배송하게 된다.

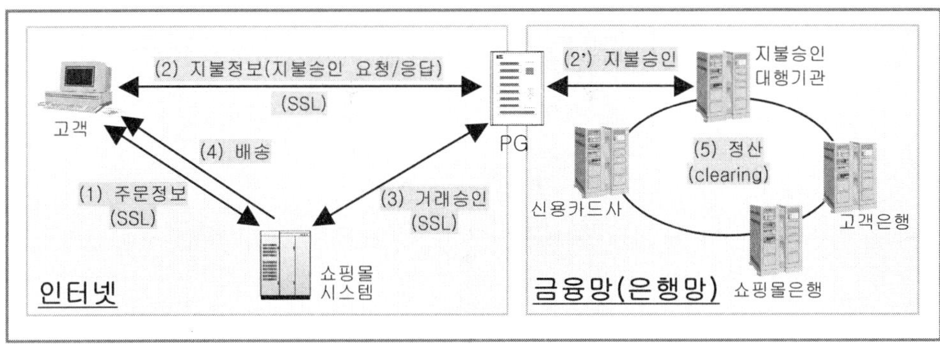

그림 5-8 — 주문정보와 지불정보의 별도 전송

② **Dual Signature의 활용**

Dual Signature는 고객(cardholder)의 시스템에서 의해 [그림 5-9]와 같이 작성된다. 주문정보와 지불정보에 대해 각각 작성한 두개의 다이제스트(digest)을 연결한 후, 해쉬(hash) 과정을 한 번 더 처리한 결과값을 고객의 개인키로 암호화한 것이 Dual Signature이다. Dual Signature 작성에 사용되는 해쉬, 다이제스트, 암호화(encrypt), 개인키(private key), 전자봉투 등의 의미는 본서의 '제6장' 또는 참고서적을 참조하기 바란다.

[그림 5-5]와 같이 SET를 통한 상품주문·지불 과정에서, Dual Signature는 [그림 5-5]의 '②주문/지불정보'의 전달시에 고객의 시스템으로부터 '상인'의 시스템을 전달되고, '③지불정보'의 전달시에 상인시스템을 거쳐 '지불게이트웨이'까지 전달된다(이때 고객의 지불시스템에 의해, 주문정보는 '상인'의 공동키로 암호화되고 지불정보는 지불게이트웨이의 공동키로 암호화되어 전달된다.).

Dual Signature를 통해, 쇼핑몰(상인) 시스템은 자신이 처리하는 주문정보에 대응하는 지불정보가 지불게이트웨이(PG)에게 전달되어 처리된다는 사실을 확인하게 된다. 즉, 고객(지불자) 시스템이 쇼핑몰시스템의 공동키로 작성한 전자봉투에 의한 여러 정보들과 Dual Signature를 쇼핑몰시스템이 전달받은 후, [그림 5-10]과 같이 쇼핑몰시스템에서 시스템에서 직접 구한 'Digest OA'를 고객시스템이 작성한 Dual Signature를 복호화하여 구한 'Digest OA'와 비교한다. 이를 통해 상점은 수신한 주문정보의 무결성을 확인함과 동시에 주문에 해당하는 지불정보가 PG에게 전달됨을 확인한다.

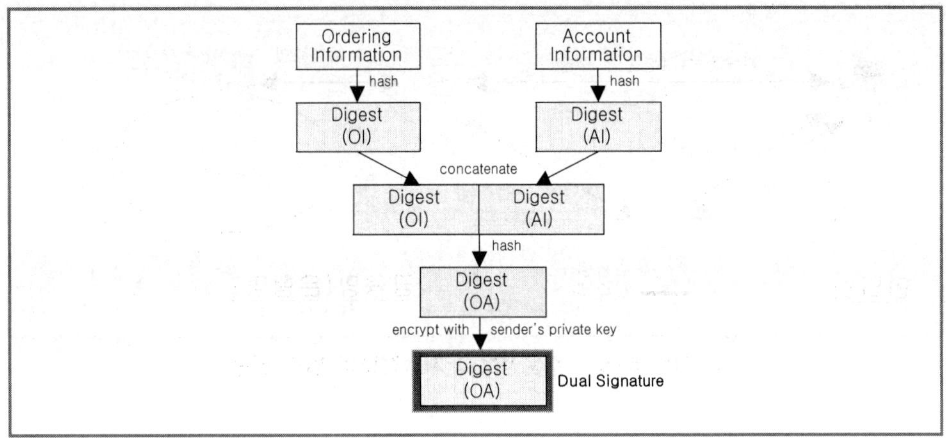

❀ 그림 5-9 — SET에서 'Dual Signature'의 생성과정

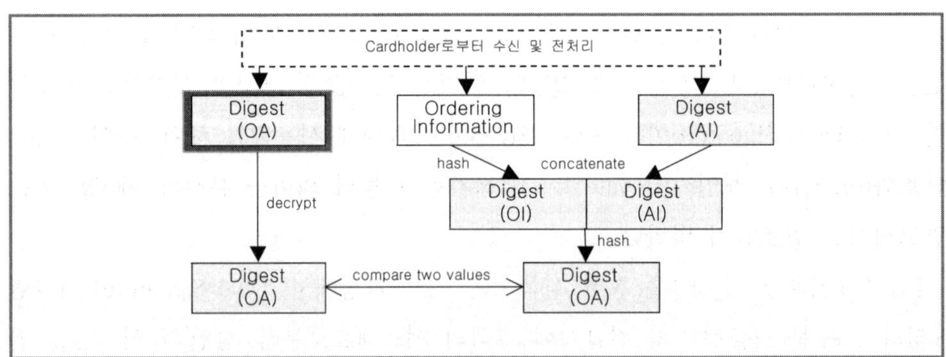

❀ 그림 5-10 — SET에서 쇼핑몰시스템의 'Dual Signature' 처리

그리고 쇼핑몰시스템은 PG에게 지불승인요청(Payment Authorization Request) 정보를 전송하게 되는데, 고객측 시스템이 PG의 공동키로 작성한 전자봉투 내용

과 Dual Signature을 PG에게 그대로 전달한다. PG는 전달받은 여러 정보들에 대해, [그림 5-11]과 같이 직접 구한 'Digest OA'를 고객시스템이 작성한 Dual Signature을 복호화하여 구한 'Digest OA'와 비교한다. 이를 통해 PG는 자신이 받은 지불정보를 확인함과 동시에 처리한 지불정보에 대응하는 주문정보가 쇼핑몰 시스템에서 처리되었음을 확인한다.

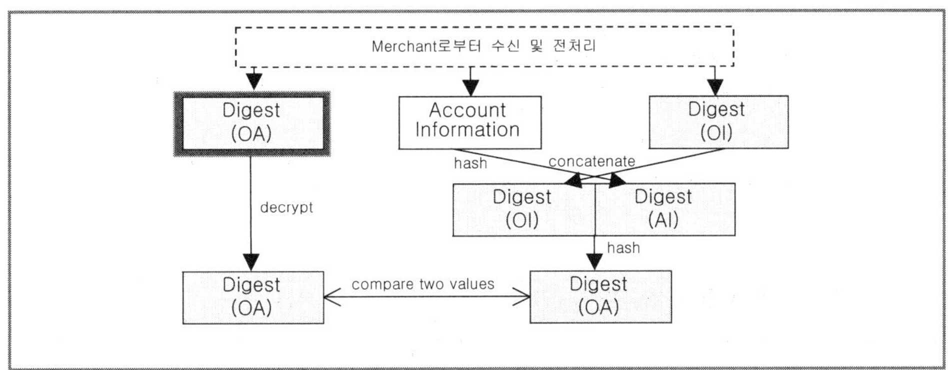

그림 5-11 — SET에서 PG의 'Dual Signature' 처리

5.2 전자지불수단의 유형

전자지불수단의 유형은 다양한 분류기준에 따라 여러 형태로 나누어 볼 수 있다. 본서에서는 기존의 '전통적 지불수단의 속성', '상품거래·지불의 시점', '지불정보의 보관·전달 방식' 등의 기준에 따라 전자지불의 유형을 나누어보기로 한다.

5.2.1 전통적 지불수단의 속성에 따른 유형

전통적인 지불수단에서는 지불처리의 편의성이나 효율성을 위해 현금, 신용카드, 전자이체서비스 등이 선택적으로 활용된다. 일상생활에서 통용되는 〈표 5-1〉의 지불수단 속성에 따라 전통적인 지불방식을 분류하면 〈표 5-2〉와 같으며, 이러한 분류방식은 지불수단의 설계·분석에 유용할 수 있다. 〈표 5-2〉에 정리된 각 지불수단의 기본적인 특징과 국내·외에서 개발되어온 여러 유형의 전자지불시스템이나 지불표준 등을 정리할 수 있다.

▮ 표 5-1 ▮ 전자지불의 유형을 분류하기 위한 속성

분류속성	내 용	속성값
현금 등가성	익명유통(circulation with anonymity), 현금과 교환가치가 동일, 지불자와 피지불자간 정산 불필요	yes / no
이체시기	지불시점과 지불자 계좌로부터 지불금액 이체 시점간 시간차이	before / direct / after
정산과정	지불자(payer)와 피지불자(payee)간 지불에 따른 현금 정산(clearing) 과정	direct / indirect

▮ 표 5-2 ▮ 기존 지불수단의 속성에 따른 전자지불의 유형 분류

전자지불 유형	속성 및 속성값		
	현금등가성	이체시기	정산과정
전자현금형태	yes	direct	direct
전자수표형태	no	after	direct
전자이체형태	no	almost direct	direct
신용카드형태	no	after	indirect

(1) 전자현금 형태

지불의 익명성(지불에 따른 지불자 및 피지불자의 신분확인이 불가능)을 가지며, 지불시점에 지불금액이 지불자로부터 피지불자에게 직접 전달되어 추가적인 이체·정산의 절차가 필요없다.

(국내) 충전형 교통카드, K-Cash 등

(국외) DigiCash의 eCash, VisaCash, Mondex 등

(2) 전자수표 형태

지불의 익명성이 보장되지 않으며, 지불시점 이후 지불자가 명기한 날짜 또는 피지불자의 청구일자에 지불금액이 지불자의 계좌에서 피지불자의 계좌로 직접

(direct) 이체된다.

(국외) NetCheque, NetBill, CheckFree 등

(3) 전자이체 형태

전자수표형태와 거의 같으나, 지불 즉시(direct) 지불금액이 지불자의 계좌에서 피지불자의 계좌로 이체된다.

(국내) 데이콤의 eCredit 등

(국외) SFNB의 QuickPay 등

(4) 신용카드 형태

익명성이 보장되지 않으며, 지불시점 이후(after)에 지불자 또는 피지불자의 계좌(account)간에 지불금액의 차감·적립을 통해 정산이 이루어진다. 이때 지불자와 피지불자의 계좌간 직접정산이 아니라 신용카드사 또는 은행 등이 지불자와 피지불자 사이를 매개하는(indirect) 간접정산이 이루어진다.

(국내) 데이콤의 eCredit, 이니시스의 이니페이, KICC의 EasyPay 등

(국외) First Virtual, CyberCash, SET, Visa의 3-D Secure,
MasterCard의 Secure Payment Application 등

최근 증가하는 전자지불의 형태로서, 대규모 고객을 상대로 하는 전화사업자 등의 과금체계를 활용하는 경우도 있다. 전자지불 확인후, 실제 지불금액은 특정 서비스요금청구서(전화요금고지서 등) 합산되어 지불된 후 정산된다. 이와 같은 방식은 〈표 5-2〉의 전자수표와 속성상 유사한 특징이 있으나, 관습상 전자수표라고 부르기는 곤란하다.

그리고 〈표 5-1〉의 지불속성들의 조합을 통해 새로운 전자지불 형태를 고안할 수도 있을 것이다. 예를 들어, '익명'으로 유통되고 간접적인(indirect) 정산과정으로 처리되는 전자지불 형태도 고려할 수 있다. 이의 실현을 위해서는 시스템 처리방식, 협력자의 역할, 사용자의 지불 선호도, 서비스의 사업성 등을 같이 고려해야 한다. 한편, 데이콤의 eCredit 서비스 체계는 전자이체형태와 신용카드형태의 지불을 같이 처리할 수 있는데, 이는 전자지불시스템 체계상 유사성을 활용한

사례이다. 즉, 전자이체형태에서는 '은행'이, 그리고 신용카드형태에서는 '신용카드사'가 지불승인 기능을 수행하는 것이다. 그러나 지불에 따른 이체시기와 정산과정은 두 형태에서 다르게 처리된다.

5.2.2 지불·가치전달 시점에 따른 유형

상품거래에 따른 화폐가치의 전달시점은 거래조건을 결정하는데 중요한 요소이다. 특히 고가의 거래이거나 기업간 상거래에서는 더욱 중요하다. 흔히 '지불자의 입장'에서 실제 지불금액의 전달(이체)이 지불시점보다 '먼저', '동시', 또는 '차후'에 이루어지느냐에 따라 '선불(pre-payment)', '직불(direct payment 또는 debit)', '후불(post-payment)'로 구분할 수 있다. 이는 〈표 5-1〉의 속성 중 '이체시기'와 유사한 개념이다. 〈표 5-2〉의 전자지불 유형을 상품거래·가치전달 시점에 따라 〈표 5-3〉과 같이 분류할 수 있다.

▌표 5-3▐ 지불·가치전달 시점에 따른 전자지불 유형

전자지불 유형	지불·가치전달 시점에 따른 유형	
	지불자의 입장	피지불자의 입장
전자현금	선불	직불
전자수표	후불	후불
전자이체	직불	직불
신용카드	후불	직불

〈표 5-3〉에서 전자현금형태는 지불자가 미리 실제 화폐가치를 지불하는 형태로서, 지불자의 입장에서 선불로 분류할 수 있다. 그리고 전자수표형태는 전자이체형태와 유사하나, 실제 금전적 가치가 지불자 및 피지불자가 동의하는 지불시점 이후의 날짜에 이루어진다는 차이점이 있다. 신용카드의 경우, 피지불자의 입장에서는 지불시점과 거의 동시에 거래금액을 신용카드사로부터 지급받으므로 직불의 성격을 가지나, 지불자에게는 일정기간 이후에 거래금액을 신용카드사에게 지불하는 후불의 성격을 가진다.

유사한 분류기준으로, 상품거래·지불의 동시여부에 따른 전자지불의 유형을 '원

스톱(one-stop) 형태'와 '비원스톱(non one-stop) 형태'로 나누기도 한다. 지불자의 입장에서, 하나의 시스템(system) 또는 동시적 수행체계를 통해 상품주문과 지불을 동시에 처리되는 경우를 '원스톱 형태'라고 한다. 대부분의 인터넷 쇼핑몰에서는 원스톱 형태의 방식을 취하고 있다. '비원스톱 형태'는 상품주문과 지불이 별도로 이루어지는 경우를 말한다. 상품주문은 인터넷 쇼핑몰에서 처리하고, 지불은 은행의 무통장 입금이나 인터넷뱅킹을 통해 처리하는 경우가 해당된다.

5.2.3 전자지불수단의 저장·전달 방식에 따른 유형

전자지불 유형을 '네트워크형'과 'IC카드형'으로 나누기도 한다. 이는 지불수단의 정보를 저장하고 전달하는 방식을 분류기준으로 나눈 것이다.

(1) 네트워크형 전자지불

네트워크형(network type) 전자지불은 사용자 컴퓨터의 저장장치(하드디스크, USB메모리, IC카드 등)에 저장된 지불정보로부터 지불금액이 인터넷(네트워크)을 통해 피지불자의 컴퓨터로 전달되는 형식이다. 사례로서, 다음과 같이 처리되는 eCash가 있다.

- 사용자(지불자 또는 피지불자)는 웹(web)상에서 eCash 서버에 등록한다(서비스제휴 은행에 계좌의 개설 및 eCash 사용 계좌로 등록).
- 지불자는 서비스제공기관(주로 은행)에서 관리하는 자신의 계좌로부터 전자현금 형태로 인터넷을 통해 금액을 인출하여 컴퓨터에 미리 설치된 전자지갑에 보관한다. [그림 5-12]의 우측에 나타난 eCash 전자지갑의 4가지 버튼은 각각 전자현금 인출 또는 적립, 거래일지, 지불, 안내 등의 기능을 위한 것이다.
- 웹상에서 상품주문시에 eCash로 지불하는 경우, eCash 전자지갑을 통해 현금가치를 인터넷상에서 피지불자(상인)의 전자지갑으로 전달한다.

네트워크형 전자현금의 단점으로는 개인 컴퓨터에 설치된 전자지갑 프로그램 또는 저장된 현금가치가 개인의 실수나 컴퓨터바이러스 등으로 유실될 가능성이 있다는 것이다.

그림 5-12 — 네트워크형 전자현금(eCash) 사례

(2) IC카드형 전자지불

IC카드형(integrated-chip card type) 전자지불은 네트워크형 전자지불과는 달리 전자지불의 주요정보(전자현금형의 경우 현금가치를 포함)를 IC카드에 보관한다는 것이다. 이는 개인 컴퓨터의 저장장치(주로 하드디스크)에 보관되는 네트워크형 전자현금에 비해 다음과 같은 장점을 가진다.

- 대부분의 IC카드는 일반 신용카드의 크기로 제작되어 휴대성이나 사용에 편리하다. IC카드에 포함된 IC칩(IC chip)만을 휴대전화 내에 장착하여 서비스를 제공하는 경우도 가능하다.
- IC카드가 분실되는 경우를 제외하고는 네트워크형 전자지불방식(컴퓨터에 전자지갑시스템이나 관리현금 등을 관리)에 비하여 관리부담이 적다.

전자현금형의 경우에 ATM(automatic teller machine)기를 통해서 전자현금을 충전할 수 있고, 카드리더기를 보유하는 식당이나 공중전화 등의 이용도 가능할 것이다([그림 5-13] 참조). 한편, 사용자의 컴퓨터에 연결할 수 있는 카드리더기(card reader)를 활용하여 인터넷쇼핑도 가능할 것이다. 인터넷에 연결된 컴퓨터에 부착된 카드리더기를 통해 IC카드형 전자현금을 사용하는 경우에는 네트워크형 전자현금과 IC카드형 전자현금의 구분이 모호해지는 상황이 된다.

① 컴퓨터에 부착하는 IC카드리더기

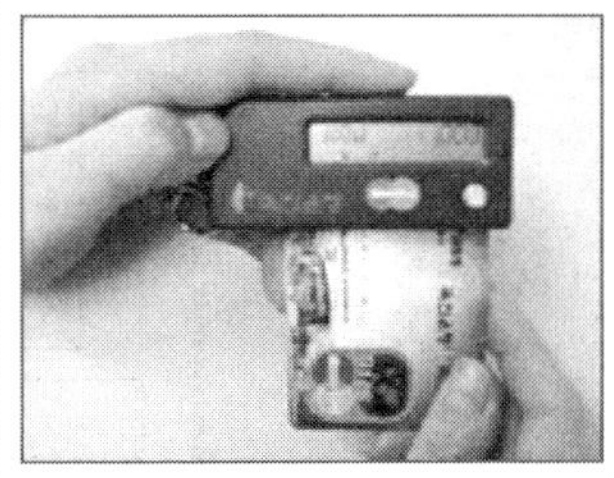

② IC카드내 충전잔액 확인

③ 전자현금 충전

그림 5-13 — IC카드형 전자현금의 활용 (MONDEX 사례)

IC카드가 단순한 저장기능 이외에 카드운영체제(COS: chip operating system)와 계산기능을 갖추는 경우에는 스마트카드(smart card)라고 불린다. 전자현금의 충전이나 인출을 위해 IC카드가 외부시스템과 자료교환을 하는 경우, 스마트카드(smart card)는 내부의 연산기능으로써 암호화 처리를 통해 전자현금의 보관·전달을 안전하게 처리한다. 스마트카드의 외양 및 내부구조는 [그림 5-14]와 같으며, 내부의 EEPROM(electrically erasable & programmable ROM)에 전자현금이나 보안에 관련한 데이터를 저장할 수 있다. IC카드 또는 스마트카드와 카드리더기 간의 I/O 접촉여부에 따라 접촉식(contact type)과 비접촉식(contactless type)으로 나눈다.

전자지불시에 전자현금을 보관하는 전자지불서비스 제공자의 서비스를 거쳐 직불(debit)로 지불되기도 하는데, 지불자와 피지불자가 이용하는 전자지불서비스제공자가 서로 동일하거나 서로 제휴관계에 있는 전자지불서비스 제공자이어야 한다. 이와 같은 형태의 전자지불은 마치 전자이체형/직불형 전자지불과 비슷한 방식이며, 특별히 '폐쇄형 IC카드 전자현금'이라고 부르기도 한다. 상대적인 의미로 사용자(지불자와 피지불자) 간에 직접 전자지불(화폐가치의 이전)이 가능한 경우를 '개방형 IC카드 전자현금'이라고 한다. 개방형 IC카드 전자현금의 사례에는 영국의 MONDEX 등이 있으며, 폐쇄형 IC카드 전자현금에는 미국의 VisaCash, 독일의 GeldKarte, 덴마크의 Danmont, 벨기에의 Proton 등이 있다.

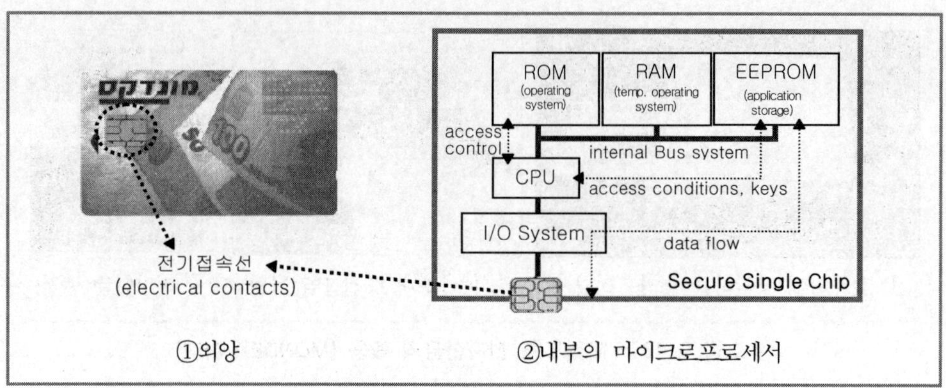

그림 5-14 — 스마트카드의 외양과 내부구조

5.3 전자지불의 국내·외 동향

1997년 발표된 SET방식의 활용이 적었던 이유로는 별도 전자지갑 시스템의 설치, 전송정보 처리의 복잡성과 소요시간 등과 같이 고객편의성 측면의 단점이 지적된다. 이의 개선된 방안으로 '3-D Secure', 'SPA(Secure Payment Application)', 'SDT(Secure Debit Transaction)' 등이 제시되어 왔다. 이러한 여러 방식의 제안과 함께, 인터넷 상품거래에 따른 전자지불방식 중에서 현재 국내에서 흔히 사용되는 방식은 '주문정보와 지불정보의 별도 전송'방식([그림 5-8] 참조)인 것으로 파악된다. 본 절에서는 최근 국내·외 활용이 확대되고 있는 '모바일(mobile) 지불' 및 'P2P 지불'에 대해 정리해보기로 한다.

5.3.1 모바일 지불

모바일 지불(mobile payment, m-payment)은 온라인과 오프라인 상에서 상품구매 등에 따른 대금지불을 이동형 단말기(휴대폰, PDA 등)나 이동통신망을 이용하여 이루어지는 지불을 말한다. 스마트폰 확산 및 무선 인터넷 사용의 대중화(모바일 커머스, m-commerce)에 따라 모바일 지불이 확대되고 있다. 국내에서 휴대폰을 통한 모바일 지불의 규모는 2006년~2011년간 연평균 21%의 상승세를 보여 왔으며, 2011년 말에는 약 2조 5천억 원 규모에 달하고 있다.

(1) 모바일 지불 서비스 유형

지불자의 모바일 지불이 가능하도록 제공되는 서비스는 여러 기준에 따라 분류할 수 있으나, 서비스 구성의 특징에 따라 〈표 5-4〉와 같이 금융기관연계형, 스마트칩형, 통합과금형 등으로 구분할 수 있다. 스마트칩형은 필요에 따라 금융기관연계형과 서로 조합이 되는데, 스마트칩에 신용카드정보가 저장이 되어 있고 지불시 금융기관(신용카드사 등)과 연결하여 지불승인이 이루어지는 경우가 해당된다.

▮ 표 5-4 ▮ 모바일 지불 서비스의 유형

유형	내 용	사 례
금융기관 연계형	이동통신사의 무선 인터넷 망을 통해 은행, 신용카드사 등이 제공하는 금융정보조회, 계좌 개설 및 이체, 공과금 납부, 지불승인 등 서비스 이용	LGT의 BankOn, SKT의 M-뱅크, KTF의 K-뱅크 등
스마트칩 (smart chip)형	휴대전화 내부에 스마트 칩을 부착하고, 여기에 신용카드, 전자화폐 등의 정보를 저장하여 카드가맹점, 인터넷쇼핑몰 등에서 지불하는 방식	SKT의 모네타카드, KTF의 K-merce 등
통합 과금형	인터넷쇼핑몰 등에서 지불한 금액을 휴대전화 이용요금에 합산하여 결제	무선전화회사의 통합청구서비스

(2) 모바일 지불 서비스의 참여자

지불자와 피지불자 이외에 모바일 지불의 서비스를 구성하는데 가장 중요한 참여자는 이동통신사, 금융기관, 모바일PG 등이며, 각 참여자의 역할은 다음과 같이 정리할 수 있다.

- **이동통신사업자**: 이동전화망(wireless cellular network)을 통해 가입자의 지불처리를 위한 정보를 전송하는 통신인프라의 역할 이외에, 제휴 은행의 모바일뱅킹 서비스를 위한 전송망으로서의 역할, 요금청구서(phone bill)를 통한 통합과금형을 위한 지불승인과 과금대행 업무의 역할을 수행한다.
- **은행, 카드회사 등 금융기관**: 소비자 및 판매자의 지불처리에 사용되는 소비자

계정을 발급·유지·관리하고, 거래승인 및 거래내역을 관리한다.

- **모바일PG**: 이동통신사업자 또는 금융기관과 제휴하여 모바일 지불 솔루션을 제공하고, 상품 판매자로부터 무선으로 전송된 거래내역을 이동통신사나 금융기관에 전송하여 지불처리를 매개하는 역할을 수행한다. 국내에는 다날, 모빌리언스, 엠차지정보기술, 인포허브, 파네즈 등의 사업자가 있다.

5.3.2 P2P 지불

'P2P 지불'에서의 P2P는 '개인간'이라는 의미의 person-to-person을 뜻한다. 1999년 미국의 페이팔(www.paypal.com, [그림 5-15])에 의해 시작된 P2P 지불방식은 이메일(e-mail)을 통해 마치 개인간 직접지불이 이루어지는 형태로 보이기 때문에 'e-mail지불' 또는 'e-mail뱅킹' 등으로 일컬어지기도 한다.

P2P 지불서비스는 '전자지불의 우수한 기능성(보안성, 편의성, 안정성 등)'과 '기존 금융기관 서비스와 원활한 연계'를 장점으로 하여 폭발적인 성장세를 보였으며, 현재 동일한 서비스로 빌포인트닷컴(www.billpoint.com) 등 수십 개의 업체가 경쟁하고 있다고 한다. 페이팔을 비롯한 일반적인 P2P 지불과정에서 지불자 'A'가 피지불자 'B'에게 금액 'C'원을 지불하는 경우의 처리과정은 다음과 같다.

〈단계 1〉 지불자 'A'는 P2P 지불서비스의 웹사이트(web site)를 통하여 회원으로 가입한다. 이때 반드시 본인의 e-mail주소가 등록되어야 한다.

〈단계 2〉 'A'는 자신이 '지불 또는 청구할 은행 및 은행계좌번호'(또는 '지불할 신용카드번호')를 서비스제공자의 사이트에서 저장한다. 이때 복수개의 은행계좌나 신용카드도 무방하다.

〈단계 3〉 'A'가 피지불자 'B'에게 지불할 경우, [그림 5-16]과 같이 P2P 지불서비스 사이트에서 'B'의 e-mail과 지불금액 'C'를 중심으로 내용을 명시한 후 지불(송금)을 확인한다.

〈단계 4〉 P2P 지불서비스 제공자는 명시된 'B'의 e-mail주소로 송금이 되었다는 내용을 전송한다.

〈단계 5〉 e-mail을 받은 'B'는 P2P 지불서비스 사이트에 접속하여 지불받을 은행계좌를 입력 또는 미리 입력된 은행계좌 중에서 선택한다. ('B'가

해당 서비스에 회원이 아닌 경우 신규로 회원가입을 하여야 한다.)

〈단계 6〉 P2P 지불서비스 제공자는 'B'가 지정한 은행계좌로 지불금액을 입금한다.

이상과 같이 지불자와 피지불자는 상대방의 은행계좌 또는 신용카드 등의 정보를 알 필요가 없으며, 오직 상대방의 e-mail주소와 해당서비스의 가입여부 만이 필요한 요소이다. P2P 지불서비스는 국내에서도 제공되었는데, 페이레터(www.payletter.com), 메일캐스터(www.mailbanking.co.kr), 주택은행(www.npaykorea.com), 신한은행(www.moneymail.co.kr) 등이다. 국내 서비스에서는 P2P 지불의 전용계좌, 일반 은행계좌, 또는 신용카드 등에서 지불금액이 인출되는 방식을 사용하였다.

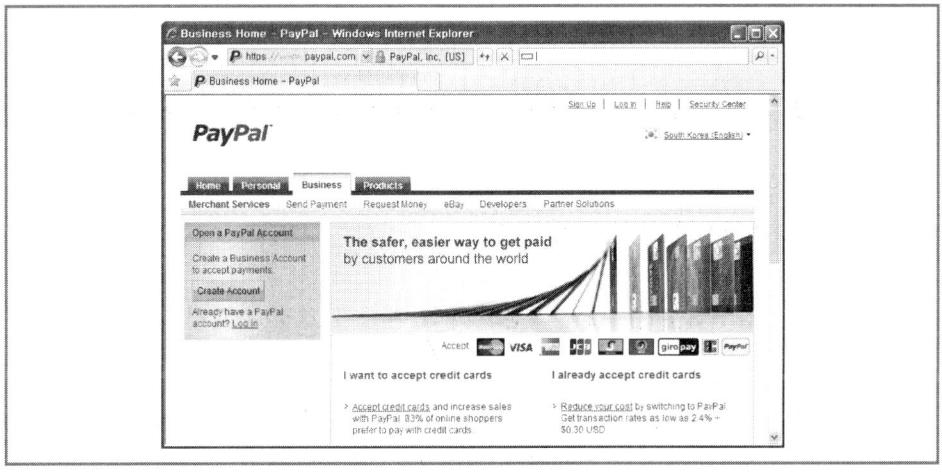

그림 5-15 — 페이팔(Paypal)의 서비스 사이트

P2P 지불서비스의 구성은 [그림 5-4]의 형식으로 설명이 된다. 즉 금융망 서비스와 연결되는 P2P 지불시스템이 지불게이트웨이(PG)의 역할을 한다고 할 수 있다. 다른 지불방식과의 차이점으로는, P2P 지불서비스 제공자가 가입자의 계좌 또는 신용카드 정보를 보관해야 하고 피지불자들에게 지불을 통지할 e-mail기능 등이 추가로 필요한 것으로 볼 수 있다.

Mail 송금
: 최대 [10명], 총 [100,000원]까지 송금할 수 있습니다.

송금내역

송금제목 입학을 축하합니다.

☑ 모든 수신자에게 동일 금액 송금 5000 원

☐ SMS 이용

연번	수신자명	수신자 e-mail	송금할 금액	
1	홍길동	honggildong@hangmail.net	5000 원	삭제
2	윤성훈	ysc@dreamwaz.com	5000 원	삭제

주소록 추가 ▣ 수신자명은 스페이스(" ")없이 입력하세요.

보낼 메세지 메세지에 따옴표(' ', " ")를 쓰지 마세요.

수신자 처리기한 10 일(이내)

환불계좌 국민은행-/78262701191791- 환불계좌 등록/선택

다음 새로고침

그림 5-16 — 국내 P2P 지불서비스 사례 (www.mailbanking.co.kr 참조)

사례 5-1 •• 전자지갑 꺼내든 삼성

— 삼성월렛 앱 22일 첫선… 구글·애플과 경쟁 초읽기 —

삼성전자가 국내에서 전자지갑 서비스를 시작한다. 막강한 단말기 경쟁력을 앞세워 모바일 결제(m커머스)시장에서의 기반을 마련하기 위한 전략이다. 삼성전자는 스마트폰에서 신용카드를 등록해 온라인 결제 때 안전하고 편리하게 이용 가능한 '삼성 월렛(Samsung Wallet)'애플리케이션을 22일 국내에 선보인다고 21일 밝혔다.

이번 서비스는 스마트폰 사용자가 삼성월렛 앱에 자신의 신용카드 정보, 개인식별번호(PIN)를 한번만 등록하면 온라인 결제시 PIN비밀번호와 일회용 비밀번호(OTP)인증만으로 결제가 가능하다. 앱을 사용할 수 있는 곳은 국내 온라인 가맹점 3만여 곳이다. 이용 가능한 카드는 삼성카드, 하나SK카드, BC카드이며 향후 씨티카드, KB국민카드 등으로 대상 카드를 추가해 나갈 예정이다. 삼성의 최신 전략폰 갤럭시S4을 비롯해 갤럭시S3, 갤럭시노트, 갤럭시노트2, 갤럭시 노트

10.1, 갤럭시S2 HD LTE 등으로 이용 가능하며 삼성 앱스로 무료다운로드 받으면 된다.

삼성월렛은 일단 국내서 처음 상용화되지만 서비스는 다소 제한적이다. 온라인 결제에서만 이용할 수 있어 현재 온라인 쇼핑몰에서 사용되는 SK플래닛의 페이핀 등 간편결제 서비스와 비교해 편리·범용성에서 큰 차이가 없다. 국내 최대 모바일 결제서비스인 SK플래닛의 스마트월렛은 멤버십카드, 쿠폰 관리 등이 가능하고 KT 모카의 경우 온·오프라인 결제가 가능하다.

업계에서는 삼성이 구글, 애플 등 모바일 생태계 공룡들과의 전자지갑 경쟁을 벌이기 위해서는 서비스 및 기능 고도화가 불가피할 것으로 보고 있다. 삼성월렛과 비슷한 서비스로 지난해 애플이 패스북(Passbook)을 내놓았으며, 2011년 구글은 지불결제 기능까지 갖춘 전자지갑 구글월렛을 출시한 바 있다. 삼성전자는 구글 등과 경쟁을 염두에 두고 국내에서 먼저 전자지갑을 선보인 후 글로벌시장에 진출할 것으로 예상된다.

◂ 인용 : 서울경제, 2013.05.21일자 ▸

사례 5-2 •• 이니텍, 상반기 매출 254억 달성…전년 대비 47%↑

—"P2P·B2B시장 성장 잠재력, 블루오션 찾아 동력 재가동"—

정보보안/금융IT 서비스 전문기업 이니텍은 2013년 상반기에 매출액 254억 원, 영업이익 24억 원, 당기순이익 21억 원을 달성했다고 밝혔다. 이는 매우 큰 폭의 성장세를 나타낸 것으로, 전년 대비 매출액은 47%, 영업이익 39%, 당기순이익 58% 각각 증가한 수치다.

이니텍의 올 상반기 매출 성장의 주요 원인으로는 금융 SI 및 보안 솔루션 분야 매출 증가를 꼽을 수 있다. 먼저 금융 SI 분야에서는 금융권의 인터넷뱅킹 재구축, 오픈뱅킹 및 스마트폰뱅킹 구축 등의 사업 수주가 활발히 이루어져 상반기 매출 증대를 이끌었다. 또한 보안 솔루션 분야에서는 개인정보보호법 시행에 따라 DB암호화 솔루션 '세이프DB(SafeDB)'의 영업 확대와 모바일 SSO 솔루션 '이니세이프 소넵스(INISAFE SSonApps), 통합접근제어 솔루션 '시넵(SeNeapp), 액티브X 없는 금융거래 솔루션 '모아사인' 등 다양한 솔루션 구축 계약이 성사됐다.

이니텍 변준석 대표이사는 "국내 최고의 인터넷뱅킹 구축 노하우와 경험을 갖고 있는 이니텍이 올해 상반기 역시 금융권의 주요 시스템 구축 프로젝트를 다수 수주했고, 지속적인 솔루션 업그레이드와 기술 개발 노력을 바탕으로 다양한 분야의 보안 솔루션 계약을 체결하면서 전년 대비 높은 매출액과 영업이익을 달성할 수 있었다"며 "하반기 역시 이 같은 성장세가 지속될 것으로 예상하며 아울러 KT 올레 전자 인수증사업 등 KT 그룹 내 시너지사업과 공인인증서와 관련된 신규사업 등을 가시화할 계획"이라고 말했다.

◂ 인용 : 서울경제, 2013.08.14일자 ▸

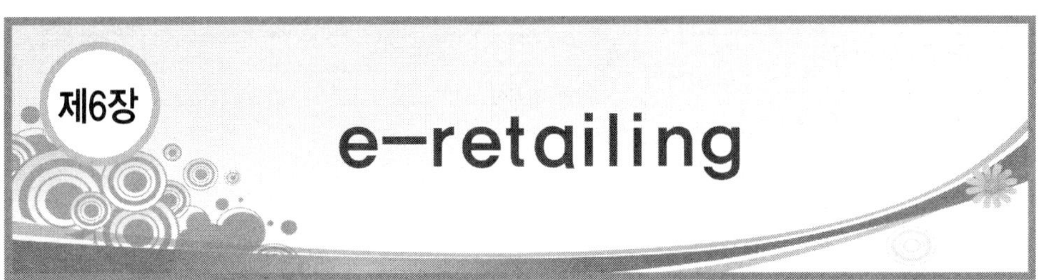

제6장 e-retailing

전통적으로 상품의 공급·유통 단계는 '제조업체(manufacturer)' ⇨ '유통업체(도매상 ⇨ 소매상)' ⇨ '최종소비자(consumer)'의 단계로써 구성된다. 상품의 공급자(생산업체 또는 도매상)로부터 상품을 공급받아 최종소비자에게 판매하는 중간자(intermediary)의 역할이 수행되는 분야와 범위가 일반적인 소매(retailing)의 영역이다.

기업이 인터넷 온라인(on-line)으로 개인소비자에게 상품과 서비스를 판매하는 B2C e-비즈니스 형태가 e-retailing(electronic retailing 또는 e-tailing, 전자소매)이며, 개인 간의 C2C e-비즈니스도 개인소비자에 대한 판매가 이루어지므로 e-retailing에 속한다고 할 수 있다. 전자소매를 수행하는 기업을 e-retailer(e-tailer 또는 전자소매상)라고 부르기도 한다. 매년 두 자릿수 이상의 성장률로 급성장하고 있는 e-tailing은 인터넷쇼핑몰을 비롯해 오픈마켓, 소셜커머스(social commerce), 모바일(mobile) 서비스 등 새로운 거래방식과 정보기술을 접목해 진화하고 있다.

국내 e-retailing의 시장규모를 나타내는 거래액이 2001년 3.3조원에서 2007년 15.8조원을 연평균 29.5%의 증가율을 보이고 있다. 전체 시장 규모는 2007년 이미 백화점매출(2010년 25조원)을 앞질렀고, 2010년에는 대형마트업계(33조7000억원)를 넘어서는 34조3000억원 규모로 성장했다는 것이 업계의 추산이다. 스마트폰 등 인터넷매체의 발달, 가격경쟁력, 1~2인 가구의 증가 등으로 국내 e-retailing 시장의 지속적 신장이 예상된다.

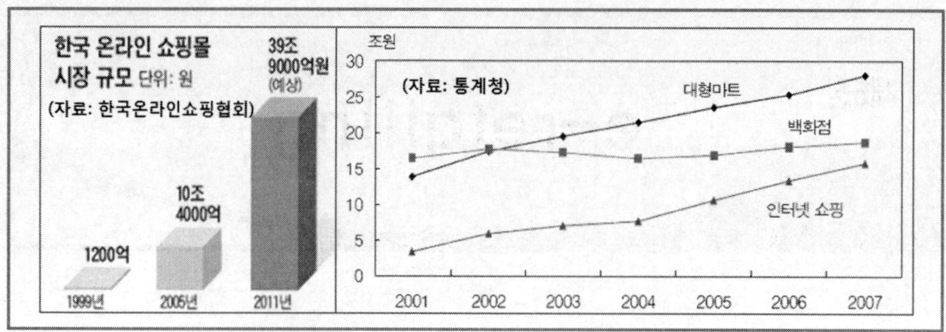

❀ 그림 6-1 — 국내 e-retailing 시장규모의 확대

6.1 e-retailing의 발전

(1) 중간상소멸 및 재중개

전통적인 오프라인(off-line) 공급·유통 단계에서 최종소비자는 [그림 6-2]의 (1)과 같이 소매업자를 통해 상품을 구매하게 된다. e-비즈니스의 출현으로 말미암아, 인터넷상에서 생산업자는 소비자에 대해 직접판매(direct selling)가 가능해지는 '중간상소멸(dis-intermediation)'효과가 확대되었다([그림 6-2]의 (2)). 중간상소멸은 기존의 생산업자(또는 도매업자)가 인터넷을 통해 최종소비자와 직접 접촉함으로써, 판매기업과 최종소비자 쌍방이 기존에 비해 유리한 조건의 거래(판매와 구매)가 용이하게 되는 것을 뜻한다. 대표적 사례로서 컴퓨터제조사인 델(Dell)의 경우, 기존의 오프라인 유통업자를 통한 판매를 중지하고 인터넷을 통해 직접 주문·판매함으로써 매출을 크게 증가시켰다.

그런데 '중간상소멸'은 최종소비자에게 웹을 통한 상품검색, 판매기업 탐색, 가격비교 등과 같이 새로운 정보탐색의 노력과 비용을 필요로 하게 된다. 이와 같은 요구사항의 해결을 위해, 정보매개 중심의 정보중개자(infomediary)에 의한 '재중개'(re-intermediation, [그림 6-2]의 (3)) 서비스가 출현하게 된다. 재중개 서비스를 통하여, 최종소비자는 원하는 상품과 서비스를 구매할 수 있는 사이트로 직접 연결할 수 있다([그림 6-3] 참조). 재중개 서비스는 판매점 사이트의 검색을 지원하는 것 이외에, 여러 판매점의 판매상품을 비교구매(comparison shopping)

하도록 지원하거나([그림 6-4] 참조) 역경매 등의 과정을 통하여 거래중개를 지원하기도 한다.

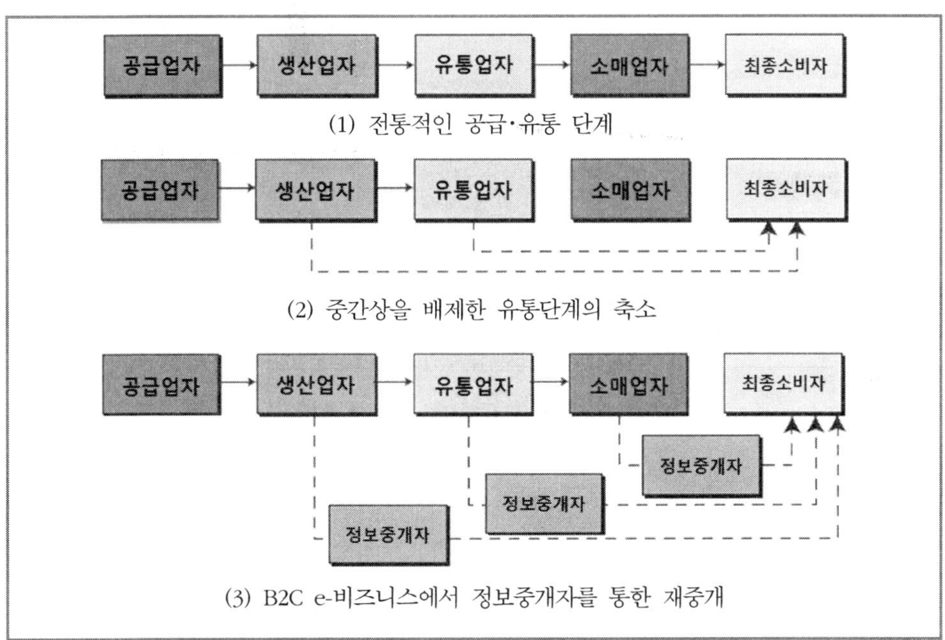

그림 6-2 — e-비즈니스와 유통단계의 변화

인터넷에 의한 전통적인 유통구조의 혁신을 의미하는 중간상소멸과 재중개는 판매자에게 최종소비자에 대한 판매채널의 확대와 그에 따른 경쟁의 심화, 또는 인터넷을 통한 e-tailing구현의 다양한 형식 등을 포괄적으로 의미한다. 소비자에게는 생산자의 직접판매 또는 재중개 서비스가 보다 유리한 조건의 구매기회를 확대시켰다고 할 수 있다. 전통적인 오프라인 소매의 특징과 비교하여 e-tailing은 〈표 6-1〉과 같은 차이점을 가진다. 소비자 및 판매자에게 e-tailing이 가지는 이점을 다음과 같이 나열해볼 수 있다.

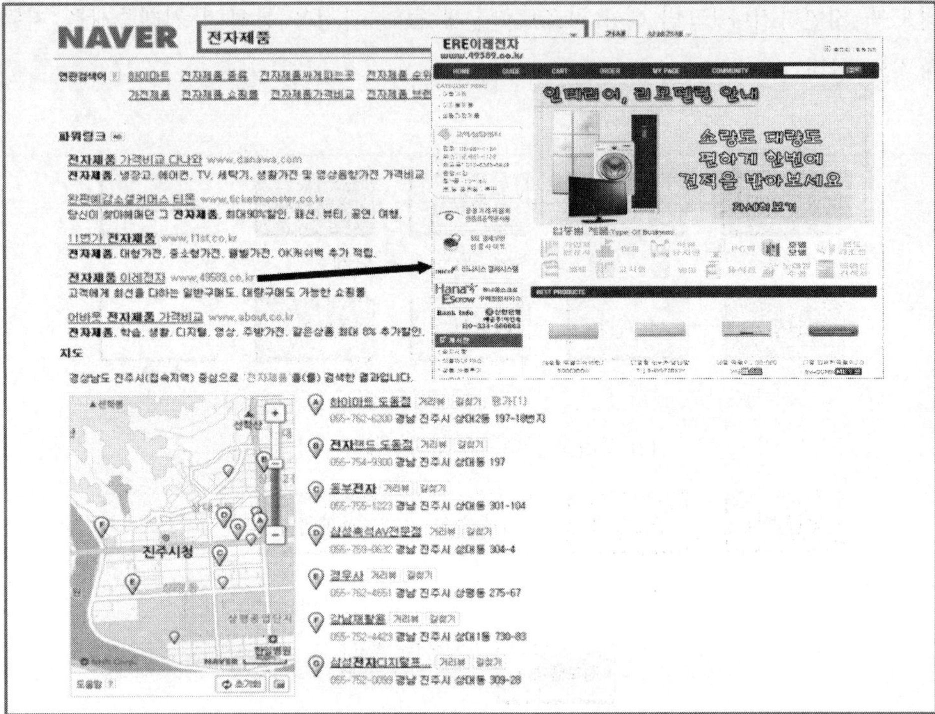

❀ 그림 6-3 — 검색사이트의 정보중개 사례

❀ 그림 6-4 — 비교쇼핑사이트 사례

■ 소비자의 이점

- 효과적·효율적 쇼핑: 검색사이트 또는 비교쇼핑사이트 등은 원하는 상품의 탐색하는 시간과 노력을 절감시키고, 구매대안 간의 비교를 용이하게 하게 한다. 또한 역경매, 비교구매, 소셜커머스(social commerce) 등과 같은 다양한 구매방식을 유리하게 활용할 수 있다
- 풍부하고 동적인 정보의 접근: 상품정보, 판매자 정보, 배송정보, 지불형식, 배송처리 현황 등과 같이 구매 의사결정에 필요한 충분히 많은 정보에 접근할 수 있다. 이러한 정보는 필요시 실시간으로 확인이 가능하여, 변화하는 동적인(dynamic) 구매정보를 웹을 통해 확인할 수 있다.
- 구매비용 절감: 구매정보의 신속한 검색, 비교쇼핑 등을 통한 낮은 가격, 판매자의 유통비용 절감 등으로 전체 구매비용을 절감할 수 있다.

■ 판매자의 이점

- 유통비용 절감: 사이버공간의 웹사이트를 통한 전 세계 24시간 서비스, 중간 유통단계를 거치지 않은 소비자와의 실시간 직접연결은 유통비용 절감의 기본적인 동기가 된다. 특히 디지털 제품(소프트웨어, 게임 등)의 경우에는 인터넷상의 실시간 유통을 통해 유통비용이 0에 가깝다.
- 효과적/효율적 마케팅 커뮤니케이션: 판매자-고객간 양방향 대화가 가능하며, 개별 고객정보의 획득이 가능하므로 효율적이고 효과적인 개인화 마케팅(personalized marketing)이 가능하다.
- 사업운영상의 이점: e-tailing의 판매과정 대부분이 인터넷과 정보시스템에 의존하므로, 정보처리의 오류와 시간 그리고 오버헤드 비용이 절감된다. 재고, 배송 등에 따른 물리적 관리부담이 없으며, 전자지불을 통해 대금의 수금 및 지급이 효율적이다. 그리고 시장이나 고객의 분석과 세분화, 틈새시장의 진입이 오프라인 시장에 비해 용이하다. 또한 기존 오프라인 판매과정과 비교할 때, 구매자의 셀프서비스로 인해 판매처리의 상당부분이 고객에게 이전되는 효과가 있다.

표 6-1 전통적인 오프라인 소매와 e-tailing의 특징

구 분	오프라인 소매	e-tailing
유통채널	제조기업 ⇨ 도매상 ⇨ 소매상 ⇨ 소비자	기업 ⇔ 소비자
거래지역	일부 지역	전 세계
거래시간	제한된 영업시간	24시간
고객정보파악	영업사원이 획득	온라인으로 수시획득
마케팅 활동	구매자의사의 고려가 적은 일방향 마케팅	쌍방향 통신을 통한 1대1 마케팅
고객 대응	고객요구의 포착 및 대응이 지연	고객요구를 신속히 파악
판매 거점	실공간(real space)	사이버공간(cyber space)
소요 자본	매장준비, 직원채용 등에 많은 자금 필요	인터넷서버, 홈페이지 준비 등 상대적으로 적은 비용

(2) e-tailing의 다양한 거래형태

흔히 e-tailing의 대표적인 거래형태로 인터넷쇼핑몰(Internet shopping mall)이 일컬어진다. 인터넷쇼핑몰은 그 특성과 거래방식이 기준에 따라 다양한 형태로써 설명될 수 있으나, 일반적인 순수 인터넷쇼핑몰의 거래중개 형태는 대개 상품거래의 참여자인 소비자와 상품공급자를 포함하여 [그림 6-5]와 같이 표현될 수 있다.

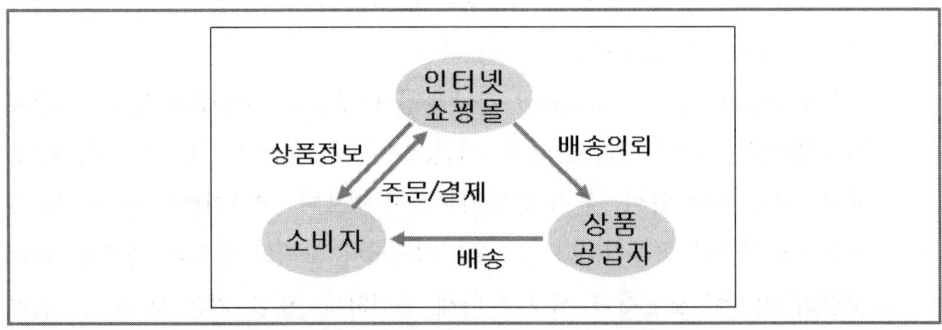

그림 6-5 — 인터넷쇼핑몰의 거래형태

[그림 6-5]에서 인터넷쇼핑몰은 상품공급자와 분리된 정보중개자의 형태로 소비자에게 판매자의 역할을 한다. 여기서 인터넷쇼핑몰과 상품공급자이 역할이 동일한 기업에서 제공될 수도 있고, 또는 다수 상품공급자의 상품에 대하여 인터넷쇼

핑몰이 소비자에게 판매하는 역할을 수행할 수도 있다. 전자의 경우는, 인터넷을 통한 상품공급자의 직접판매 형태를 포함한다. 후자인 경우에는, 인터넷쇼핑몰이 여러 상품공급자와 소비자에 대해 (판매를 포함하는) 정보중개자의 역할을 한다고 할 수 있다.

구매자인 개인소비자의 입장에서, e-tailer는 구매를 위해 직접 접촉하는 [그림 6-5]의 인터넷쇼핑몰 웹사이트라고 할 수 있다. 그러나 전통적인 소매분야에 비해 e-tailer는 보다 다양한 거래형태를 보인다. 인터넷쇼핑몰의 대표적인 형태를 몇 가지 나열해보면 다음과 같다.

■ **직접판매 형태**

[그림 6-2]의 (1)과 같이 전통적인 오프라인 소매유통 채널이 아니라, 생산업자 또는 유통업자가 인터넷 웹을 통해 소비자에게 직접 상품을 판매하는 경우이다 ([그림 6-6] 참조).

■ **순수 인터넷쇼핑몰 형태**

물리적인(physical) 상품의 공급이나 재고관리 등을 직접 수행하지 않고, [그림 6-5]의 인터넷쇼핑몰과 같이 오직 웹(web)상의 상품정보를 통해 e-tailing을 수행한다. 인터넷쇼핑몰은 상품의 전자 카탈로그, 상품의 배송, 주문·지불의 처리 등을 위하여 상품공급자, 배송사, 지불서비스사 또는 금융기관 등과 필요한 정보를 실시간을 교환하여야 한다. 상품공급자인 출판사와 연결된 인터넷서점인 아마존(Amazon), 오프라인 꽃집과 연결된 인터넷 꽃배달 서비스, 수많은 상품을 판매하는 대형마트의 인터넷쇼핑몰인 이마트몰(www.emart.com) 등이 순수 인터넷쇼핑몰 형태의 사례가 된다.

그림 6-6 — 제조사의 직접판매 사례

그림 6-7 — 국내 오픈마켓의 가격비교 사례

■ 오픈마켓(open market) 형태

웹2.0의 출현이후 활발해진 형태로서, 인터넷쇼핑몰 시스템의 직접 구성·운영이 어려운 소규모 사업자 또는 개인이 오픈마켓에 입점하여 e-tailing을 수행하는 경우이다. 오픈마켓은 인터넷상에서 판매자와 구매자가 상품을 직거래할 수 있도록 필요한 기반 서비스를 제공하고 거래수수료를 부과하는 모델이다. 오픈마켓을 통해 개인간 상품을 거래되는 경우는 C2C(consumer-to-consumer) e-비즈니스로 분류된다.

오픈마켓의 운영자는 상품을 판매하는 업체 또는 개인에게 각각 B2C 또는 C2C의 e-tailing시스템 기반(e-tailing 플랫폼)을 제공하며, 구매자에게 가격비교 등의 비교쇼핑, 역경매 등의 서비스를 지원한다. 오픈마켓에서는 e-tailing 이외에 업체간 B2B 전자거래도 가능하다. G마켓, 11번가 등이 국내 오픈마켓의 대표적 사례이며([그림 6-7] 참조), 아마존 등의 해외 유명 인터넷쇼핑몰도 오픈마켓 형태로 변화하고 있다. 또한, 근래에는 개인간 C2C 경매사이트(eBay, 옥션 등)도 오픈마켓 형태로 발전하고 있다.

오픈마켓은 개별 인터넷쇼핑몰이 구비해야 하는 인프라(제반 시스템 기능, 지불, 배송 등) 기능을 입점하는 모든 판매자에게 제공하는 플랫폼(platform)의 역할을 한다. 또한 여러 판매자와 구매자간 거래 안전성을 확보하기 위한 에스크로(escrow) 서비스도 일반적으로 제공하고 있다. 에스크로 서비스는 구매자가 지불한 구매상품을 인도받지 못하거나 판매자가 구매대금을 받지 못하는 사고를 방지하기 위한 방식으로, [그림 6-8]과 같이 제3자(오픈마켓)가 구매자의 지불대금을 예치한 후 상품이 구매자에게 인도된 경우에 판매자에게 구매대금을 전달하는 방식이다.

■ 제휴마케팅(affiliate marketing) 형태

제휴마케팅은 웹(web)상에서 배너와 같은 광고 콘텐츠(contents)를 클릭하여 링크(link)된 사이트로 이동한 후 상품판매를 이루어지면 수수료가 발생하는 마케팅방식이다. 제휴마케팅 사이트는 장바구니, 지불, 배송 등과 같은 기본적인 인터넷쇼핑몰의 여러 기능을 모두 제공하지 않지만, 여러 인터넷쇼핑몰의 e-카탈로그를 통합·비교한 형태의 비교쇼핑이 가능한 형태의 e-카탈로그를 제휴마케팅의 특징과 함께 제공한다.

최근에는 네이버(Naver), 다음(Daum) 등과 같이 대규모의 고객접근 기반을 확보한 주요 포털사이트 등을 통해서도 제휴마케팅이 활발해지고 있다. [그림 6-9]는 제휴마케팅 전문사이트에서 구매상품을 선택하고 링크된 인터넷쇼핑몰로 이동하는 사례이다. 제휴마케팅 전문사이트는 단순히 링크(link)만을 제공하는 것이 아니라 가격비교, 이벤트, 광고 등의 자체 비즈니스모델을 통한 고객서비스를 제공한다.

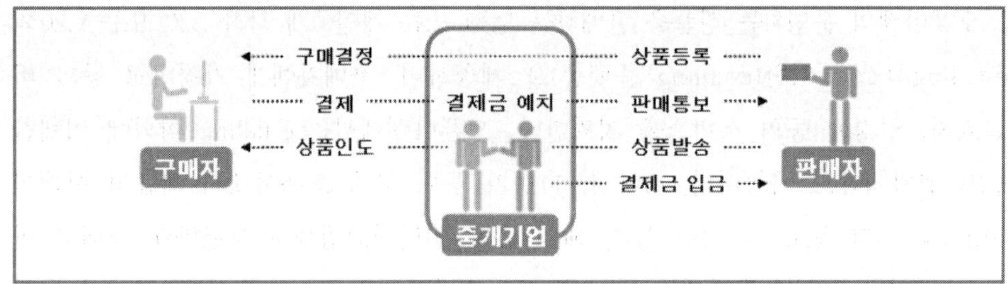

그림 6-8 — 에스크로 서비스에 의한 처리절차

그림 6-9 — 국내 제휴마케팅 전문사이트 사례

이상과 같이 인터넷쇼핑몰을 통해 한 개의 회사가 자신의 상품을 판매할 수도 있으나, 여러 관련 업체가 서로 복잡한 거래연결 형태를 가지기도 한다. 고객이 제휴마케팅 전문사이트를 통해 오픈마켓에 접속하여 상품을 구매하는 경우의 거래관계는, '고객'-'제휴마케팅 사이트'-'오픈마켓'-'입주한 인터넷쇼핑몰업체'-'입주한 인터넷쇼핑몰업체의 상품공급자'가 단계적으로 연결된 복잡한 형태를 가진다. 최근에는 [그림 6-10]의 사례와 같이 소셜커머스(social commerce), 모바일 단말기 등을 통한 인터넷 재중개 서비스가 다양한 e-비즈니스모델과 함께 제공되고 있다.

(1) 소셜커머스 사례　　　　(2)모바일 쇼핑 사례

그림 6-10 — 소셜커머스 및 모바일 재중개사이트 사례

(3) 종합몰과 전문몰

인터넷쇼핑몰은 판매하는 상품의 다양성에 따라 종합몰 또는 전문몰의 형태로 발전하고 있다. 이러한 경향에 따라서, 흔히 인터넷쇼핑몰을 종합몰과 전문몰로 구분하기도 한다. 종합몰은 판매하는 상품군이 다양하게 구비된 인터넷쇼핑몰이다. 전문몰은 하나의 상품군 또는 주된 분야의 전문 상품군 만을 구성하여 판매하는 인터넷쇼핑몰을 말한다.

(4) 소셜쇼핑(social chopping)

최근 소셜네트워크서비스(SNS)가 활성화되면서 이를 기반으로 한 '소셜쇼핑'이 부상하고 있다. 소셜쇼핑은 소비자, 판매자 간에 상승관계(synergistic relationship)

를 가지는 소셜네트워크(social network) 환경에서 상품구매에 소비자의 참여를 결합하는 것이라고 할 수 있다. 또는 소셜쇼핑은 소셜네트워크(social network) 환경에서 쇼핑을 하는 사람이 대중의 도움이나 힘을 통해 보다 유리한 쇼핑을 추구하는 방식으로 정의할 수 있다. 웹2.0이 가지는 참여, 공유, 개방의 특성을 쇼핑에 활용하는 모든 경우가 소셜쇼핑에 포함된다고 폭넓게 설명할 수 있다. 몇 가지 형식을 살펴보면 다음과 같다.

- ebay 등의 구매사이트에서 관심 상품에 대하여 페이스북(facebook)과 같은 소셜네트워크 사이트로 링크하여 자신의 의견과 함께 해당 상품사이트를 소셜네트워크 사이트에 게시하는 방식
- 인터넷쇼핑몰 사이트에서 소셜네트워크의 기능을 구현해주는 방식으로, 구매사이트에서 이뤄지는 소비자의 상품평가 의견의 쓰기와 보기가 소셜네트워크에 자동으로 반영되어 공유되는 방식
- 공동구매 사이트가 소셜네트워크와 결합한 형태로, 제품별로 구매자를 모집하여 미리 정한 최소 구매수량이 달성되면 할인혜택을 제공하는 방식(사례: 그룹폰, 쿠팡 등, [그림 6-10] 참조)

6.2 e-retailing의 구조 및 기능

직접판매, 순수 인터넷쇼핑몰, 오픈마켓 등의 다양한 e-retailing 거래형태를 고객의 입장에서 단순화하면 [그림 6-11]과 같은 구조로 표현할 수 있다. [그림 6-11]의 판매자와 고객은 각각 e-retailing에서의 e-retailer와 최종소비자이며, e-tailing 구조상에 나타나는 각 전달정보 및 처리사항은 다음과 같다.

(1) 상품정보

고객은 e-tailer의 웹사이트 또는 e-메일 등을 통해 전달되는 e-카탈로그를 통해 상품정보를 확인하거나, 또는 검색엔진이나 광고사이트 등을 통해 상품정보에 접근할 수 있다.

(2) 주문/지불 정보

고객은 구매할 상품정보를 e-카탈로그에서 선택하여 전자 장바구니(e-shopping cart)에 집계한다. 전자 장바구니에 집계된 상품들에 대하여 구매결정이 이루어진 주문정보는 지불정보와 함께 판매자시스템으로 전송된다. 보안이 필요한 지불정보(신용카드번호 등) 사항은 암호화되어 판매자시스템으로 전달되거나, 또는 판매자시스템을 거치지 않고 금융기관으로 바로 전달되는 경우가 많다. 후자의 경우에는 단지 지불완료를 확인하는 정보가 금융기관으로부터 판매자시스템으로 전달되어 지불이 처리되었음을 확인하게 한다.

(3) 지불정보의 처리

판매자시스템으로부터(또는 고객 컴퓨터로부터) 금융기관의 시스템으로 전달된 지불정보는 금융기관의 필요한 승인절차 또는 대금지불로 이어진다. 고객은 필요한 대금을 지불수단에 따라 직불(debit) 또는 후불(credit)로 처리한다.

(4) 상품의 전달

지불이 완료된 주문사항에 대해, e-tailer는 (필요시 상품공급자에게 주문정보를 전달하여) 배송사를 통해 고객에게 전달한다.

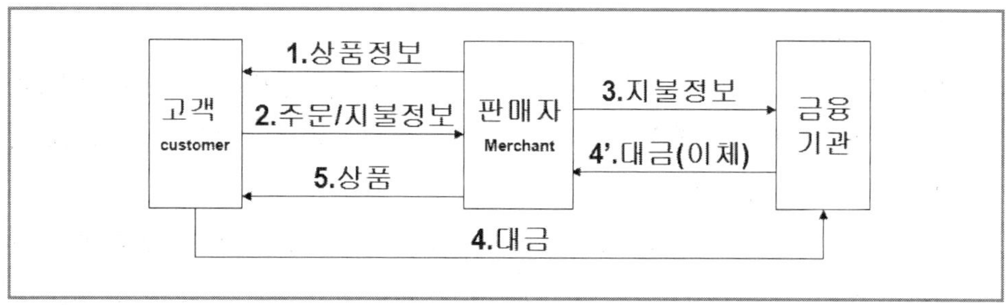

그림 6-11 — 단순화한 e-retailing 구조

이상과 같은 인터넷쇼핑몰에서의 상품거래를 지원하기 위해 인터넷쇼핑몰에서 운영되는 기능들을 살펴보면 다음과 같다.

■ **프론트오피스와 백오피스**

인터넷쇼핑몰이 가지는 기본기능을 '프론트오피스(front office)와 백오피스(back office)'의 기준으로 나누기도 한다. 프론트오피스는 고객이 웹브라우저를 통하여 직접 보고 처리할 수 있는 e-카탈로그, 상품의 검색, 주문 및 지불, 광고 등의 처리과정을 의미한다. 반면, 고객이 직접 접할 수 없는 백오피스는 고객의 주문을 실행을 지원하기 위한 포장, 배송, 교환, 회계처리, 재고, 물류, 출하 등의 여러 활동들로 이루어진다.

■ **인터넷쇼핑몰 시스템**

인터넷쇼핑몰 시스템은 웹브라우저를 통해 소비자가 인터넷쇼핑몰에서 상품을 구매하는 프론트오피스 기능들이 중심이 되는데, 기본적인 인터넷쇼핑몰의 구축을 위한 소프트웨어를 흔히 '머천트서버(merchant server) 소프트웨어'라고 부른다. 머천트서버 소프트웨어로 구현되는 머천트서버는 온라인 전자카탈로그를 구축하고 소비자의 주문·지불 정보를 처리하고, 다양한 판촉과 관리기능을 제공한다. 머천트서버가 일반적으로 제공하는 기능들을 나열해보면 다음과 같다.

- **전자카탈로그**(e-catalog): 상품 데이터베이스, 디렉토리(directory), 프리젠테이션(presentation) 방식 등으로 구성되는 e-카탈로그는 웹브라우저 또는 이메일 등을 통해 사용자에게 제공된다. e-카탈로그의 기능은 많은 종류의 상품에 대해 효과적인 제작·유지관리를 용이하게 하고, 고객에게 상품정보 제공과 상품검색이 가능하도록 지원한다.
- **프로모션 관리**: 고객의 구매촉진을 위한 행사 등을 운영하는 기능을 제공한다. 일정기간의 가격할인, 쿠폰 및 사은품 제공, 구매실적에 따른 마일리지 적립 등을 운영하는 기능들이다.
- **고객관리**: 각종 고객정보를 관리하는 기능으로 고객 개개인의 특성에 맞춘 마케팅의 기반이 된다. 회원의 등록 및 현황, 회원의 구매실적 조회등의 기능을 포함한다.
- **장바구니**(shopping cart) **관리**: 고객이 자신의 주문내역을 확인하고 구매수량을 변경 또는 삭제할 수 있는 기능이다. 주문과 배송과 관련되는 세금 및 배송료 등의 계산, 배달지 주소, 지불수단 지정 등의 기능과 연계된다.

- **관리 및 정산**: 고객의 과거 주문·결제 내역, 배달정보의 조회기능을 제공한다. 배달된 상품에 대해 상품교환이나 환불처리, 사후관리 등에 필요한 지원기능도 포함된다. 각종 마케팅 자료나 보고서로 활용할 고객정보 및 주문·판매정보의 집계처리 기능이 지원된다
- **결제처리**: 지불서비스회사 또는 금융기관과 고객의 상품주문에 따른 결제정보를 처리하고, 일별 상품주문·주문취소 및 외부기관과의 정산 등의 내역을 집계하여 수입·지출 관리에 활용할 수 있도록 한다.

■ 인터넷쇼핑몰의 구매지원

소매 마케팅 분야에서는 고객의 구매의사결정 과정에서 단계별 지원이 중요한 것으로 지적되는데, 고객의 구매의사결정 과정은 [그림 6-12]와 같이 크게 '구매전 단계', '구매 단계', '구매후 단계'의 순서로 이루어진다. 소매분야에서 고객의 구매의사결정 지원은 실제 고객을 대상으로 이루어지는 일련의 판매활동으로 구성된다고 할 수 있다.

인터넷쇼핑몰에서도 고객의 구매지원 또는 구매만족도의 제고를 위해 필요한 기능의 구성을 [그림 6-12]의 구매의사결정 과정의 단계별로 설계 및 구현할 수 있다. 구매의사결정 단계별로 인터넷쇼핑몰에서 구성하는 기능을 요약해보면 다음과 같다.

- **구매전**(pre-purchase) **단계**: '니즈(needs) 식별'⇨'고려대상 집합 설정'⇨'정보검색 및 대안평가'의 세부단계로 나눌 수 있다.
- **구매**(purchase) **단계**: '선택 결정'⇨'개인화 또는 요구기능구성'로 이루어진다.
- **구매후**(post-purchase) **단계**: 구매한 상품에 대해, 필요한 갱신이나 교체 또는 반품 등이 해당된다.

이상에서와 같이 구매자의 구매단계에서 필요한 의사결정을 지원하거나, 이루어진 의사결정을 지원할 수 있는 기능을 인터넷쇼핑몰에서 시스템적으로 구성하거나 필요한 정보를 제공하는 것이 필요하다. 일반적인 지원사항의 범주를 [그림 6-12]의 〈구매지원 기능〉에서 확인할 수 있다.

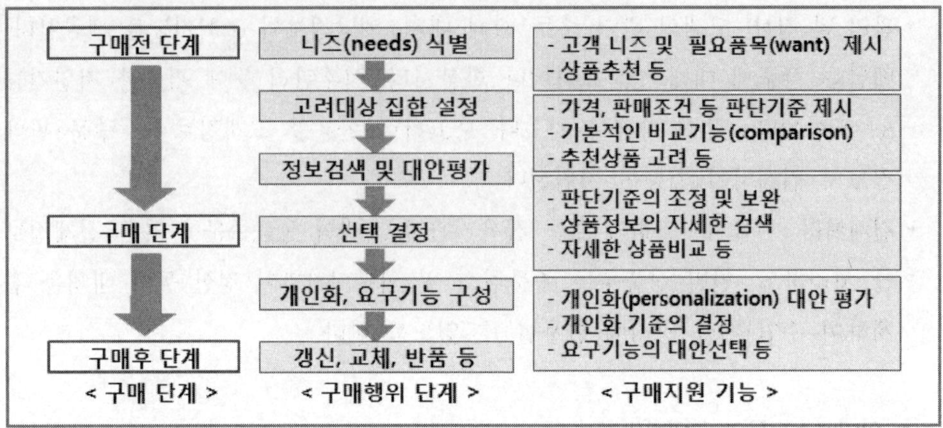

그림 6-12 — 소비자의 구매의사결정 과정

6.3 국내 e-retailing분야의 시장현황

(1) 시장규모 및 주요 상품군

국내 e-retailing의 시장규모는 2011년 연간 29조 620억 원으로 전년(25조 2,030억원)에 비해 15.3% 증가를 나타내고 있다. B2C 거래액은 18조 5,220억 원으로 전년대비 15.7%, C2C 거래액은 10조 5,400억 원으로 전년대비 14.6%로 각각 증가하는 추세이다.

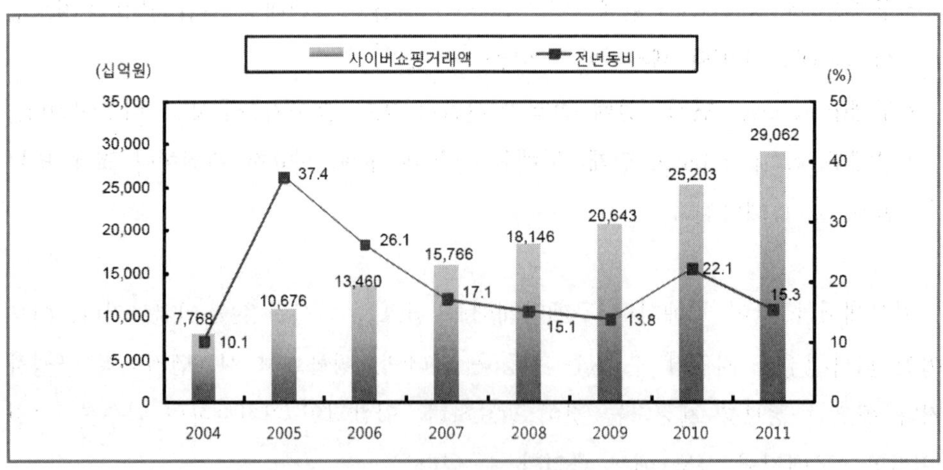

그림 6-13 — 국내 e-retailing의 시장규모

▮ 표 6-2 ▮ 연도별 주요 상품군별 거래액 비중

	2001년		2005년		2011년ᴾ	
1	컴퓨터 및 주변기기	(25.3)	가전 · 전자 · 통신기기	(16.7)	**의류 · 패션 및 관련상품**	**(18.7)**
2	가전 · 전자 · 통신기기	(21.0)	여행 및 예약 서비스	(15.0)	**여행 및 예약 서비스**	**(13.2)**
3	생활 · 자동차용품	(6.9)	의류 · 패션 및 관련상품	(14.8)	**가전 · 전자 · 통신기기**	**(11.3)**
4	여행 및 예약 서비스	(6.4)	생활 · 자동차용품	(9.9)	**생활 · 자동차용품**	**(10.5)**
5	서적	(5.5)	컴퓨터 및 주변기기	(9.6)	**컴퓨터 및 주변기기**	**(9.3)**
6	의류 · 패션 및 관련상품	(5.3)	화장품	(5.5)	음 · 식료품	(7.3)
7	농수산물	(3.0)	음 · 식료품	(5.0)	화장품	(5.3)
8	아동 · 유아용품	(2.6)	서적	(4.6)	아동 · 유아용품	(4.7)
9	스포츠 · 레저용품	(2.6)	아동 · 유아용품	(3.8)	스포츠 · 레저용품	(4.1)
10	화장품	(2.4)	스포츠 · 레저용품	(3.7)	서적	(4.0)

국내의 전체 소매판매액에서 e-retailing 거래액이 차지하는 비중은 2011년 9.7%로서, 매년 지속적으로 확대되는 추세이다. 그러나 e-retailing 거래액 중에서 상품군별 거래액이 차지하는 비율은 최근 10년 사이에 순서의 변화가 크다. 〈표 6-2〉 및 〈표 6-3〉에서 보면, 2000년대 초에는 컴퓨터 등과 같이 비교적 규격화되고 정형적인 제품에 속하는 정보기술 분야의 제품이 수위였으나 최근에는 비정형적인 제품군에 속하는 의류·패션 또는 여행 분야가 앞서고 있다. 또한 오프라인에서 주로 거래되던 아동·유아용품, 농수산물 분야 등에서도 거래액의 꾸준한 증가를 통해 e-retailing의 새로운 성장 제품군으로 주목받고 있다.

(2) 순수온라인 및 온오프(on-off) 병행 e-retailing

거래규모의 측면에서 초기의 국내 e-retailing시장은 오프라인에서 인터넷 온라인으로 진출한 온오프(on-off)병행 업체가 주도하였으나, 점차로 순수온라인 업체가 주도하는 형태로 변화하고 있다([그림 6-14] 참조). 초기 e-retailing시장이 형성되던 시기에 on-off병행 업체들은 오프라인 판매의 보조적 수단으로 e-retailing을 활용하였다. 유사한 경우의 사례로서, TV 홈쇼핑 업체들은 e-retailing 진출 초기에는 홈쇼핑 방송을 통해 판촉을 한 제품 위주로 인터넷쇼핑몰에서 판매한 것으로 나타난다.

표 6-3 연도별 주요 상품군별 거래액 비중의 변화

구 분	상품군별 구성비율 (%)		'01년	'05년	'11년
연도별 상승추세 상품군	· 의류·패션 및 관련상품	:	5.3	14.8	18.7
	· 생활·자동차용품	:	6.9	9.9	10.5
	· 음·식료품	:	2.4	5.0	7.3
	· 아동·유아용품	:	2.6	3.8	4.7
	· 스포츠·레어용품	:	2.6	3.7	4.1
			'01년	'05년	'11년
연도별 하락추세 상품군	· 가전·전자·통신기기	:	21.0	16.7	11.3
	· 컴퓨터 및 주변기기	:	25.3	9.6	9.3
	· 서적	:	5.5	4.6	4.0
	· 농수산물	:	3.0	2.7	2.6
	· 소프트웨어	:	2.2	0.9	0.3

업체의 수에서도 순수온라인 업체가 2000년 580개에서 2006년 2,200개로 279% 증가하였으나, 온오프병행 업체는 같은 기간 1,271개에서 2,278개로 71% 증가에 그쳤다. 이는 순수온라인 업체의 무점포, 무재고 등의 낮은 고정비, 효율적인 유통구조, 다양한 품목의 운영에 유리한 점 등에 기인하는 제품다양성, 가격 등에서의 경쟁력이 성장을 견인한 것으로 평가된다.

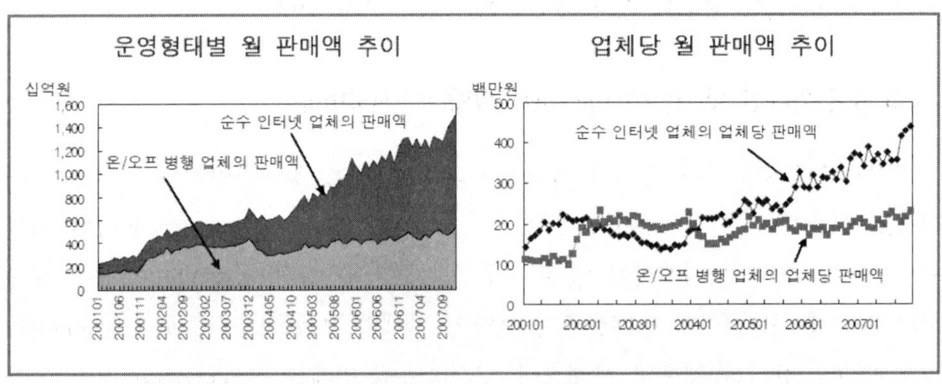

그림 6-14 — 국내 e-retailing에서 순수 인터넷업체의 약진

(3) 종합몰과 전문몰

국내 종합몰은 점차로 대형화되어가는 추세이며, 전문몰은 종합몰에 비해 소규모이나 업체수가 지속적으로 증가하고 있다. [그림 6-15]에 나타낸 바와 같이, 종합몰의 업체 수는 감소하는 반면 전체 판매규모는 크게 증가하여 개별 종합몰이 대형화하는 경향을 보이고 있다.

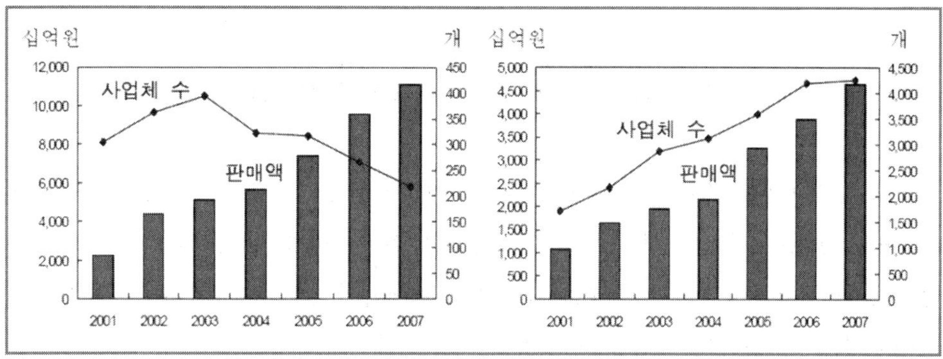

그림 6-15 — 국내 종합몰 및 전문몰의 업체 수와 판매액

종합몰의 대형화에 따라 판매품목은 보다 다양화되고 있다. 종합몰은 숫자와 업체당 평균 판매액이 2001년 304개 및 74억원이었으나, 2007년에는 218개 및 510억원으로 평균 매출규모가 약 7배로 증가하고 있다. 전문몰의 경우 업체당 평균 매출규모는 2001년 6.3억원에서 11억원으로 71%의 증가율을 보이고 있다. 그러나 업체당 평균 매출액의 증가율을 상회하는 업체수의 증가율은 업체간 경쟁이 점차 증가하고 있음을 보여준다.

(4) 오픈마켓 비중의 확대

국내 e-retailing 시장에서 2004년 10% 정도를 차지한 오픈마켓의 비중은 2007년 들어 35%를 상회하고 있으며 지속적 증가세를 보이고 있다([그림 6-16] 참조). 동 기간에 e-retailing 시장규모는 130.1%로 증가하였으나, 오픈마켓의 거래규모는 이를 훨씬 능가하는 582.6%가 증가하여 e-retailing시장의 발전을 주도하고 있다.

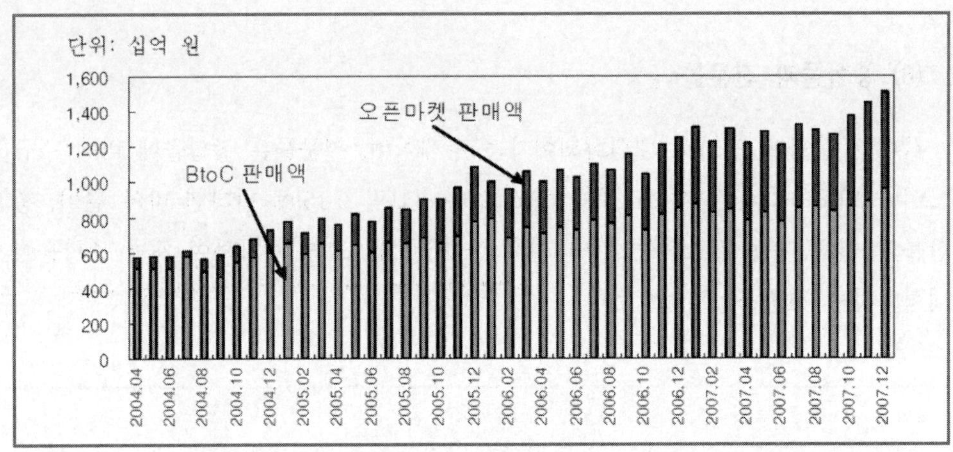

그림 6-16 — 국내 e-retailing규모와 오픈마켓의 비중

국내 오픈마켓의 양적확대에 대한 주요 원인을 웹2.0의 특징이기도 한 '개방성(openness)'에서 찾기도 한다. 즉, 오픈마켓은 판매자에게 참여하여 판매할 수 있는 동등한 유통기회를 부여하고, 이는 다수 판매자의 참여를 유도하며, 다양한 품목에서 복수의 판매자가 동일한 상품을 판매하게 되고, 가격경쟁을 통한 저가실현이 가능하여 구매고객 증가를 가져오게 되며, 이는 다시 판매자를 모으게 되는 선순환 구조를 형성하게 된다.

이와 같이 개방성을 바탕으로 한 오픈마켓의 경쟁력은 국내 여러 대형 B2C 인터넷 유통업체가 오픈마켓으로 변신하도록 하고 있다. 예를 들어, 인터파크, 옥션 등이 각각 인터넷쇼핑몰과 경매사이트에서 오픈마켓으로 개편되었다. 기존의 중소 인터넷쇼핑몰, 전문몰 등도 기존 인터넷쇼핑몰 사이트를 유지하면서, 동시에 오픈마켓 입점을 병행하여 판매채널을 다각화하는 경향을 보이고 있다.

(5) 온라인·오프라인 채널간 보완

국내 백화점의 경우 1990년대 중반 이후에 오프라인 채널을 보완하는 역할로서 인터넷쇼핑몰을 개설하여 운영해왔다. 그러나 2000년대 인터넷쇼핑 시장의 확대로 오프라인 시장의 잠식이 감지되면서, 대표적인 오프라인 소매유통기업인 백화점, 대형마트 등이 e-retailing의 채널을 대폭 강화하고 있다. 이는 기존의 오프라인 매장확대 한계의 타개, 온라인 채널과 오프라인 매장간의 시너지 효과를 통한 경쟁력 확보 등을 위한 노력으로 평가할 수 있다. 국내는 물론 해외에서도 월마

트, 홈디포, 테스코 등의 대형 오프라인 소매업체가 온라인채널의 운영을 통해 양 채널의 핵심자원을 공유하고 있다.

순수 온라인 e-tailer는 오프라인 상에 고객접점을 마련하여 인터넷쇼핑의 단점을 보완하려는 노력을 하고 있다. 온라인 구입제품의 오프라인 반품 및 교환, 온라인에서 제공하기 어려운 제품체험의 기회의 제공 등이 이러한 노력에 속하는데, 인터파크나 동대문닷컴의 오프라인 매장 개설이 사례가 된다. 그리고 아마존 사례에서 볼 수 있듯이, 주문상품의 효과적인 배송을 위해 인터넷 판매업체가 자체적으로 오프라인 물류거점을 마련하기도 한다.

온라인 및 오프라인 유통업체들이 서로 경쟁관계이기도 하지만, 제휴를 통한 협력관계가 확대되고 있다. 오프라인 업체는 온라인 유통채널을 확장하고, 온라인 업체는 오프라인 업체의 보유 상품을 확보하는 효과도 얻은 수 있는 효과이다. G마켓, 옥션 등이 이마트, 홈에버, 중소형 할인마트 등의 오프라인 업체와 판매를 제휴하는 사례들이 여기에 해당된다.

사례 6-1 •• 매출 부진 대형마트 "온라인서 돌파구 찾자"

── 무점포 유통 성장세에 제휴몰 입점 늘리고 심야 예약 배송 등 서비스는 대폭 강화 ──

매출 부진에 빠진 대형마트들이 온라인 사업을 생존을 위한 새로운 돌파구로 삼고 서비스와 상품 수를 대폭 강화하고 나섰다. 정부규제 탓에 추가 시장 확보를 위한 오프라인 신규출점은 어려워진 반면 인터넷·모바일 등 온라인 무점포 유통은 장기 불황에도 꾸준한 성장세를 보이고 있기 때문이다.

7일 관련업계에 따르면 롯데마트는 8일 롯데마트 인터넷몰에 롯데백화점·롯데닷컴·하이마트 등 롯데그룹 유통 계열사 인터넷몰을 모두 입점시킨다(www.lottemart.com)). 자사 유통 브랜드를 집결시킴으로써 고객 집객 효과를 노리고 브랜드간의 시너지를 높인다는 전략이다. 이에 따라 롯데마트몰의 취급 상품 수는 150만여 개로 늘어난다.

송승선 롯데마트 온라인사업부문장은 "인터넷쇼핑몰에서 원스톱 쇼핑을 즐기려는 고객 수요에 맞추기 위해 계열사들과 손을 잡았다"며 "이에 따라 기존 주력 상품군인 식품에 의류, 가전 상품 구색이 강화됐다"고 설명했다. 송 부문장은 "앞으로 롯데마트몰에서 다양한 시도를 하는 등 인터넷 사업 부문의 경쟁력을 지속적으로 높여 나갈 것"이라고 말했다.

이마트와 홈플러스 역시 인터넷몰 서비스와 제휴몰을 계속해서 강화해 나가고 있다. 이마트는 지난 6월 말 신선식품 배송시 신선도를 높이기 위해 전용 배송카트를 들였고 담당 사원도 기존 900명에서 1,200명으로 크게 늘렸다. 틈새 고객 흡수를 위해 심야예약 배송도 추가했다. 기존 대형 인터넷몰과 오픈마켓, 소셜쇼핑 업체들이 가공식품은 물론 신석식품까지 판매에 나서면서 대형마트의 고객 이탈이 계속되자 인터넷 장보기 서비스 경쟁력 제고에 나선 것이다.

홈플러스는 특히 올 들어 인터넷몰 내에 제휴몰 입점에 집중하고 있다. 지난 4월엔 패션 상품 확대를 위해 의류전문 쇼핑몰인 '패션플러스'와 전략적 제휴를 맺었고, 5월과 6월엔 각각 '초록마을', '오도그'와 제휴를 통해 유기농식품과 애견용품 카테고리를 강화했다.

이 같은 변화 대해 유통업계의 한 관계자는 "대형마트들은 그 동안 인터넷몰 고객몰이를 위해 프로모션을 과도하게 진행하면서 수익 면에서 손실을 봐왔던 게 사실"이라며 "하지만 최근 들어서는 상품군 확대, 배송서비스 강화 등과 함께 비용절감 노력도 함께 기울이고 있어 인터넷사업이 향후 대형마트의 주요 사업군을 자리잡을 수 있을 것으로 본다"고 말했다.

◂ 인용 : 서울경제, 2013.08.07일자 ▸

사례 6-2 •• 모바일 쇼핑족 1000만 시대 활짝

—"5개월새 123% 급증"—

스마트폰과 태블릿PC 등 모바일 기기를 이용한 쇼핑객 수가 1000만명을 넘어섰다. 스마트폰 사용자 3명중 1명은 모바일쇼핑을 하고 있는 것으로 인터넷쇼핑객 일부가 옮겨가고 있다는 분석이다. 대한상공회의소는 랭키닷컴과 공동으로 1만8900여 개의 온라인쇼핑몰 방문동향을 분석해 '2012년 인터넷 소비자동향'을 조사한 결과, 지난 9월 평균 모바일쇼핑앱 이용자수가 1033만명으로 집계됐다고 14일 밝혔다.

이는 월평균 이용자수를 처음 집계했던 4월과 비교해 약 5개월만에 123%가량 증가한 수치다. 모바일쇼핑앱은 오픈마켓앱과 소셜커머스앱을 비롯해 대형마트앱과 백화점앱 등 주요 쇼핑업태들이 대부분 출시하고 있는 상태다. 모바일쇼핑앱을 스마트폰 또는 태블릿PC 등에 설치한 후 실제로 이용하는 비율인 '모바일쇼핑앱 설치대비 이용률'도 4월 53.1%에서 9월 60.8%로 7.7%포인트 증가했다.

반면 PC기반 인터넷쇼핑 사이트 9월 평균 이용자수는 2914만명으로 지난 4월보다 4.3%, 지난해 월평균 이용자수보다는 3.0% 감소한 것으로 나타났다. PC기반 인터넷 쇼핑사이트의 주요분야 전문몰 이용자수 변화를 살펴보면 △명품(20.6%) △가구·인테리어(14.7%) △패션잡화(6.0%)는 지난해보다 이용자수가 늘어난 반면 △도서·음반(-11.5%) △취미·스포츠(-9.7%) △생활용품(-6.6%) 등은 감소한 것으로 나타났다.

쇼핑업태별 소비자체류시간은 '오픈마켓'(23분 41초)이 가장 길었으며 '종합쇼핑몰'(11분 41초), '소셜커머스'(9분 15초), '대형마트 쇼핑몰'(8분 53초) 등의 순으로 나타났다. 이는 오픈마켓이 비슷한 상품을 판매하는 업체가 많이 모여 있기 때문에 가격이나 조건 등을 비교하는데 시간이 많이 걸리기 때문이라고 대한상의는 분석했다. 시간대별 이용자수는 종합쇼핑몰은 '오전 9~12시', 오픈마켓과 대형마트 인터넷쇼핑몰은 '오후 3~6시', 소셜커머스는 '오전 9~12시'가 가장 붐볐다.

김경종 대한상의 유통물류진흥원장은 "스마트폰과 태블릿 PC 등의 확산으로 인터넷 소비가 기존의 PC기반에서 모바일 인터넷 상으로 빠르게 이동하고 있다"면서 "중소형 유통업체들도 기존의 오프라인 매장과 PC 뿐만 아니라 모바일 인터넷 서비스환경 구축을 통해 소비자접점을 확대해야 한다"고 말했다.

◂ 인용 : 디지털타임스, 2012.11.14일자 ▸

제7장 e-비즈니스 마케팅과 고객관계관리

7.1 마케팅 패러다임의 변화와 e-마케팅

기업(또는 조직)이 특정한 목적을 위해 시장과 고객에 대해 수행하는 제반 활동의 범위를 마케팅(marketing)이라고 할 수 있다. 심화되는 경쟁환경에서 '고객을 확보하고 유지·확대하는 것' 또는 '기존시장의 유지·확대 및 신규시장의 확보'는 기업전략 차원의 주요 핵심성공요인(key factors for success)임과 동시에 마케팅의 주요 목적이 된다.

또한 마케팅활동의 가장 기본적인 기반이 되는 사항이 고객접촉 채널의 확보이며, 이러한 점에서 인터넷과 웹은 e-비즈니스의 발전과 함께 마케팅의 주요한 기반 및 수단이 되고 있다. 일방향성(one-way) 특징을 가지는 기존의 고객접촉 채널에 대해, 양방향(two-way) 하이퍼미디어인 인터넷 웹은 글로벌 정보환경에서 마케팅의 새로운 패러다임을 만들어 가고 있다.

(1) 다대다(many-to-many) 마케팅

광고 및 마케팅 매체(media)로서 기존의 TV, 라디오, 신문, 잡지 등을 포함하는 일반 대중매체는 모든 소비자에게 동일한 메시지를 일대다(one-to-many) 형태로 전달한다([그림 7-1] 참조). 이와 같은 단방향성(일방향성) 커뮤니케이션 방식으로는 소비자에게 차별화된 마케팅 활동을 하거나 소비자의 의견을 청취하기도 어렵다.

그러나 인터넷 웹에서는 기업 및 소비자가 서로 간에 콘텐츠를 교환하는 양방향성 마케팅 커뮤니케이션을 통해 다대다(many-to-many) 마케팅이 가능하다. 여기서 다대다 마케팅이란, 기업은 양방향 미디어인 인터넷 웹을 통해 소비자 각자의 요구를 파악하거나 개인화된 정보를 제공할 수 있고 소비자는 자신의 의견이나 아이디어를 여러 개별기업에게 제공하는 등의 직접참여를 통해 기업과 협력할 수 있도록 하는 마케팅활동을 의미한다.

사실상 인터넷 웹을 매개로 함으로써 가능하게 된 다대다 마케팅에서는, 양방향 커뮤니케이션의 마케팅과정에서 기업이 개별 소비자의 니즈(needs)를 청취하여 파악할 수 있다. 또한, 소비자는 적극적으로 여러 기업을 대상으로 웹을 통해 다양한 콘텐츠나 아이디어를 전달할 수 있다. 예를 들어, 제품의 개발이나 평가에 소비자가 참여하거나 소비자가 기업 웹사이트의 콘텐츠 제작에 직·간접으로 참여할 수 있다.

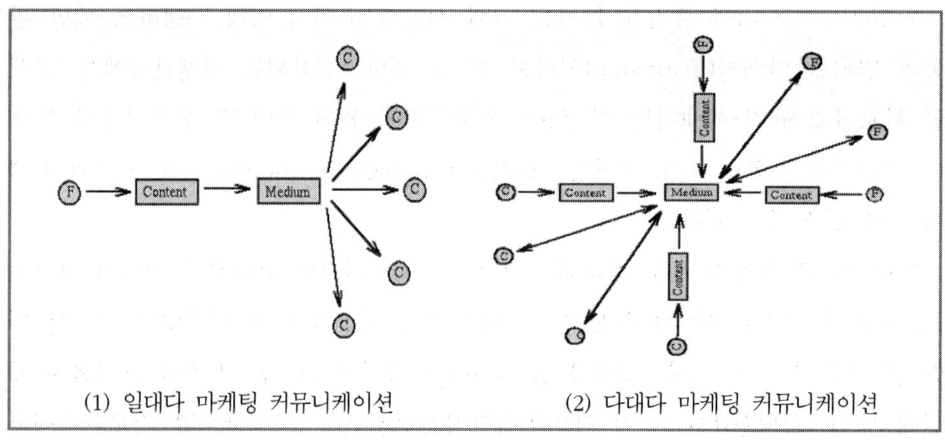

그림 7-1 — 마케팅 커뮤니케이션의 발전 (C:소비자, F:기업)

(2) 일대일마케팅과 관계마케팅

전통적인 마케팅 접근방식인 대중마케팅에서부터 일대일마케팅으로 발전하는 마케팅 패러다임은 〈표 7-1〉에 정리된 바와 같이 '대중마케팅(mass marketing)' ⇨ '표적마케팅(target marketing)' ⇨ '일대일마케팅(one-to-one marketing)'으로 변화하고 있다. 전통적인 대중마케팅으로부터, 시장세분화(market segmentation) 및 표적시장 선정을 통한 표적마케팅으로 발전해온 마케팅 분야는 인터넷·웹의

등장과 데이터베이스 등을 포함하는 정보기술의 활용을 통하여 소비자 개개인을 대상으로 하는 일대일마케팅의 패러다임으로 진화하게 되었다.

기존의 대중마케팅은 신규고객의 확보와 시장점유율 제고에 중점을 두고 있다. 그러나 일대일마케팅에서는 개별 고객의 세부정보와 커뮤니케이션을 통하여 고객과의 관계를 유지·발전시켜 고객이 이탈하지 않고 자사제품의 지속적 구매와 고객점유율의 제고를 유도하는데 마케팅활동을 집중시킨다. 이와 같은 현상은 심화되는 시장경쟁 하에서 ① 기존고객의 유지에 비해 신규고객 확보의 비용이 크며 ② 상징적인 시장점유율보다는 기업의 실질적 이익구현을 중요시하게 되었음을 반영한다. 그리고 인터넷 웹 및 관련 정보기술의 발전과 활용으로 고객과의 일대일마케팅이 보다 효율적으로 가능해진데 힘입은 바 크다.

단일 상품을 가능한 한 많은 수의 고객에게 판매하고자 하는 대중마케팅과 비교하여, 일대일마케팅은 오랜 기간을 두고 단일 고객에게 가능한 한 많은 수의 상품을 판매하고자 노력하는 것이라고 할 수 있다. 이를 위해 기존고객이 고객관계를 계속 유지할 확률이 커지도록, 고객별 선호도를 파악하고 개인화된 광고와 마케팅활동을 실행하는 방안이 일대일마케팅이다.

▮ 표 7-1 ▮ 마케팅 패러다임의 변화

구 분	대중마케팅	표적마케팅	일대일마케팅
마케팅 대상	불특정 대중	표적 집단	개인별
주안점	상품	그룹(segment)	개인
상호작용 (고객의 특성)	거의 없음. (수동적 고객)	거의 없거나, 일부 (수동적 고객)	활성화 (능동적 고객)
커뮤니케이션	단방향(one way)		양방향(two way)
접근방식	규모의 경제, 대량생산(mass production)		범위의 경제, 대량맞춤(mass customization)
마케팅 목표	시장점유율(market share), 새로운 소비자의 유인		고객점유율(customer share), 기존고객과의 관계 유지·강화
차별화 방향	제품관리(제품차별화)		고객관리(고객차별화)

개별 소비자를 단순히 상품의 1회성 판매대상으로 보는 것이 아니라, 기업과 파트너십을 가지고 공동의 이익을 만들어 가는 관계를 유지하도록 관리하는 것을

관계마케팅(relationship marketing)이라고 한다. 관계마케팅에서 고객관리의 특징을 "불특정다수의 고객(suspect) ⇨ 잠재적고객(prospect) ⇨ 고객(customer) ⇨ 단골고객(client) ⇨ 충성고객(advocate)의 흐름"으로 표현하기도 한다. 즉, 개별고객에 대해 잠재고객이 최초구매를 하게 되면 비로소 고객이 되고, 반복구매를 하면 단골고객이 된다. 이 경우, 단골고객에 대하여 기업체에서 서비스 확대를 통해 강화되면 충성고객으로 발전한다. 이러한 관계마케팅은 접근방식과 지향점에 있어서 일대일마케팅과 상당부분 서로 유사성을 가진다고 할 수 있다.

(3) e-마케팅

인터넷마케팅, 전자상거래 마케팅, e-비즈니스 마케팅 등으로 불리는 e-마케팅은 적용범위 및 입장에 따라 다음의 몇 가지로 정의된다.

① 전자상거래 또는 e-비즈니스를 위한 마케팅으로서, 기업 등 비즈니스 주체가 자신의 e-business를 성공적으로 이끌기 위해 수행하는 모든 마케팅활동을 뜻한다.

② 정보기술(인터넷, 컴퓨터 등의 정보기기)이 제공하는 가상의 공간에서 실시간으로 이루어지는 소비자와의 관계형성 및 제반 마케팅활동을 포함한다.

③ 고객이나 시장, 또는 고객관계의 확보·유지·강화 등을 목적으로 고객니즈의 발견이나 고객욕구의 충족에 인터넷 등 정보기술을 활용하는 제반 마케팅활동을 말한다.

e-마케팅을 전자상거래(또는 e-비즈니스)를 위한 마케팅, 또는 인터넷 등의 사이버공간에서 이루어지는 마케팅으로 한정할 것인가의 여부가 위 ①과 ②에서 고려된 것으로 보인다. 실제 이루어지는 비즈니스의 영역이 전자상거래(또는 e-비즈니스)의 영역이 아니더라도 인터넷 수단을 활용한 e-마케팅 방식의 활용이 빈번하며, 인터넷 가상공간이 아닌 오프라인 비즈니스에서도 인터넷과 정보기술을 활용한 마케팅활동이 활발해지고 있다. 오프라인 상점의 소셜커머스(social commerce) 또는 인터넷(또는 모바일) 쿠폰을 통한 판매증진 방식이 빈번히 활용되는 사례를 흔히 볼 수 있다. 즉, 위 ③의 내용이 좀 더 적절하고 포괄적인 e-마케팅의 정의라고 할 수 있다.

기업경영 전반의 e-비즈니스 확산과 더불어, e-마케팅의 출현 및 확산에 대한 배경을 몇 가지 정리할 수 있다. 첫 번째로, 고객접촉 채널(customer contact channel)에서 인터넷 또는 정보매체가 확대되는 추세에 따라 고객접촉 정보력강화의 목적으로 e-마케팅이 확산되고 있다. 두 번째로, 글로벌마켓의 형성 및 시장의 경계소멸에 대한 촉진자 또는 대응방안으로서 e-마케팅의 역할이 확대되고 있다. 세 번째로, 기존의 방식에 비해 상대적으로 저렴한 마케팅비용으로 인해 기업규모(대기업, 중소기업 등)에 관계없이 대등한 또는 적극적인 마케팅 경쟁의 수단으로 e-마케팅이 활용되고 있다.

7.2 e-마케팅의 특징과 전략

(1) e-마케팅의 범위와 특징

인터넷 웹을 매체(media)로 하여 기업과 고객 간에 쌍방향 커뮤니케이션이 비로소 대규모로 확산되었다고 볼 수 있으며, 이러한 인터넷수단 및 관련 정보기술을 통한 '마케팅 정보의 신속한 확산' 및 '고객 개개인의 거래행위에 대한 추적·관리'로써 이루어지는 마케팅활동이 e-마케팅의 범위라고 할 수 있다.

일대일마케팅 또는 관계마케팅의 패러다임이 기업의 실질적인 마케팅활동으로 정착할 수 있는 주요 계기와 기반 역시 인터넷 웹 등의 정보기술수단에 기반을 둔 e-마케팅의 발전이라고 할 수 있다. 따라서 e-마케팅은 일대일마케팅, 관계마케팅 등과 마케팅 패러다임을 공유 또는 포함하고 있다. 또한 무선 및 모바일 인터넷 매체와 함께 확산되고 있는 모바일(mobile) 마케팅 및 유비쿼터스(ubiquitous) 마케팅도 e-마케팅의 영역에 속한다고 볼 수 있다.

이러한 e-마케팅의 특징을 일대일마케팅 및 관계지향적 마케팅, 멀티미디어 광고기능의 제공, 개인 맞춤화, 정보기반 마케팅, 광고효과 측정의 용이성, 저렴한 마케팅 비용, 마케팅 정보의 수시변경 가능, 유연한 가격결정 등을 열거할 수 있다. 고객에게 일대일 개인맞춤화 또는 이를 위한 정보의 획득이 인터넷 웹을 비롯한 여러 정보기술을 통해 가능하다. 또한 다양한 멀티미디어 광고기능과 광고효과의 측정이 용이하다. 고객정보를 포함한 다양한 마케팅 정보과 처리를 통해 고객관계의 진단과 대처가 보다 신속하게 이루어질 수 있다.

(2) e-마케팅 전략과 구성

e-마케팅 전략은 전통적인 마케팅믹스(marketing mix)인 4P에 따라 구성할 수도 있으나, 인터넷 디지털환경의 특징을 고려한 다음의 마케팅방식이 제안되고 있다.

■ **개인화된 고객관리**

e-마케팅의 대표적인 특징적 전략방향은 개인화(personalization) 또는 개인화 마케팅(personalized marketing)이다. 개인화 마케팅은 상품, 서비스, 광고내용 등을 개인(개별) 소비자(고객)의 선호도와 일치하고자 추구하는 마케팅활동을 말하며, 일대일(1-to-1) 마케팅과 동일한 의미를 가진다.

e-마케팅에 있어서 개인화 마케팅은 인터넷 등 정보수단에 의한 고객과의 접촉이나 거래에 있어서 개별 고객의 특성이 고려된 웹페이지 제공, 상품추천, 판매촉진, 광고제공 등을 의미한다. 바꾸어 말하면, 고객 개인별로 정보수단을 활용하여 맞춤식 상품·서비스를 제공함으로써 고객만족을 제고하는 것이라 할 수 있다. 인터넷쇼핑몰에서 고객만족에 영향을 미치는 요소들이 인터넷 서비스에서 개인화 마케팅의 대상으로 볼 수도 있는데, 이러한 고객만족 요소들을 [그림 7-2]와 같이 정보품질, 시스템품질, 서비스품질로 나누어볼 수도 있다. 개인화 마케팅의 개념이 고려된 광고의 모형을 참고하면 [그림 7-3]과 같다.

개인화 마케팅에서 가장 필수적인 사항은 개별 고객의 개인정보(user profile)를 확보하는 것이다. 고객의 개인정보는 개인화된 고객관리를 하기 위한 기초자료로서 개별 고객의 요구사항(requirements), 선호도(preferences), 행위(behaviors), 인구통계학적 특징 등을 말한다. e-마케팅 분야에서 고객 개인정보의 확보를 위한 방안으로서는 ①웹을 통해 고객이 자신의 정보를 직접 입력하게 하거나, ②웹(web)상에서의 고객 행위를 온라인(online)으로 관찰할 수 있도록 시스템을 구현하거나, ③과거의 구매기록과 같은 행동패턴(behavioral pattern)을 분석하는 방식 등을 활용할 수 있다.

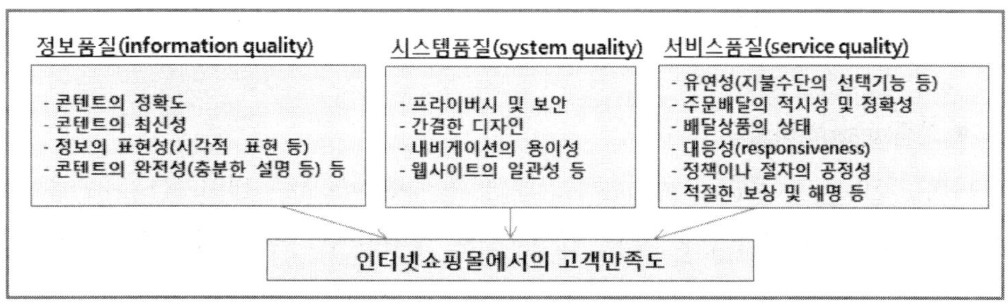

그림 7-2 — 인터넷쇼핑몰에서 고객만족에 영향을 미치는 요소

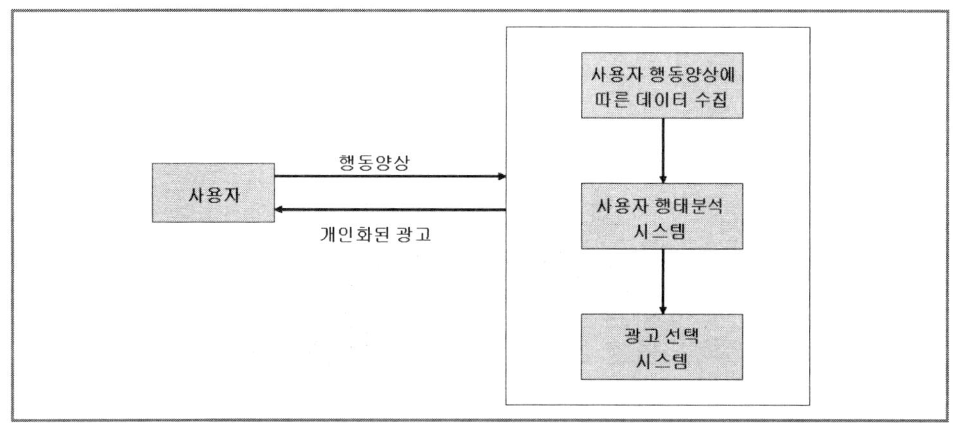

그림 7-3 — 개인화된 광고모형 사례

■ 데이터베이스(database) 마케팅

고객의 다양한 정보를 분류하여 정제하고 데이터베이스로 축적한 후, 이를 분석하여 고객의 특성, 구매행태 등을 파악하여 개별 고객과의 관계형성을 통해 매출을 극대화 시키는 것이 데이터베이스 마케팅이라고 할 수 있다. 데이터베이스 마케팅은 일대일(One-to-one) 관계마케팅의 출발점이라고 할 수도 있는데, 그 이유로는 우량고객을 파악하고 최적의 구매환경을 제공하여 고객의 평생가치를 증대하는 중요한 가능자의 역할을 데이터베이스 마케팅이 수행한다고 보는데 있다.

데이터베이스 마케팅은 마케팅 활동이 고객에게 미치는 영향을 분석하여 구매행태 예측하고, 체계적인 고객관리를 통해 기존 고객의 이탈방지를 수행할 수 있으며, 데이터베이스 분석을 통해 맞춤형 배너광고 등을 제공할 수 있다. 기법적인 공통성이나 개념적인 상호의존성 등으로 인하여 데이터베이스 마케팅, 시스템 마케팅, 1:1 마케팅, 개인화 마케팅, CRM 등은 서로 관련이 깊거나 유사한 의미의 용어로 자주 사용된다.

■ **캐즘(chasm) 마케팅**

마케팅분야에서 캐즘(chasm)은 초기시장과 주류시장으로 넘어가는 과도기 사이에서 매출이 급격히 감소 또는 일시적으로 정체하거나 후퇴하는 단절현상으로 정의된다. 인터넷 디지털 시장에서는 혁신적인 신제품의 출현이 빈번하며, 이러한 제품들이 마켓 풀(market pull)에 의한 것이 아니고 테크놀로지 푸시(tecmarket pull)에 의한 경우에는 캐즘의 현상이 발생하기 쉽다([그림 7-4] 참조).

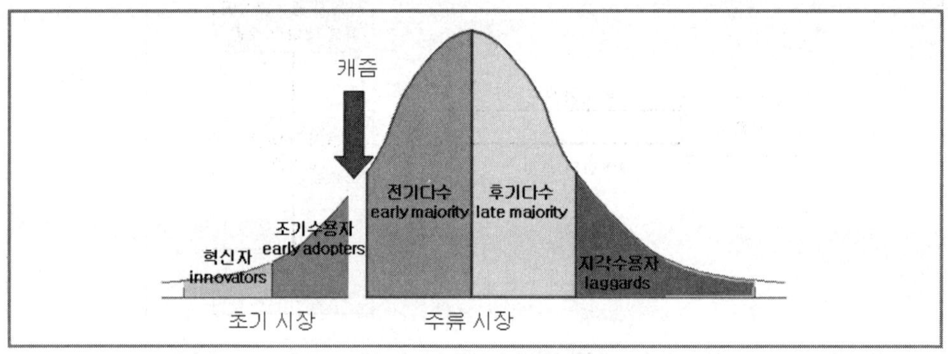

그림 7-4 — 캐즘의 발생

따라서 신제품에 대해 시장의 캐즘현상을 극복하기 위한 제반 방안을 캐즘 마케팅이라고 한다. 즉 캐즘 마케팅은 캐즘현상을 극복하기 위한 마케팅으로서, [그림 7-4]에 나타난 수요자 그룹의 욕구 충족을 위한 고객집단 특성에 대한 대응전략이 캐즘 마케팅이라고 할 수 있다.

■ **상황 마케팅**

상황 마케팅(contextual marketing)은 고객이 처한 상황(context)을 깊이 이해하고 그 고객에게서 최대한의 목표한 성과를 얻어내기 위해 언제 어디서 어떤 방법으로 마케팅할 것인가에 대한 개념이다. 고객에 대한 상세 시나리오를 작성하고, 브랜드와 접촉이 가능한 접점을 파악하여, 고객니즈에 따라 마케팅 활동을 전개하는 것이다.

상황 마케팅은 고객이 처한 상황, 위치, 시간 등의 파악이 가능한 환경에서 가

능하다고 할 수 있다. 특히 인터넷 유비쿼터스 정보환경과 지능형(intelligent) 정보기능이 지원되는 것이 상황마케팅의 수행에 필요한 기반이 될 수 있다.

(3) 4P에 의한 e-마케팅

전통적인 마케팅전략 수립 또는 마케팅활동 체계인 4P(product, price, place, promotion)에 의해, 인터넷 정보환경과 디지털시장의 특성을 고려하여 e-마케팅의 전략 또는 수행방향을 다음과 같이 정리할 수 있다.

- 제품(price)전략의 수립에는 인터넷을 통한 소비자의 제품구매 경향 파악, 제품정보의 충분한 제공, 제품에 대한 가상적 체험기회 제공, 디지털화된 제품의 개발 및 판매 방식의 개발, 오프라인 시장과 온라인 시장에서 브랜드(brand)의 공동사용 여부, 온라인 시장에서의 브랜드 인지도 및 충성도의 구축, 도메인(domain) 네임 확보 및 상표화 등의 고려가 필요하다.
- 가격(Price)전략은 인터넷 또는 디지털 환경에서 다양한 방식으로 이루어진다. 중간상을 배재하여 저렴한 가격으로 상품·서비스를 제공하는 저가화 전략이 가능하다. 상품·서비스의 무료화 전략이 가능한데, 인터넷상의 신문 등과 같은 대다수의 정보제공서비스는 무료화 전략을 취하고 광고 등 다른 곳에서 그 비용을 충당하고 있다. 역경매 등을 통해 소비자가 가격을 스스로 정하는 방식인 역가화 전략도 가능하며, 수입 일부를 소비자에게 환원해 주는 보상형 광고서비스 전략을 수립할 수 있다. 여러 제품을 묶어서 판매하는 번들링(bundling) 또는 메타 상품화 전략 등을 통한 판매유도를 시도할 수 있다. 그리고 가격차별화(price discrimination)를 통해 수익 및 이익을 향상시키는 방안으로 고객차별화 가격전략(고객별, 구매장소, 구매시점, 구매량 등에 따라 차별화된 가격제공), 제품차별화 가격전략(제품을 여러 종류로 제공하여 가격대를 변화) 등이 유효한 전략이다.
- 유통(Place)전략에서는 기존의 전통적인 물적유통과는 달리 다양한 형태의 정보중간자(infomediary)의 역할을 활용하여야 한다. 다양한 인터넷광고를 통해 구매자의 접근을 유도하거나, 제휴마케팅 등을 통하여 판매채널을 확대하는 것도 방안이 된다. 또한 구매자의 주문을 이행(지불, 배달, 사후서비스 등)하는데 애로가 없도록 한다. e-마케팅에서 유의해야 하는 주요 사항 중에 중개

소멸과 유통채널갈등을 지적할 수 있다. 중개소멸은 제품의 물리적 흐름이 강조되는 '생산자⇨도매상⇨소매상⇨소비자'의 흐름에서 정보의 흐름이 강조되는 '생산자⇨소비자'의 형태로 변경됨을 의미한다. 즉, 새로운 중개상(infomediary)의 출현으로 광고(banner 등), 제휴(affiliate), 오픈마켓(open market) 등 다양한 접근이 가능하다. 인터넷으로 인해 대표적인 유통채널 갈등의 발생은 온라인(on-line)과 오프라인(off-line) 간의 갈등이며, 이의 해소방안을 고려하는 것이 필요하다. 오프라인 채널에서는 판매, 온라인 채널에서는 A/S 등과 같이 각 채널의 기능을 달리 하는 등의 '채널간 기능의 차별화', 채널별로 목표하는 기능을 차별화하는 '목표기능의 차별화', 일반적인 서비스는 온라인으로 제공하고 프리미엄 서비스는 오프라인을 제공하는 등의 채널별로 고객의 가치를 차별화하는 '고객가치의 차별화' 등을 시도할 수 있다.

- 촉진(Promotion)전략에는 광고, 판촉, PR, 인적판매 등의 측면을 고려할 수 있다. 배너광고 등을 포함하는 인터넷 광고전략은 광고를 통한 전환율(구매 또는 가입한 회원수를 광고를 통한 방문수로 나눈 비율)이나 광고비 대비 판매수익률 등을 통한 ROI 등으로 관리하여야 한다. 인터넷을 통한 빈번한 고객접근을 통해 선물, 경품, 이벤트, 쿠폰, 샘플, 콘테스트, 게임, 복권, 이메일, 할인 등으로 판촉(sales promotion) 전략을 효과적으로 구성할 수 있다. 시장으로부터 좋은 평판을 얻도록 다양한 정보의 제공을 통한 PR(public relation) 전략을 구사하는 것도 중요하다. 경우에 따라, 대면을 통한 판촉 및 인적판매(personal selling)를 활용할 수 있다.

인터넷과 같은 새로운 디지털 시장환경은 기존의 전통적인 마케팅믹스인 4P를 다음의 4C체계로 전환하는 것이 적절하다는 의견이 있다. 이와 같은 의견은 마케팅 접근방식의 중심이 기업이 아니라 고객이라는 측면과 디지털 시장환경의 측면이 고려된 것으로 이해된다.

- Product ⇨ Consumer: 소비자의 욕구에 맞는 상품을 제공
- Price ⇨ Cost: 소비자의 기회비용을 고려하여 가격을 결정
- Place ⇨ Convenience: 소비자가 편리하게 구매할 수 있는 채널제공
- Promotion ⇨ Communication: 소비자와 커뮤니케이션을 확대

7.3 e-마케팅과 상품추천

인터넷쇼핑에서 자주 접하는 기능이 상품추천이다. 상품추천은 반드시 인터넷 상에서만 활용되는 것은 아니며, 고객정보 또는 상품거래 정보가 데이터베이스로 관리되는 현대의 마케팅수단을 통해 온라인·오프라인에 걸쳐 상품판매를 증진하기 위하여 상품추천이 활용되고 있다. [그림 7-5]는 인터넷 구매에서 자주 접하는 상품추천의 사례이다.

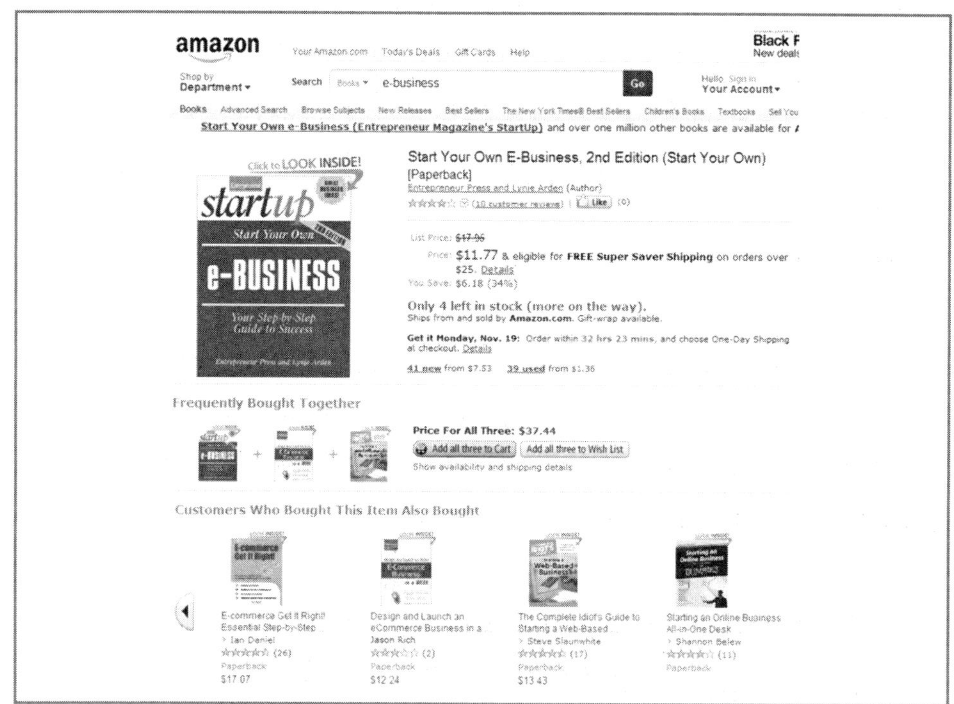

그림 7-5 — 인터넷쇼핑에서 상품추천(Amazon 사례)

상품추천 또는 상품추천시스템(product recommendation system)은 판매를 증가시키고자 하는 목적으로 고객 개인의 선호도, 과거 구매기록 등을 파악 또는 추정하고 분석하여 개인별 고객에게 맞춤화(customization) 또는 개인화된 상품을 추천하는 방안(또는 시스템)을 말한다. 상품추천의 여러 가지 방식을 흔히 협업여과방식, 비협업여과방식, 그리고 여러 방식이 혼합적으로 활용되는 혼합적 여과방식으로 분류한다.

(1) 협업여과방식

과거의 여러 고객에 의해 이루어진 구매상품의 기록을 분석하여, 추천대상 고객이 먼저 선택한 상품과 높은 제품선호도의 관계를 가지는 다른 상품들을 추천하는 방식이 협업여과방식(collaborative filtering)이다. 간단한 예를 들어보면 다음과 같다.

- 추천대상 고객이 고려기간(일시 또는 일정기간)에 상품 'A', 'B', 'C'를 구매
- 과거의 구매기록(〈표 7-2〉 참조)에서 고려기간 동안 'A', 'B', 'C'를 포함한 구매거래 중에서, 'D'와 'E'를 함께 구매한 빈도가 일정기준 이상 발견 (즉, { 'A', 'B', 'C' }와 { 'D', 'E' }는 일정기준 이상의 선호도 관계를 보인다고 할 수 있다.)
- 해당 고객에게 상품 'D'와 'E'를 추천

상품간의 적절한 선호도 관계를 구하는 것이 협업여과의 특징이라고 볼 수 있는데, 상품간 선호도 관계(연관규칙, 즉 "A를 구매하면, B를 구매한다: A→B" 등의 관계)를 추정하는 대표적인 측정치가 지지도와 신뢰도이다. 각각의 계산방식을 2개의 상품 "A"와 "B"에 대하여 살펴보면 다음과 같다.

- 지지도(Support): "A"와 "B"가 동시에 거래될 확률, $P(A \cap B)$

$$\text{'A} \rightarrow \text{B'의 지지도} = \frac{\text{(항목 A와 B를 동시에 포함하는 거래의 수}}{\text{전체 거래의 수}}$$

- 신뢰도(Confidence): "A"가 속한 거래에서 "B"가 속할 확률, $P(A|B)$

$$\text{'A} \rightarrow \text{B'의 신뢰도} = \frac{\text{(항목 A와 B를 동시에 포함하는 거래의 수}}{\text{항목 A를 포함하는 거래의 수}}$$

▮ 표 7-2 ▮ 구매기록 사례

구매 거래번호	구매 품목
P-0001	주스, 커피, 와인
P-0002	커피, 와인
P-0003	주스, 와인, 맥주
P-0004	커피, 우유
P-0005	맥주

과거 구매기록에 통한 지지도와 신뢰도의 계산과정을 〈표 7-2〉의 구매기록 사례를 통해 살펴보면 다음과 같다.

- 단일항목 f(1)의 지지도 계산:
  support(주스) = 40%, support(커피) = 60%, support(와인) = 60%,
  support(맥주) = 40%, support(우유) = 20%
- 2개 항목 f(2)의 지지도 계산:
  support(주스→커피) = 20%, support(주스→와인) = 40%,
  support(커피→와인) = 40%, support(주스→맥주) = 20% 등
- 신뢰도의 계산:
  support(주스→커피) = 50%, support(주스→와인) = 100%,
  support(커피→와인) = 66.7%, support(주스→맥주) = 50%
  support{(주스, 와인)→맥주} = 50%,
  support{(커피, 와인)→주스} = 50%,
  support{주스→(커피, 와인)} = 50% 등

협업여과방식의 상품추천에 활용되는 지지도 및 신뢰도는 구매거래(구매data) 간의 품목구성 연관성(association)을 분석하는 측정치이다. 이러한 분석기법의 기준치(또는 추천 의사결정의 기준치)로는 다음과 같은 사항을 활용할 수 있다.

- 최소 지지도
  - 입력 자료내의 연관규칙의 발생비율의 최소 설정값

사례 f(2) 최소지지도가 40%인 경우에 추천: 〈표 7-2〉의 경우에 커피를 구매하면 와인을 추천

- 최소 신뢰도
  - 최소 신뢰도를 설정하고, 설정값 이상(또는 이하)의 경우에 적용
- 최대 규칙길이
  - 연관규칙에서 발생하는 품목의 최대 수
- 항목 제한 조건
  - 결과에서 포함되거나 제외되어야 하는 연관규칙 또는 패턴

사례 특정 판매기록, 특정 구매품목을 제외하는 경우

(2) 비협업여과방식

비협업여과방식(noncollaborative filtering)은 협업여과방식을 제외한 상품추천 방식을 뜻하며, 비협업여과방식의 대표적인 종류로서 다음의 방식을 열거할 수 있다.

- 인구통계기반(demographic) 추천방식: 사용자의 성별, 나이, 직업 등과 같은 인구통계 요소에 의한 사용자의 유형별 특징을 분석하여 상품을 추천하는 방식이다.
- 내용기반(content-based) 추천방식: 사용자별로 가지는 프로파일(과거 구매기록 중심)과 추천결과 등을 통해 상품을 추천하는 방식이다. 과거의 구매기록이 없는 신규고객인 경우에는 상품추천이 어려운 방식이다.
- 사례기반(case-based) 추천방식: 추천대상 고객과 개인별 속성이 가장 유사한 다른 고객에게 추천한 과거의 우수한 사례들을 참고하여 상품을 추천하는 방식이다. 고객들을 가장 뚜렷이 구분할 수 있는 속성을 선택하는 것이 중요하다.

(3) 혼합적 여과방식

혼합적 여과방식(hybrid filtering)은 상품추천을 통한 구매결과를 높이기 위해 협업 또는 비협업 여과방식을 2개 이상 혼합적으로 활용하는 방식이다. 예를 들

어, 인구통계기반의 방식으로 전체 구매자를 그룹별로 분할하고, 분할된 그룹별로 협업여과방식에 의해 분석한 연관규칙들을 최소지지도 이상에서 상품을 추천하는 방식이 혼합적 여과방식에 해당이 될 것이다.

7.4 인터넷 광고 및 가격모델

(1) 인터넷 광고의 종류

웹페이지에서 표출되는 인터넷 광고는 초기의 배너광고에서부터 구글의 애드워즈(AdWords)나 애드센스(AdSense), 모바일 인터넷을 통해 사용자의 처한 상황(context)에 따른 광고 등과 같이 다양한 형태로 발전되어 가고 있다

- **배너 광고**: 주로 웹페이지의 상단이나 하단, 또는 측면에 위치하는 사각형의 그래픽 이미지를 뜻하는 배너(banner)가 광고메시지를 포함하는 경우이다. 주로 인터넷 주소가 링크되어 있어서, 배너 광고의 클릭을 통해 광고주의 웹사이트나 목적하는 사이트로 이동할 수 있다.
- **버튼 광고**: 배너 광고보다 크기가 작은 그래픽 광고이다. 배너 광고가 일반적으로 눈에 잘 띄는 크기와 위치를 차지하는 것에 반해, 버튼 광고는 작은 크기로 인해 배너 광고가 위치하기 힘든 자리에도 위치할 수 있다.
- **키워드 광고**: 검색엔진 사이트의 검색 키워드(keyword)를 통해 이루어지는 광고이다. 특정 키워드를 통한 인터넷 검색결과의 상위목록에 광고주의 인터넷 사이트를 위치시키거나, 또는 검색결과와 함께 관련되는 광고주의 배너를 보여줄 수도 있을 것이다.
- **팝업 광고**: 사용자의 화면에 예고없이 화면전체 또는 독립된 창의 형태로 표출되는 광고이며, 웹페이지가 바뀌는 중간에 삽입되는 인터스티셜(interstitial)과 별도의 창으로 표출되는 수퍼스티셜(superstitial)로 구분한다.
- **콘텐츠형 광고**: 특정 사이트에 대해 스폰서를 제공하는 형태이며, 협찬광고와 동일한 개념이다. 소비자들이 자주 찾는 인터넷 사이트의 특정 페이지에 스폰서로 참여해 회사의 로고나 제품 브랜드를 명시하여 사용자에게 보다 높은

광고효과를 얻게 되는 것을 사례로 들 수 있다.

- **푸시형 광고**: 콘텐츠 제공업체의 서버로부터 사용자 컴퓨터의 시스템(클라이언트)에 원하는 정보만을 전송하는 푸시(push) 기술을 활용하여 광고를 전송하는 방식이다. 일반적으로 푸시형으로 제공되는 콘텐츠는 소비자가 미리 선택한 내용들이므로, 콘텐츠와 함께 제공되는 광고에 대해 반감이 적다. 푸시 기술은 광고이외에 인터넷뉴스, 인터넷방송, 신제품소개 등이나 소프트웨어의 업그레이드 등에도 활용된다.
- **분산형 광고**: 분산형 광고는 인터넷상의 여러 사이트에 광고 콘텐츠를 송출하는 방식이다. 예를 들어, 구글의 애드센스는 구글이외의 다른 사이트에 위젯(widget)을 사용하여 광고 콘텐츠를 내보낸다. 사례로서 유튜브(YouTube)에 구글의 광고가 노출되며, 구글의 광고수익이 유튜브에 배분된다.

(2) 인터넷 광고의 가격모델

인터넷 광고를 위해 광고주가 광고미디어 제공자에게 지불하는 광고가격을 책정하는 방식에는 다음의 모델들이 있다. 검색광고에서 흔히 사용하는 모델은 CPM방식과 CPC방식인 것으로 알려지고 있다([그림 7-6] 참조)

■ 노출(exposure)기준 모델

광고가 사람들에게 노출되어 얼마나 두렷한 인상을 남기는지를 기준으로 가격을 책정하는 모델이다. 일정기간 동안 정해진 금액의 광고비를 지불하는 고정액(flat fee)방식, 특정 광고가 1000번 노출(hit, exposure)되는 것에 대해 비용을 부과하는 방식인 CPM(Cost Per Mille)방식 등이 있다. CPM방식은 아래의 CPC방식에 비해 상대적으로 관리가 용이하다.

■ 클릭스루(click through) 모델

노출기준모델을 개선하기 위한 것으로서, 소비자가 실제로 인터넷 광고(배너광고 등)를 클릭한 수를 기준으로 가격을 산정하는 방식이다. 특정 광고(배너, 검색 광고 등)의 클릭(click) 수에 대해 비용을 부과하는 CPC(Cost per Click)방식이 클릭스루 모델에 해당된다. CPC방식은 키워드 교체 등과 같이 CPM방식에 비해

광고관리가 상대적으로 더 탄력적이다.

■ 상호작용(interaction)기준 모델

인터넷 광고(배너 등)를 클릭하여 표적 광고가 있는 사이트로 이동한 소비자가 그 사이트에서 기준 이상의 상호작용을 보인 경우를 산정하여 광고비를 지불하는 모델이다. 체류시간, 클릭한 페이지(page) 수, 재방문한 사람의 수 등 광고와의 상호작용을 기반으로 광고가격을 산정한다. 이러한 광고비 산정방식을 흔히 CPA (Cost per Action)라고 한다. 아래의 '결과기준 모델'도 넓은 의미에서 상호작용기준 모델에 속한다고 할 수 있다.

■ 결과(outcome)기준 모델

표적광고를 통해서 얻고자 하는 목표를 달성한 경우에 광고비를 지불하는 모델이다. 인터넷 광고를 통하여 실제로 물건의 판매가 이루어졌을 때 광고비를 지불하는 CPS(Cost per Sale)방식, 인터넷 광고를 통하여 회원으로 가입한 경우에 지불하는 CPL(Cost per Lead)방식 등이 해당된다. 광고의 형식은 아니지만, 제휴마케팅(affiliate marketing) 사이트의 비즈니스 개념은 CPS방식과 유사하다고 할 수 있다.

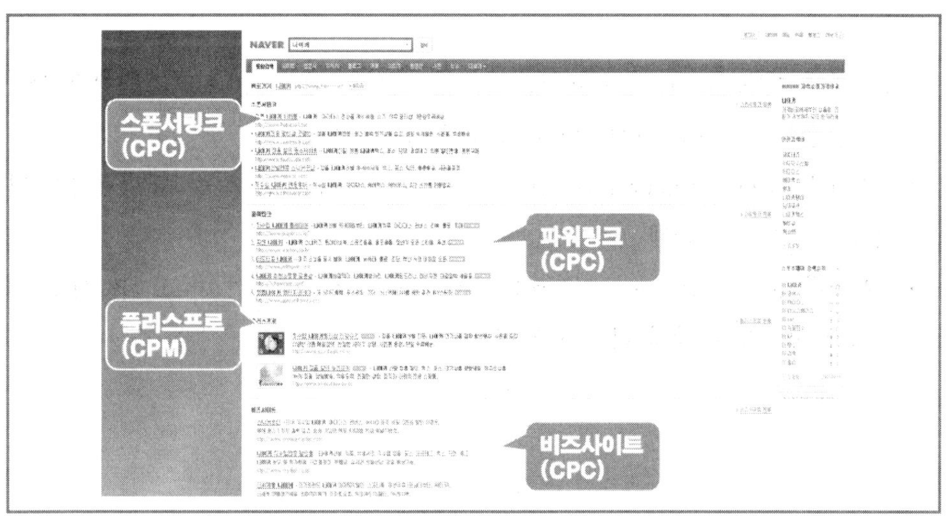

그림 7-6 — 검색사이트의 검색 광고 광고비산정 사례

7.5 e-비즈니스와 고객관계관리

(1) 고객관계관리의 특성과 역할

고객관계관리(CRM: customer relationship management)는 고객과 판매기업의 상호가치를 증진할 수 있도록 고객과의 관계를 장기간 지속가능(long-term 또는 sustainable)하도록 구축하는데 집중하는 마케팅스 접근방식이라고 정의할 수 있다. CRM의 일반적인 특성을 정리하면 다음과 같다.

- 다양한 정보기술을 활용한다. 그러나 정보기술 이외에 기업의 다양한 자원(resource)과 역량(capability)으로 확대된 고려가 필요하다.
- 고객관계의 획득·유지·강화 등 고객관계 진화단계 전체에 적용된다.
- 고객수익성의 극대화를 목적으로 한다. 그러나 고객관점을 포함한 기업과 고객 쌍방의 상호이익 극대화의 개념으로 전환되는 것이 필요하다.
- 고객에게 직·간접적으로 영향을 미칠 수 있는 모든 활동을 포함한다.

CRM에 고려하는 고객관계의 단계는 크게 다음의 고객획득, 고객강화, 고객유지의 3단계로 구성된다. 각 단계에서 CRM의 역할을 〈표 7-3〉과 같이 나열하였다.

- **고객관계 획득**(customer relationship acquisition) **단계**: 잠재적 고객에게 상품을 판매하고 최초로 고객과의 관계가 형성되는 단계
- **고객관계 강화**(customer relationship empowerment) **단계**: 고객과 기업의 관계를 강화시키는 단계
- **고객관계 유지**(customer relationship retention) **단계**: 현재의 고객을 향후 지속적인 고객으로 남게 하고자 노력하는 단계

표 7-3 고객관계 단계별 CRM의 역할

고객관계 단계	CRM의 역할
고객관계 획득	잠재고객의 추출, 구매고객으로의 전환, 고객확보비용감소, 이탈고객 재획득 등
고객관계 강화	핵심고객의 발굴, 관계의 깊이와 폭의 확대, 고객 네트워크의 전략적 활용 등
고객관계 유지	고객 니즈의 분석, 고객 평가 및 세분화, 개인화 및 맞춤화, 이탈방지 등

(2) 마케팅 역할의 변화와 CRM

기존의 대중 마케팅이 가지는 특징은 4P 기반의 마케팅믹스, 제품중심의 접근, 대중마케팅 방식, 직감 또는 경험에 의한 마케팅 기획, 규모의 경제에 기반, 시장점유율 확대에 중심, 신규고객획득(단기거래 중심)에 중심, 한정된 자료에 기반한 의사결정, 수익성이 아닌 매출액 기반의 실적평가 등이라고 할 수 있다. 이와 같은 대중 마케팅이 현대의 글로벌 및 디지털 환경과 심화되는 경쟁관계에서 효과성이 저하되고 있는 것으로 지적되는데, 그 이유가 다음과 같이 지적된다.

- 대중마케팅은 모든 잠재고객에게 같은 방식으로 홍보함으로써 모든 고객이 필요로 하는 것이 모두 같다는 전제를 내포하고 있다.
- 고객을 위한 부가가치나 효용성을 전달하는 것이 아닌 제품의 품질이나 가격이 중심이 된다.
- 대중마케팅의 주목적은 대부분 신규고객의 창출에 있으며 고객유지에 대해서는 적극적이지 않다. 즉, 수익성있는 관계의 유지보다 단기적인 관점의 거래를 더욱 중요시한다.

기존의 대중마케팅이 가지는 한계에 대하여 마케팅 전략의 새로운 방향성은 고객 지향성, 관계 지향성, 일대일 지향성, 고객점유율 지향성, 마케팅 순환기능 지향성, 다중채널 지향성 등이다. CRM과 관련한 기업의 마케팅활동이나 CRM지원을 위한 각종 소프트웨어 시스템들이 이와 같은 지향성을 직·간접적으로 내포하고 있다. 이와 같은 마케팅의 지향성을 고려하고 있는 CRM 및 CRM시스템의 범위를 크게 [그림 7-7]과 같이 고객접점, 전방조직, 후방조직의 범위에서 고려하기도 한다.

- '고객접점'의 범위에서는 고객이 직접 접하게 되는 인터넷, 전화, 키오스크, 이메일, 직접대면 등의 다양한 채널에서 고객별 일관된 정보(single view)를 통해 CRM의 고객관계 단계별 기능과 서비스가 제공되어야 한다.
- '전방조직(front office)'의 범위에서는 고객에게 직접 서비스를 제공하는 영업, 마케팅, 서비스의 전방조직의 구성영역에서 활용하는 시스템들이 서로 정보공유가 이루어지고 후방조직에 속하는 ERP, CRM에 필요한 데이터웨어하우스 및 데이터마이닝, 기타 관련 시스템과 정보의 통합이 이루어지는 것이 필요하다.
- '후방조직(back office)'의 범위에서는 고객접점 또는 전방조직에서 실행이 이루어지는데 필요한 ERP와 같은 시스템기능이 운영되거나, 데이터웨어하우스 및 데이터마이닝 등을 통해 실제 마케팅활동으로 발생한 데이터를 저장하고 분석하거나, 또는 기타 관련 시스템 등으로 구성된다.

그리고 CRM시스템을 시스템의 활용과 기능의 측면에서 [그림 7-8]과 같이 운영CRM, 분석CRM, 협업CRM 등으로 구분한다. 각각의 내용은 다음과 같이 설명될 수 있다.

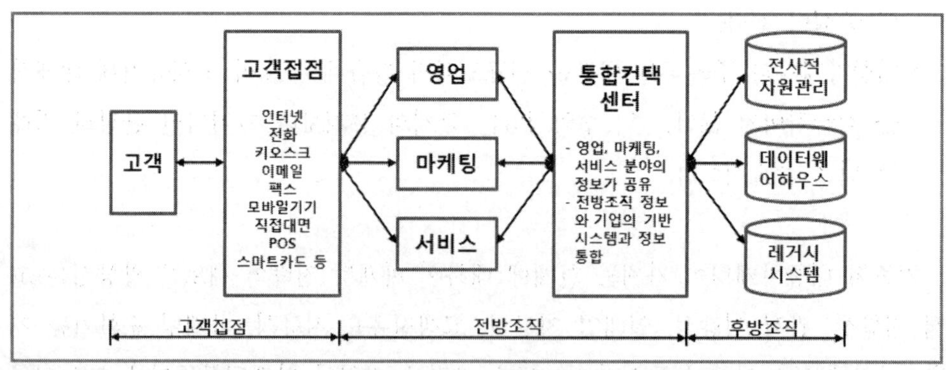

그림 7-7 — CRM시스템의 구성범위

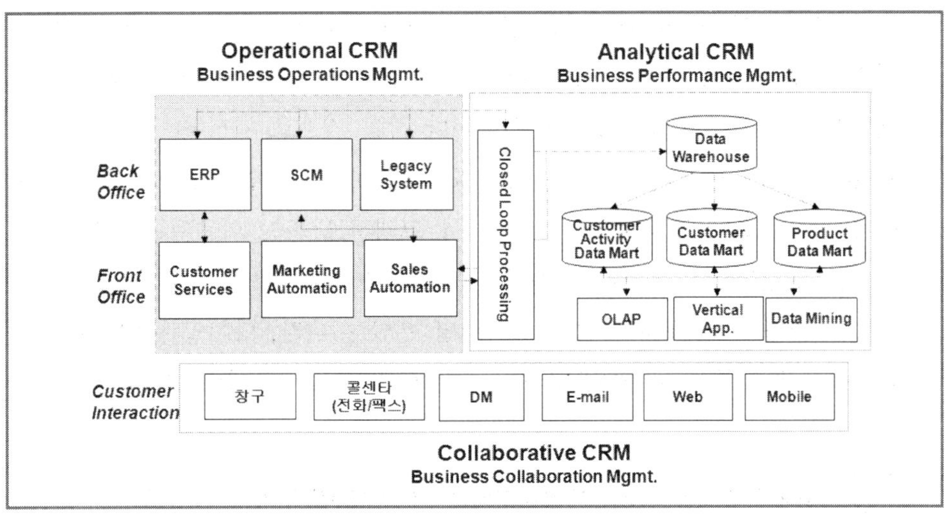

그림 7-8 — CRM시스템의 기능구분

- **운영CRM**(operational CRM): 수집된 고객데이터 또는 분석CRM에서 데이터마이닝을 통해 구한 제반 마케팅정보를 활용하여 기업의 마케팅활동 또는 영업업무 등과 같은 현장(field) 업무에 활용할 수 있도록 하는 CRM이다. 기업조직과 고객간의 관계향상, 즉 마케팅의 전방위(front-end) 업무를 지원하는 시스템이라고 할 수 있다. 캠페인(campaign) 관리, 영업지원시스템(sales force automation), 고객지원 및 서비스 등의 시스템으로 구성된다. 또한 실제 실행되는 마케팅 또는 영업 활동은 ERP와 같은 백오피스 시스템과 유기적으로 연결된다.
- **분석CRM**(analytical CRM): 고객 데이터 또는 마케팅관련 제반 데이터를 수집·저장하고, 저장된 데이터의 분석을 통해 기업전체, 마케팅, 영업 등에서 활용하기 위한 정보를 생성하여 제공한다. 수집된 수많은 데이터의 저장은 데이터웨어하우스(data warehouse) 또는 데이터마트의 형태로 집적하여 관리될 수 있고, 이의 분석은 OLAP, 데이터마이닝(data mining), 데이터질의(data query) 등의 방식을 통해 처리된다. 분석CRM의 영역에서는 고객분류(customer segmentation), 채널전략(channel strategy), 관계에 따른 가격정책(relationship pricing), 충성도프로그램(loyalty program), 고객위험도(customer risk) 측정 등과 같은 전략적 정보관리의 기능도 수행한다. 분석CRM을 통해 사업에 필요한 고객·시장 세분화, 고객 프로파일링, 제품 컨셉의 발견, 캠페인 관리, 이벤트 계획, 프로모션 계획 등의 기회 및 방법에 대한 아이디어가 도출될 수

있다. 고객 데이터의 과학적인 분석을 위하여 데이터마이닝 기술이 중요한 이슈로 부각되며, CRM의 다른 구성 요소인 운영CRM 및 협업CRM과 밀접하게 연관되도록 closed-loop을 구성하여야 하는 것으로 지적된다.

- **협업CRM**(collaborative CRM): 창구, 콜센터, DM, 이메일, 웹, 모바일 단말기 등과 같은 고객접점의 다양한 채널에서 고객정보 또는 마케팅활동에 필요한 정보를 일관적으로 통합하여 제공하는 기능을 의미하며, 채널CRM이라고 불리기도 한다. 기업내의 다양한 고객채널 뿐만 아니라, 타기업과 연계한 로열티프로그램을 통한 공동마케팅 등을 협업CRM에 포함하기도 한다.

사례 7-1 •• 페이스북, 이용자의 상품구매 여부까지 파헤친다

세계최대 소셜네트워크서비스(SNS) 페이스북이 이용자의 상품구매 정보를 수집하고 있는 것으로 드러나 사생활침해 논란이 거세다. 파이낸셜타임스(FT)는 23일(이하 현지시간) 페이스북이 협력관계인 데이터업체 데이터로직스와 페이스북 이용자의 상품구매 정보를 수집해 이를 마케팅전략에 이용하고 있다고 보도했다. 데이터로직스는 1000개 이상의 미국 소매업체들의 고객관리 프로그램을 제공하고 있으며 약 7000만 가구의 개인정보를 보유하고 있다.

데이터로직스는 보유하고 있는 고객정보와 페이스북 계정정보를 연계해 고객들이 페이스북에서 본 광고제품을 실제로 가게에서 사는지 여부를 파악하고 보고서를 만들어 페이스북에 넘긴다. 페이스북의 시장조사분석 책임자는 "데이터로직스의 정보작업에 대해 대금을 지불하고 있다"며 "조사결과 70%이상의 광고주가 페이스북에 낸 광고료 1달러당 3달러 가량의 매출증가 효과를 얻는다"고 말했다.

페이스북의 마케팅전략이 소비자들을 기만하고 사생활보호 약속을 깨는 것이라는 지적이 일고 있다. 온라인 사생활 보호운동 단체인 디지털민주주의센터(CDD)는 "이같은 정보수집은 페이스북 이용자들이 개인정보에 대한 충분한 통제를 할 수 없게 만든다"며 "사용자들의 명확한 승인없이 불투명하게 정보가 쓰여서는 안된다"고 지적했다. 페이스북은 지난 2007년에도 사용자들의 온라인 물품구매나 다운로드 활동정보를 친구인맥과 공유하는 '비콘'서비스를 개시했다가 동의없이 사생활정보가 유출된다는 비난에 2009년 중단했다.

◂ 인용 : 매일경제, 2012.09.24일자 ▸

사례 7-2 •• 쏟아지는 소비자 데이터, 디지털마케터를 키워라

디지털플랫폼에서 소비가 폭발하고 있다. 작년 한 해 전 세계의 소셜미디어와 모바일, 디지털콘텐츠 등에서 새로 생성되거나 복제된 정보량은 1.8제타바이트(Zettabyte·11조8000억기가바이트)를 넘어섰다. 지구상에 존재하는 정보의 90%가 최근 2년에 만들어졌을 만큼 엄청난 '데이터 쓰나미'가 벌어지고 있는 것이다.

소셜미디어서비스의 대표주자인 페이스북은 서비스개시 2년만에 5000만명의 사용자를 확보했고 모바일게임 앵그리버드는 1년만에 5000만 다운로드를 돌파했다. 과거 5000만명의 인구가 라디오를 사용하는데 38년, TV는 13년, 인터넷이 4년이 걸린 것을 감안하면 하이퍼 디지타이제이션의 확산 속도는 가공할 만하다.

이런 변화는 기업 마케팅에도 혁신을 압박하고 있다. IBM GBS의 전략컨설팅 부문과 기업가치연구소가 세계 64개국, 19개 산업에 종사하는 최고 마케팅책임자(CMO) 1700명을 조사한 결과 향후 3~5년간 마케팅에 가장 큰 영향을 미칠 것으로 예상하지만 준비가 미흡한 분야 1~3위로 '데이터 폭증'과 '소셜미디어', '채널 및 기기(스마트폰, 태블릿 등) 선택 증가' 등이 꼽혔다. '디지털 마케팅'이 핵심 화두로 뜨고 있는 것이다.

기존 마케팅이 마케터의 '감(感)'과 소비자조사를 통해 발견한 '의향'에 의존했다면, 디지털마케팅은 디지털채널을 통해 수집한 '데이터'에 기반을 둔 고객의 실질적 '행동'을 근거로 한다. 고객군을 세밀하게 정의하고 변화를 적시에 감지하며, 특화된 메시지를 최적의 채널과 고객접점에 제공하며 성과측정의 정확도를 높이는 게 디지털마케팅의 강점이다. 고객의 구매실적 데이터를 분석해 구매패턴과 충성도판단도 가능하다. 지금까지 마케팅이 대상구분 없이 일괄적으로 스프레이를 뿌린 뒤 잘되기를 기도하는 방식(Spray & Pray)이었다면, 디지털마케팅은 개인에게 조준하기(Target & Personalize)라고 표현할 수 있다.

하지만 국내기업들의 경우 전체 마케팅지출에서 디지털마케팅이 차지하는 비중은 10% 수준으로 글로벌기업 평균(26%)보다 턱없이 낮다. 대다수 마케팅임원은 아직도 전략적 의사결정을 할 때 새로운 디지털데이터를 잘 활용하지 못하고 있다. 디지털채널과 IT를 이해하고 방대한 양의 데이터를 분석해 통찰력을 추출하고 이를 제품과 서비스 활용으로 연결짓는 역량있는 인력도 부족하다.

디지털 마케팅을 구축하려면 '개별고객'에 대한 분석을 목적으로 실시간으로 대용량 고객정보를 분석할 수 있는 기술도입이 필수적이다. 이를 통해 고객이 일정 웹페이지에 머물렀던 시간, 관심있게 클릭한 주제, 회사가 발송한 이메일 확인여부, 이후 행동양식 측정이나 대응시나리오를 자동화할 수 있다. 전문인력 확충도 시급하다. 명확한 비전과 계획 아래 '마케팅을 이해하는 IT 전문가'나 'IT를 이해하는 마케터'를 키우며 역량을 쌓아야 한다.

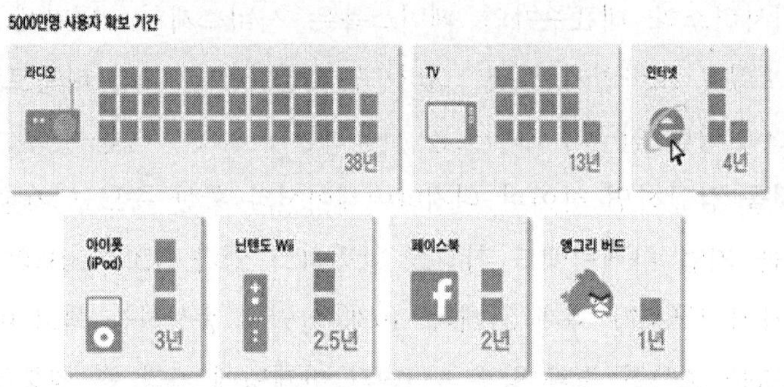

◂ 인용 : 조선경제i, 2012.03.30일자 ▸

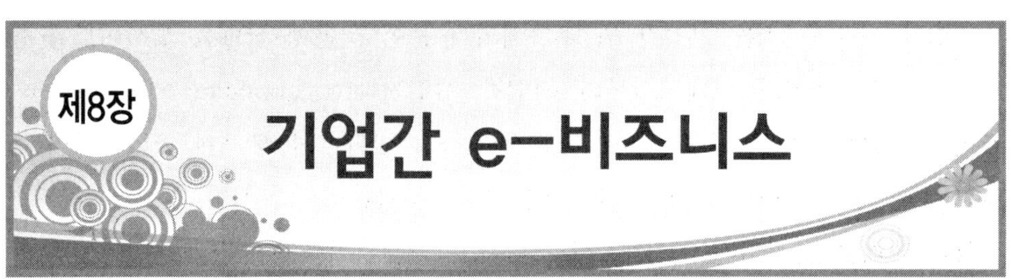

제8장 기업간 e-비즈니스

일반적으로 '원부자재 공급업자' ⇨ '생산업자' ⇨ '유통업자' ⇨ '소매업자' ⇨ '최종소비자'의 요약된 형태로 표현되는 공급사슬의 구성에서, [그림 8-1]의 제일 마지막 단계인 '소매업자' ⇨ '최종소비자'의 거래범위를 제외한 모든 영역이 기업간(B2B, B-to-B, business-to-business) e-비즈니스의 대상이 된다. '소매업자' ⇨ '최종소비자'의 범위는 B2C e-비즈니스를 주로 포함하는 e-Retailing 분야의 대상이 되는 영역이다. 복잡한 공급사슬 형태를 가지는 기업간 e-비즈니스는 거래규모에 있어서도 〈표 8-1〉과 같이 e-retailing 분야를 훨씬 능가한다.

그림 8-1 — 전통적인 공급·유통 단계

표 8-1 한국의 e-비즈니스 거래규모

(단위: 십억원)

년도	2007	2008	2009	2010	2011
총 거래액	516,514	630,870	672,478	824,392	999,250
B2B 거래액	464,456	560,255	592,965	747,090	912,562
B2G 거래액	36,801	52,266	59,455	52,772	58,378
B2C 거래액	10,226	11,359	12,045	16,005	18,522
C2C 거래액	5,032	6,207	8,012	8,524	9,788

기업간 e-비즈니스는 기업간 원·부자재의 주문이나 판매·구매를 웹사이트를 통해 처리하는 초기의 단계에서부터 기업간 협업거래(collaboration commerce)와 같이 고도화된 기업경쟁력의 수단으로 발전하고 있다. 원·부자재 공급기업의 출하관리시스템과 구매기업의 구매시스템(또는 자재관리시스템)이 서로 연결되어 통합된 형태로 운영되는 것처럼, 서로 다른 영역을 수행하는 기업의 업무들이 조직간 정보시스템을 통해 서로 협력하여 긴밀하게 이루어지는 형태가 기업간 협업거래의 사례가 될 수 있다.

8.1 기업간 e-비즈니스의 발전

1990년대 중반, 인터넷의 상업적 활용과 함께 e-비즈니스가 시작되었다고 한다. 그러나 기업간 e-비즈니스의 시초는 인터넷의 출현이전에 컴퓨터와 네트워크를 통해 기업간 거래정보의 전자적 교환에 활용된 전자문서교환(EDI: electronic data interchange) 방식이라고 볼 수 있다. 이후 등장한 CALS의 개념과 적용방식이 기본적으로 기업경영활동의 개선과 혁신에 많은 호응이 있었음을 고려하면, CALS가 EDI 이후 기업간 e-비즈니스의 발전과정 단계라고 볼 수 있다.

EDI 또는 CALS의 방식에서 이루어지는 기업간 정보교환은 미리 합의되어 정해진 참여자 이외에는 접속이 불가능한 폐쇄적인 형태의 전용 통신네트워크에서 정보교환을 통해 이루어졌다. [그림 8-2]와 같이 EDI를 통한 기업간 거래는 단일의 대형 구매자가 다수의 정해진 공급자를 대상으로 패쇄적 범위의 거래로 이루어지는 전자조달(e-procurement)의 형태를 보여준다.

1990년대 중반 이후 인터넷의 확산과 함께 기업간 상거래가 'e-마켓플레이스'로 불리는 인터넷상의 웹사이트를 통해 이루어지기 시작하였다. 기업이 스스로 구성한 e-마켓플레이스를 통해 전자 조달 및 판매가 이루어지기도 하고, 인터넷상에서 기업간 거래를 중개하는 e-마켓플레이스를 통해 기업간 거래가 이루어지기도 한다.

이와 같이 기업간 e-비즈니스는 다음의 단계로 발전되어 왔다고 할 수 있다.

(1) EDI(electronic data interchange, 전자문서교환): 1970년대
(2) CALS(computer aided logistics support): 1980년대
(3) e-마켓플레이스(e-marketplace): 1990년대 중반 이후

[그림 8-2]에 나타난 바와 같이, 외부의 접속이 공개된 인터넷상의 e-마켓플레이스를 통해, 기업은 다수의 새로운 거래처(공급기업 및 구매기업)의 용이한 발견, 유리한 판·구매 가격, 판·구매의 효율적 처리 등을 통한 거래비용 절감 등을 보다 용이하게 추구할 수 있게 되었다.

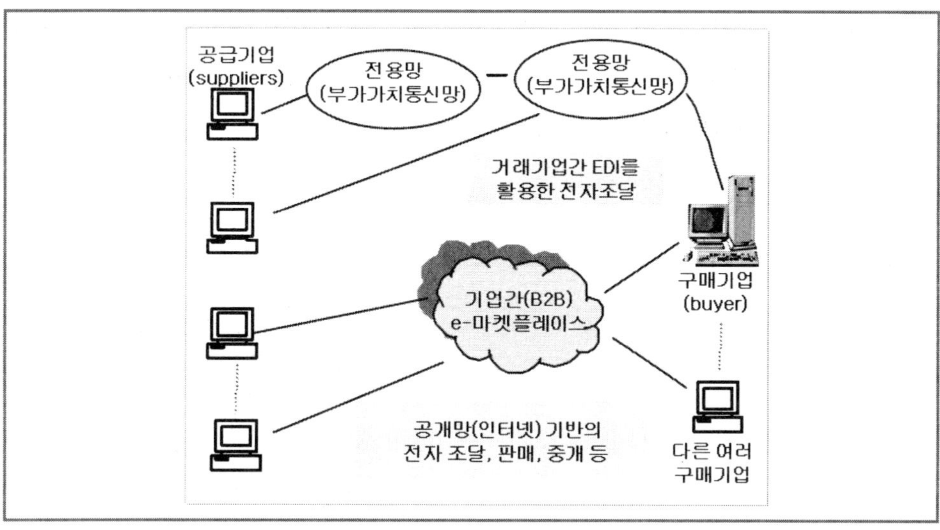

그림 8-2 — EDI이후 기업간 e-비즈니스의 발전과정

인터넷 웹을 통한 기업간 e-비즈니스의 고도화는 [그림 8-3]과 같이 '홍보위주' ⇨ '주문위주' ⇨ '거래위주' ⇨ '협업거래' ⇨ '통합적 협업' 등의 단계로 발전하고 있는데, 발전과정을 다음과 같이 3단계로 나누어 정리할 수 있다.

(1) 기업이 개별적으로 개설한 자신의 웹사이트에서 기업홍보 또는 상품주문을 받는 초기의 기업간 e-비즈니스 형태로부터, 기업이 구매업무나 판매업무를 인터넷 웹을 통해 전자적으로 수행하거나 또는 기업의 판매·구매를 중개하는 거래위주의 형태가 이루어지는 e-마켓플레이스 형태로 발전한다.

(2) 가격경쟁 또는 협상력(bargaining power) 등을 통해 거래기업 및 거래조건을 결정하는 기업간 판매·구매를 위한 거래위주의 형태로부터, e-비즈니스의 정보수단을 통해 기업들이 가지는 핵심역량 위주의 기능영역에 대해 상호의존적 협력관계를 가지는 협업거래(c-commerce: collaborative commerce)의 형태로 발전한다. 이는 단일기업 뿐만 아니라 여러 기업의 거래관계로 구성되는 공급사슬 또는 가치사슬 전체의 효율화를 추구한다.

(3) 협업을 이루는 기업들이 공급자와 구매자 상호간에 정보공유 또는 정보시스템의 상호연계, 내·외부 업무프로세스의 통합 등을 이루어감으로써 거래위주의 통합에서 업무적·기능적으로 거래기업들과 통합적 협업의 형태로 발전한다. 통합적 협업의 단계에서는 서로 통합·연계된 내·외부 업무프로세스와 기업간 정보시스템(IOS 또는 IOIS: inter-organizational information system)을 통해 제품의 개발, 생산, 물류, 판매 등의 여러 분야에서 기업간 공동작업이 활발해진다.

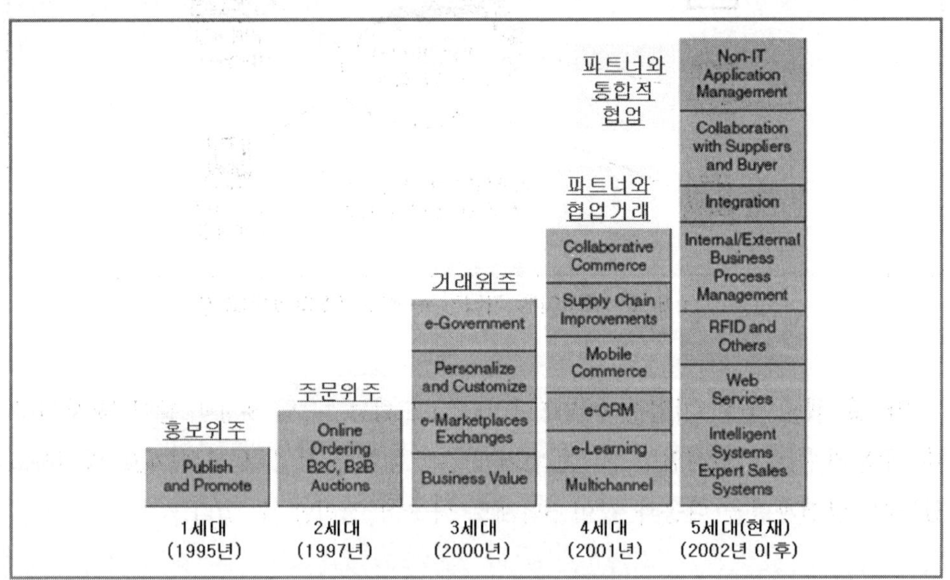

그림 8-3 — 인터넷을 통한 기업간 e-비즈니스의 발전

8.2 기업간 상거래와 e-마켓플레이스

기업간 상거래는 전통적으로 즉시구매 및 전략구매로 구분되는 특징을 가진다. 그리고 기업간 상거래에서 거래되는 상품을 크게 직접재와 간접재로 나누고 있으며, 흔히 기업의 구매·자재 관리의 업무에서도 직접재와 간접재를 분리하는 경우가 많다. e-마켓플레이스도 이러한 전통적인 분류방식에 따라 분류하기도 한다.

(1) 즉시구매와 전략구매

기업간 상거래에서 이루어지는 구매를 즉시구매 또는 전략구매로 분류하기도 한다. 즉시구매는 현장구매(spot buying)라고도 하며, 필요할 때 마다 해당 상품 또는 서비스를 구매하는 단기적인 구매에 해당하는 경우이다. 즉시구매에서는 일반적으로 시장가격(prevailing market prices)으로 거래가 되거나, 또는 경쟁에 의한 가격에 의해 거래가격이 정해진다. 경쟁에 의한 거래가격의 결정은 흔히 다음과 같은 거래자 선정과정으로 통해 이루어진다.

- 입찰(bidding) 또는 역경매(reverse auction)와 같이 판매자간 경쟁을 유발하는 경쟁과정을 통하여, 구매자는 공급가격을 포함하는 판매조건을 구매자에게 유리하게 제시한 판매자를 선정
- 판매자의 상품판매를 위한 경매(auction)에서, 판매자는 판매자에게 유리한 구매조건을 제시한 구매자를 선정

전략구매(strategic sourcing 또는 systematic sourcing)는 특정(또는 특정 그룹의) 판매자(공급자)에 국한하여 비교적 장기적인 계약(long-term contracts)에 의해 실행되는 구매이다. 최근 기업간 제휴 또는 협업 등이 보다 요구되는 공급사슬관리(supply chain management) 또는 효율적인 공급자관리(SRM: supplier relationship management)의 입장에서 구매자-공급자간 신뢰(trust)가 요구되는 전략구매가 보다 중요하게 다루어지고 있다.

(2) B2B 시장의 거래상품

기업간 상거래에서 거래되는 상품을 흔히 직접재(direct materials)와 간접재(indirect materials)로 나누기도 한다. 직접재는 구매기업의 상품생산에 직접 투입되는 원자재, 부품 등의 자재를 의미하며, 자동차생산에 투입되는 철강재나 서적출판에 사용되는 종이 등이 해당된다. 간접재는 상품생산에 직접 필요한 자재는 아니라 생산을 지원하는데 사용되는 자재로서, 사무실에서 사용되는 사무용품이나 전구 등이 해당된다. 일반적으로 직접재는 전략구매를 통해 조달하는 경향이 크고, 간접재는 즉시구매를 활용하는 경향이 있다.

기업의 구매상품으로 흔히 MRO(maintenance, repair, and operation)라고 불리는 상품은 간접재를 의미한다. MRO는 일반적으로 '소모성 자재'를 일컫는데, 생산에 투입되는 원자재를 제외한 다양한 종류의 기업소모성자재 또는 기업운영자재를 말한다. 일반적으로 기업들은 다양한 MRO 상품의 구매·재고 관리에 대행업체를 활용하는 경우가 많으며, 이를 대행하는 전문업체를 'MRO기업'이라 한다. MRO에는 필기구·복사용지·프린터토너 등의 사무용품이 대표적이며, 청소용품과 각종 설비나 장비를 정비하는데 사용하는 공구, 기계부품에 이르기까지 매우 다양한 종류의 상품이 포함된다.

(3) B2B 거래분야와 e-마켓플레이스

기업간 상품거래가 이루어지는 e-마켓플레이스는 거래되는 상품의 영역에 따라 '수직적(vertical) e-마켓플레이스' 및 '수평적(horizontal) e-마켓플레이스'로 나누기도 한다. 수직적 e-마켓플레이스는 단일산업의 영역 또는 단일산업의 일부영역에 해당하는 제품이 전문적으로 거래되는 e-마켓플레이스이다. 예를 들어 정유산업, 물류산업, 건설산업 분야의 기업간 상품거래를 각각 중개하는 Worldoil(worldoil.com), KILC(www.kilc.co.kr), Buzzsaw(www.buzzsaw.com), 등이 해당된다.

수평적 e-마켓플레이스는 여러 또는 모든 산업분야에 공통적으로 사용되는 자재·설비(사무용품, PC 등)나 서비스 등이 거래되는 e-마켓플레이스를 뜻한다. 특정 산업분야에 국한되지 않은 MRO 전문사이트인 아이마켓코리아(www.imarketkorea.com), 엔투비(www.entob.com) 등이 해당된다.

(4) e-마켓플레이스 형성 및 확대의 동인

한국 및 인근국가의 사례를 보더라도(〈표 8-2〉 참조), e-마켓플레이스를 통해 인터넷을 통한 기업간 e-비즈니스의 거래규모는 일반적인 경제성장률을 훨씬 상회하는 폭으로 증가하고 있다. 이와 같이 인터넷을 통한 B2B e-비즈니스를 위한 e-마켓플레이스 형성과 확대의 동인(drivers)이 되는 사항을 다음과 같이 열거할 수 있다.

표 8-2 한국 및 중국의 B2B e-비즈니스 거래규모 및 성장률

연도		2007	2008	2009	2010	2011
거래액	한국(조원)	464.5	560.3	593.0	747.1	912.6
	중국(조위안)	2.21	2.80	3.28	3.80	4.90
전년비 증가율	한국(%)	26.8	20.6	5.8	26.0	22.1
	중국(%)	72.7	26.7	17.1	15.9	28.9

- **공급자 및 구매자의 선택폭 확대**

공급자 및 구매자는 인터넷을 통해 기존의 거래처 이외에 각각 새로운 구매자 및 새로운 공급자를 발굴할 수 있으며, 이를 통해 각각 마케팅기회 또는 구매협상력을 확대할 수 있다.

- **인터넷을 통한 기업간 상호작용(interactivity) 증가**

e-마켓플레이스를 통해 공급자 또는 구매자의 신속한 검색, 시장정보의 원활한 획득, 맞춤식 온라인 카탈로그의 제공과 활용, 기업간 협업의 증가 등과 같이 기업간 상호작용이 온라인을 통해 활발해진다.

- **효율성 및 비용절감**

기업간 거래의 투명성 증가, 경쟁모델(역경매, 입찰 등)을 통한 구매가격 인하, 거래절차의 신속한 처리, 거래비용의 절감 등을 기대할 수 있다.

- **새로운 수익의 원천**

e-마켓플레이스를 통한 구매·판매 효율화, 거래기회 확대 등의 단계에서 온라인 거래수수료 등의 수익기반을 통한 비즈니스모델로 확대될 수 있다.

• **정부정책 및 공익적 관점**

디지털기반의 확대, 거래 투명성 등과 같은 정부정책은 e-마켓플레이스를 통한 기업간 e-비즈니스의 확대를 가져온다.

8.3 기업간 e-비즈니스의 구성 및 처리과정

8.3.1 e-마켓플레이스의 역할과 구성

e-마켓플레이스(electronic marketplace)는 단어상의 의미로 '인터넷상에서 개인이나 기업 등의 다수 공급자(판매자)와 구매자가 서로 접촉하고 거래를 이룰 수 있도록 해주는 온라인상의 시장'으로 이해할 수 있다. 그런데 e-비즈니스분야에서 이러한 기능과 서비스가 제공되는 인터넷사이트는 (특히 한국의 경우에는) '오픈마켓(open market)'이라는 용어로 불리어지고 있다. 이에 반해 e-비즈니스분야에서 흔히 e-마켓플레이스라는 용어는 B2B e-비즈니스가 실행되는 인터넷사이트를 의미하고 있는데, 본서도 이를 따르기로 한다.

(1) 사설 및 공용 e-마켓플레이스

e-마켓플레이스를 운영하는 주체에 따라 전용 또는 공용 e-마켓플레이스로 나누는데, 공급자와 구매자의 구성도 각기 다른 형태를 가진다.

■ **사설 e-마켓플레이스**

사설(private) e-마켓플레이스는 개별기업이 직접 e-마켓플레이스를 운영하는 주체가 되는 경우이다. 사설 e-마켓플레이스는 개별 기업이 구매와 판매를 위해 직접 운영하는 e-마켓플레이스로서, 전용 e-마켓플레이스 또는 기업중심(company-centric) e-마켓플레이스로 불리기도 한다. 사설 e-마켓플레이스는 원·부자재의 구매를 위한 구매중심(buy-side) e-마켓플레이스 및 제품의 판매를 위한 판매중심(sell-side) e-마켓플레이스로 나눌 수 있다.

일반적으로 구매중심 e-마켓플레이스는 여러 공급자를 대상으로 하고, 판매중

심 e-마켓플레이스는 여러 구매자를 대상으로 한다. [그림 8-1]의 공급·유통 흐름의 순서에 따라 [그림 8-4]에서와 같이 구매중심 e-마켓플레이스는 N:1 형태의 e-마켓플레이스, 판매중심 e-마켓플레이스는 1:N 형태의 e-마켓플레이스로 표현하기도 한다.

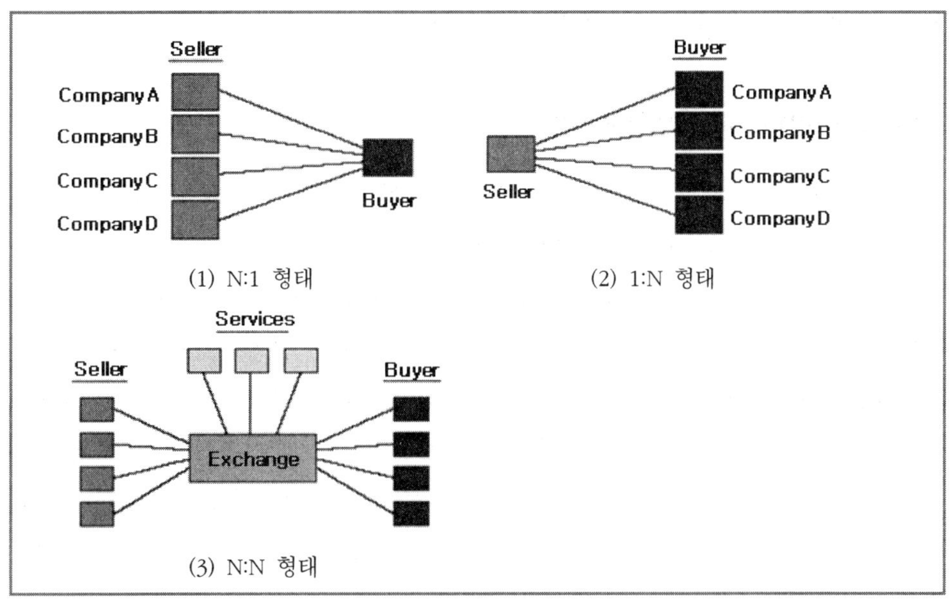

그림 8-4 — e-마켓플레이스의 구성

■ 공용 e-마켓플레이스

한편 개별기업이 아니라 여러 기업의 구매 또는 판매를 중개하는 공용 (public) e-마켓플레이스는 중개자중심(intermediary-centric) e-마켓플레이스, 개방형 e-마켓플레이스, 또는 익스체인지(exchange, 거래소) 등으로 불리기도 한다. 공용 e-마켓플레이스는 구매 또는 판매를 위한 여러 기업의 거래를 중개하는 중개자, 즉 구매자 또는 판매자가 아닌 제3자가 e-마켓플레이스의 운영주체가 된다.

제3의 단일주체가 공용 e-마켓플레이스를 운영할 수도 있으나, 컨소시움(consortium)에 의해 조성된 조직체(기업 등)에 의해 운영되기도 한다. 일반적으로 공용 e-마켓플레이스는 모든 기업에게 구매 또는 판매를 위한 참여가 개방된다. [그림 8-4]에서와 같이 공용 e-마켓플레이스는 N:N 형태의 e-마켓플레이스로 표현된다.

B2B 거래를 위한 사설 e-마켓플레이스, 익스체인지 등의 e-마켓플레이스인는

오프라인(off-line) 상의 기업간 거래에 존재하는 물적 유통단계를 줄여주는 중간상소멸(dis-intermediation) 효과를 가진다. 즉, 인터넷상에서 기존의 유통 중개자(traditional intermediary)를 통하지 않고 인터넷을 통해 보다 폭넓은 판매자 및 구매자와 직접 거래를 할 수 있는 채널이 될 수 있다. 특히 공용 e-마켓플레이스인 익스체인지는 B2B 거래의 정보중간자(infomediary)의 역할은 물론 지불, 배송, 시장정보제공 등 다양한 지원서비스를 제공한다.

(2) 전자구매와 e-마켓플레이스

기업의 구매조달은 구매부서와 외부 공급자간의 구매주문(purchase order)과 납품(delivery)의 주요 단계를 포함하여 기업내 거의 모든 부서(자재 사용부서, 자재 재고관리부서, 구매부서, 회계·자금 부서 등)가 관련되어 있다. 따라서 구매조달의 효율성을 위해 정보시스템이 중점적으로 활용되는 분야이기도 하다. 기업의 전통적인 구매조달(또는 구매) 프로세스를 도식화하면 [그림 8-5]와 같이 사용부서(user), 재고관리부서(storage), 구매부서(purchasing), 회계부서(accounting) 등의 내부기능과 외부공급자(supplier) 간에 이루어지는 업무절차로 표시할 수 있다. 지불처리, 배송 등을 위해서는 외부의 금융기관, 운송사 등과의 업무처리도 필요할 것이다.

전통적인 구매조달시스템의 범위는 기업내부의 절차에 중점을 두어 왔으며, 구매부서와 외부 공급자간의 업무처리는 사실상 오프라인으로 처리되어 왔다. 인터넷을 통한 구매중심 e-마켓플레이스는 이러한 기업내부의 전통적인 구매조달시스템이 인터넷 웹 시스템을 통해 기업 외부의 여러 공급자들과 온라인으로 연결되는 것으로 이해할 수도 있다.

N:1 형태의 구매중심 e-마켓플레이스는 전자조달(e-procurement) 또는 전자구매(e-purchasing)를 위해 만들어진 인터넷상의 웹(web) 시스템으로서, 이를 갖춘 기업은 공급자(판매기업)와 구매조달에 필요한 정보의 교환 및 처리를 통해 기존의 구매·조달 업무를 전자적으로 수행하게 된다. 구매입찰 공고, 견적요청(RFQ: request for quotient), 제안요청(RFP: request for proposal), 역경매 또는 입찰의 처리, 주문 및 지불, 배송 및 입고, 정산 등이 전자적으로 처리가 이루어지는 사항들이다. 최근 일정수준 이상의 규모를 갖춘 기업에서는 [그림 8-6]의 사례에서

볼 수 있는 구매중심 e-마켓플레이스를 활용하고 있다.

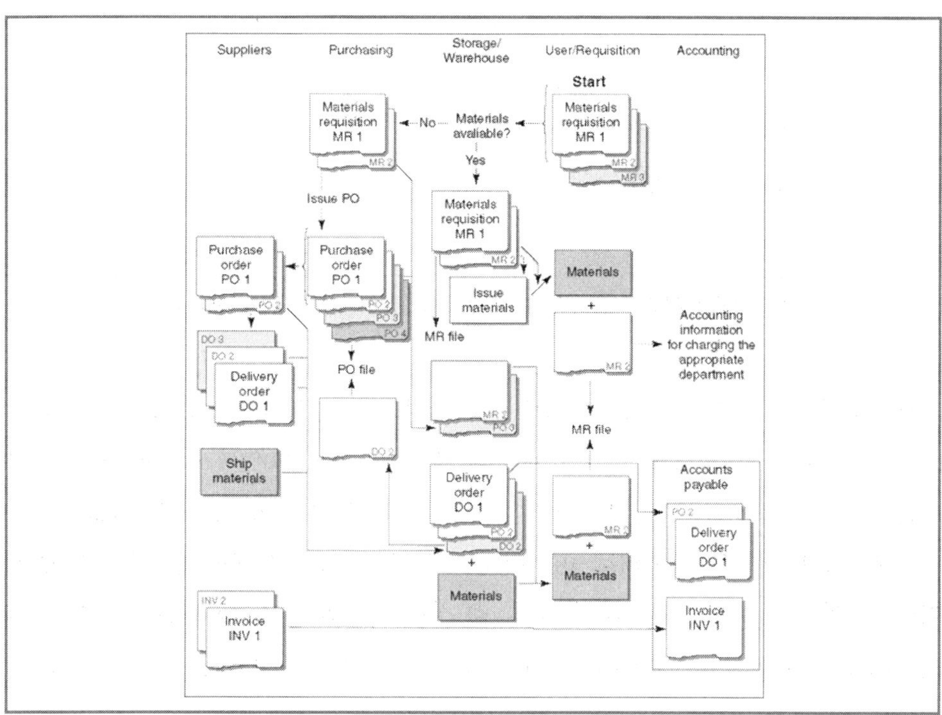

※ 그림 8-5 — 기업의 일반적인 구매업무 프로세스 사례

※ 그림 8-6 — 국내기업의 구매중심 e-마켓플레이스 사례

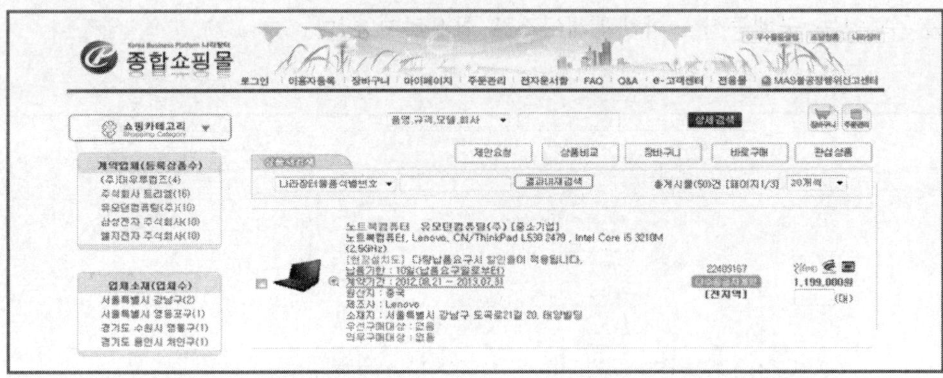

❁ 그림 8-7 — 데스크톱 구매를 위한 통합 전자카탈로그 사례(나라장터)

구매중심 e-마켓플레이스는 기업내부의 전자구매 방식인 '데스크톱 구매(desktop purchasing)'로 확장될 수 있다. 데스크톱 구매는 구매부서가 여러 외부 공급자들의 전자카탈로그를 선별·조정·통합한 전자카탈로그(integrated e-catalog)를 사용부서에게 제공하는 형태로 이루어지며, [그림 8-7]의 사례를 참고할 수 있다. 기업내부의 사용부서는 인트라넷(Intranet) 상에서 통합된 전자카탈로그를 통해 마치 쇼핑몰에서 상품을 주문하듯이 편리하고 신속하게 구매절차를 수행할 수 있다.

(3) e-마켓플레이스를 통한 판매

판매중심 e-마켓플레이스는 기업이 다수의 기업에게 자신의 상품을 비롯한 제반 물자를 판매하기 위한 1:N 형태의 사설(private) e-마켓플레이스이다. 판매의 대상은 기업의 상품을 비롯하여 생산과정에서 발생하는 각종 부산물, 교체설비 등 다양한 품목이 포함되는 경우가 많다. 상품 위주의 판매를 위한 e-마켓플레이스의 사례로 델 사이트(dell.com)를 들 수 있다. 그리고 [그림 8-8]에서 예시한 기업의 판매사이트 사례는 주요 상품을 비롯한 제반 부산물 등을 함께 판매하는 사례가 될 수 있다.

판매상품이 최종소비자가 구매할 수 있는 소비재상품인 경우, 판매중심 e-마켓플레이스는 B2B 판매뿐만 아니라 B2C 판매도 함께 처리할 수 있다. e-마켓플레이스의 활용 이외에, 최근에는 중소규모의 기업이 오픈마켓(open market)에 입주하여 인터넷을 통한 B2B 및 B2C 판매를 수행하는 경우도 빈번하다. 자체의 e-마켓플레이스를 통한 판매의 경우에는 기업내부의 생산·판매·출하·재고 등의 분야

에 해당하는 시스템과 서로 연동 또는 통합된 체계를 구성하는 반면, 외부의 오픈마켓을 통한 판매에서는 기업의 내부 시스템과 연계가 용이하지 않다.

그림 8-8 — 판매중심 e-마켓플레이스 사례(POSCO의 판매사이트)

8.3.2 e-마켓플레이스를 통한 거래처리

e-마켓플레이스(electronic marketplace)를 통해 이루어지는 상품의 거래처리를 크게 상품의 판매(공급)과 구매, 물류 및 배송, 대금결제로 나누어 볼 수 있다. 각각에 대해 [그림 8-4]에서 (3)의 형태를 갖는 공용 e-마켓플레이스를 중심으로 살펴보면 다음과 같다.

(1) 판매와 구매의 처리

공급기업(판매기업, 공급자) 및 구매기업(구매자)은 공용 e-마켓플레이스가 제공하는 거래중개 및 서비스를 통하여 판매와 구매를 수행한다. 공급기업 및 구매기업 각각이 e-마켓플레이스를 통해 처리하거나 정보공유가 필요한 사항들을 나열하면 다음과 같다.

■ 구매기업의 처리사항

- 입찰(또는 역경매) 공고: 구매희망 상품의 규격, 수량, 조건 등을 명시한 입찰(또는 역경매) 및 제안요청서(RFP) 공고

- 공급자선정: 역경매·입찰의 활용 또는 전자카탈로그를 통한 직접선정 (필요시 공동구매, 반복구매, 선납구매 등의 활용)
- 상품주문: 선정된 공급자에게 상품주문(수량, 납기, 지불 등 처리)
- 기타: 공급자관리(구매이력, 협력관계 등), 구매 사전·사후 관리 등

■ **공급기업의 처리사항**

- 전자카탈로그의 등록: 판매상품을 가격 등의 판매조건과 함께 등록
- 입찰(또는 역경매) 참여: 구매 입찰(또는 역경매)의 검색 및 참여
- 경매공고: 판매에 경매를 활용할 경우, 경매조건 등을 명시하여 공고
- 주문 및 배송: 판매내역 확인, 주문의 처리(배송, 수금, AS 등)
- 기타: 파트너관리(판매이력, 협력관계 등), 판매 사전·사후 관리 등

■ **구매기업에 대한 e-마켓플레이스의 처리사항**

- 공급자 선정과정(직접선정, 입찰, 역경매 등의 처리) 진행
- 주문의 접수 및 승인
- 배송정보 전달, 배송 및 납기 확인
- 대금정산 및 결제정보 관리
- 공급업체 정보 및 거래내역 관리
- 신규 등록제품 소개
- 기타 부가서비스 등

■ **공급기업에 대한 e-마켓플레이스의 처리사항**

- 구매자 선정과정(직접선정, 경매 등의 처리) 진행
- 구매주문(P/O: purchase order)(구매회사, 수량, 납기 등) 전달
- 배송의뢰: '3자물류(3PL)'방식의 경우, 공급사의 배송의뢰를 대행
- 대금정산 및 결제정보 관리
- 구매업체 정보 및 거래내역 관리
- 업계 또는 상품분야의 정보제공(수요예측, 업계 현황 등)
- 기타 부가서비스 등

(2) 주문이행, 물류 및 배송

구매고객 또는 구매기업의 상품주문에 따른 여러 주문사항(품질, 수량, 가격, 납기, 가격 등)을 수행하기 위해 공급기업이 실행하는 제반 사항을 주문이행(order fulfillment)이라고 한다. 이를 위해서는 주문상품의 생산·공급 일정관리, 품질관리, 재고관리, 물류·배송관리 등 여러 분야에서 체계적인 관리와 실행이 필요하다. 이중에서 물류 및 배송을 공급회사가 직접 실행하지 않고 외부 전문회사에 위탁하여 처리하는 경우를 3자물류 방식이라고 한다.

물류 및 배송의 직접실행은 상품주문에 따른 해당 물품의 구매자에 대한 배송을 공급자가 직접 실행하는 경우이다. 즉 공급자로부터의 출고·선적 및 구매자에게 배송·납품하는 단계까지 대개 자신의 운송수단을 활용하는 경우가 직접실행이라고 할 수 있다. 3자물류(3PL: 3'rd party logistics)는 공급자나 구매자가 아닌 3자(3자물류 업체)가 물류 및 배송을 수행하는 방식이다. 이때 e-마켓플레이스는 직접배송에 따른 배송관리시스템을 지원하거나, 3자물류 업체를 알선·관리하는 역할을 수행할 수 있다.

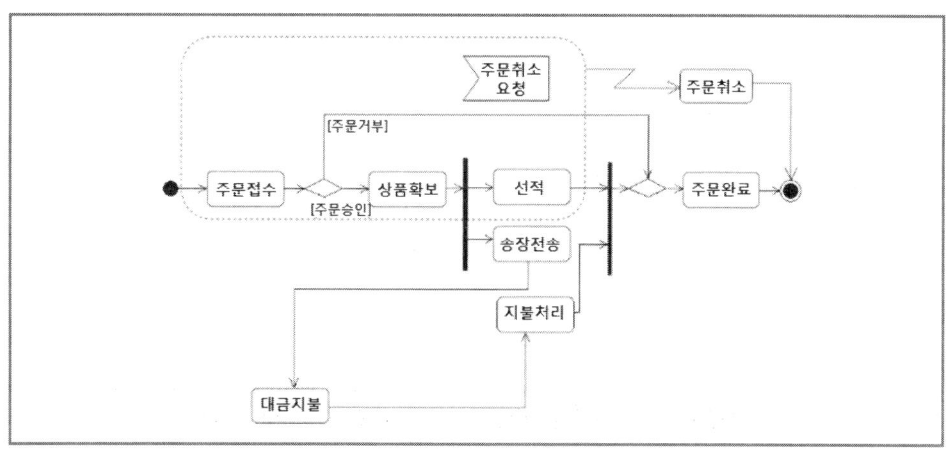

그림 8-9 — 상품주문 및 주문이행 과정의 사례

물류 및 배송을 비롯한 주문이행의 효율성을 위해서는 물류센터를 통한 보관 및 환적 체계, 수송수단의 배송체계 등을 포함하는 물리적인 관리방식에 덧붙여, 주문처리·사전출하통보(ASN: advanced shipping notice)·송장(invoice) 등에 이르

기까지 주문이행 전반에 걸친 가시성(visibility)을 확보하는 것이 중요하다([그림 8-9] 참조). 주문이행 가시성은 공급자, 구매자, 배송업체 등간에 협업으로 이루어지는 주문이행의 현황파악을 위한 정보를 확보하는 것을 의미한다. e-마켓플레이스는 이러한 가시성을 확보하여 효율적 주문이행을 주도할 수 있으며, 구매자 또는 구매고객에게 주문이행 경과를 신속하게 피드백(feedback)할 수 있다.

(3) 대금결제

기업간 상거래를 위해 e-마켓플레이스에서 가능한 대금결제(지불) 방식은 전자수표, 기업구매카드, 전자자금이체 등과 같은 전자지불방식을 활용하여 구매기업이 판매기업에게 직접 구매대금을 결제하는 방식, 그리고 e-마켓플레이스가 판매기업과 구매기업의 중간에서 대금결제를 매개하는 방식이 있다. e-마켓플레이스가 대금결제를 매개하는 방식으로는 일반적으로 에스크로(escrow)방식을 활용한다.

기업구매카드는 기업간 거래의 지불편의를 위한 것으로 일반 신용카드와 비슷한 방식으로 이루어지며, 공급자(판매자)가 부담하는 지불수수료는 시중 이자율과 연동하는 경우가 많다. 또한 구매기업 및 판매기업이 모두 특정 금융기관의 해당 서비스에 가입한 경우에 가능하다. 기업구매카드의 지불처리 과정은 [그림 8-10]과 같이 설명된다.

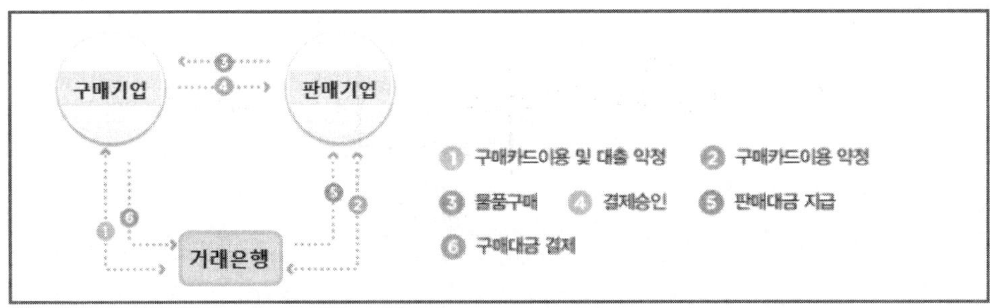

그림 8-10 — 은행을 통한 기업구매카드 지불서비스 사례

에스크로방식은 매매보호 거래방식 또는 결제대금예치제 등으로 불리기도 한다. 판매기업과 구매기업이 보호받을 수 있도록 공신력있는 은행 등이 거래대금 결제를 중계하는 개념으로, 구매기업이 상품을 정상적으로 받았다고 통보하면 비로소 판매기업에게 대금을 지불하는 결제서비스이다. 배송이 정상적으로 완료되

면 판매자 계좌로 입금되기 때문에 제품을 받지 못하거나 반품할 경우 금융기관으로부터 즉시 환불되는 방식이다. 최근에는 e-마켓플레이스가 판매자 또는 공급자에게 에스크로 지불서비스를 직접 제공하는 경우가 많다.

8.4 기업간 협업적 거래와 e-마켓플레이스

(1) 기업간 협업과 가상기업

협업(collaboration)은 연구개발, 제조, 마케팅 등에 특화된 핵심 역량분야를 수행하는 전문기업들이 공공의 목표를 위해 상호간 협력하는 방식이다. 영화분야에서 촬영, 조명, 의상, 대본, 감독 등을 각기 수행하는 전문기업 또는 전문가들이 서로 협력하여 특정 영화제작을 수행하는 경우를 사례로 들 수 있다. 협업은 시장확보 또는 기업경쟁력을 위한 프로세스의 강화를 위해, 주어진 목적의 달성에 필요한 핵심경쟁력을 가진 기업들이 모여서 협력하는 것이라고 할 수 있다([그림 8-11] 참조).

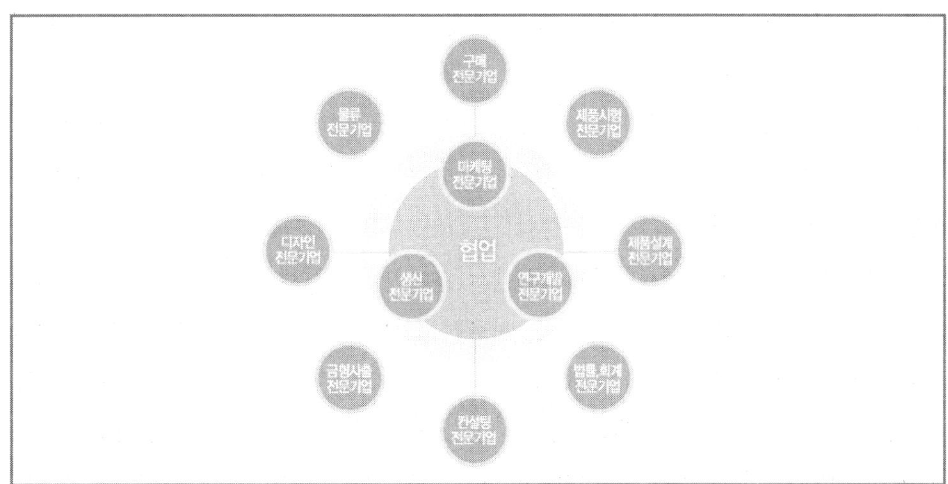

그림 8-11 — 기업간 협업의 범위 및 구성

협업에 참여하는 기업들은 자금과 위험을 분담하면서 신속하고 유연하게 공동

의 목표를 위해 각자의 역할을 수행한다. 기업간 협업을 추구하는 실제 사례를 다음과 같이 들 수 있다.

- **Boeing**: 항공기 제조회사로서, 첨단 CAD시스템인 CATIA와 PDM 등을 통해 협력업체, 부품공급업체, 디자인팀, 공장 등을 정보네트워크로 연결하여 항공기의 설계, 부품조달, 생산에 걸친 정보를 공유하여 개발기간 단축, 부품 정밀성, 항공기 안전성, 비용절감 효과를 추구
- **Dell**: 컴퓨터 생산업체로서 인터넷(www.dell.com)을 이용한 직판모델 구축하고 부품생산자, 부속물(accessory)생산자 등과 인터넷을 통한 정보네트워크를 통해 브랜드와 마케팅을 제외한 다른 부문들에 대해 아웃소싱 업체와 협업을 수행
- **Nike**: 스포츠용품 시장에서 자사의 강력한 브랜드파워 및 생산업체와 협업을 통해 비용효율성을 도모하며, 웹사이트(www.nikeid.com)와 실시간 디자인 프로그램을 도입하여 대량맞춤 체제를 도입

이상의 사례는 기업간 협업에서 협업을 주도하는 기업이 존재하여, 다른 참여기업들에 대해 시장주도적, 기술적, 문화적 기반 등을 제공하는 형태이다. 협업의 주도기업 입장에서는, 핵심역량 위주로 사업을 보유하고 비핵심역량은 전략적 제휴관계를 가지는 타기업과 아웃소싱의 형태로 해결하는 형태로 해석할 수 있다. 이러한 주도기업의 협업형태 이외에도, 기업간 협업의 구성이 협업에 참여한 기업 모두가 평등하게 공동체를 형성하거나 또는 협업을 중계하는 역할에 의해 구성될 수도 있을 것이다.

핵심역량(core competency)의 관점에서 본다면, 협업에 참여하는 개별 기업은 핵심역량 위주로 사업을 수행하거나 보유하고, 비핵심역량은 전략적 제휴형태의 협업관계를 가지는 타기업에 아웃소싱하는 형태로 해석할 수 있다. 그리고 기업간 협업으로 구성된 연합체를 흔히 가상기업이라고 하는데, 가상기업(virtual enterprise)이란 시장에서의 특정한 비즈니스 기회를 추구하기 위해 상호보완적인 핵심역량을 가진 기존의 또는 새로운 비즈니스 파트너들과 구성하는 일시적(temporary) 및 동태적(dynamic) 연합체 형태를 의미한다.

(2) 협업거래와 e-마켓플레이스

인터넷과 B2B e-비즈니스는 기업간 거래에서 거래 파트너와 보다 효과적인 상호작용을 가능하게 하고, 가치사슬상의 새로운 비즈니스모델을 실현할 수 있는 수단으로 인식되고 있다. 디지털 네트워크를 통해 전 세계의 기업과 실시간으로 연결이 가능하므로, 개별 기업들이 가치사슬상의 주요 기능을 직접 소유하여 실행하지 않고, 전략적 제휴 및 아웃소싱을 통해 보다 효율적으로 기업 성과를 제고시키는 것이 가능해졌기 때문이다.

인터넷을 활용한 기업간 거래에서 단순한 상품거래뿐만 아니라, 업무처리 프로세스가 다수의 기업간에 연결되어 통합되는 이루어지는 형태로 발전되기도 한다. 이와 같은 형태를 '협업거래' 또는 '협업적 거래'라고 하는데, 협업거래(c-commerce: collaborative commerce)는 "정보기술을 활용하여 다수의 조직(기업)간에 이루어지는 업무처리과정(process)이 가능하도록 사업적 협력관계(business relationship)를 밀접하게 통합하고 관리하는 것"으로 폭넓게 정의될 수 있다.

협업거래의 범위는 '상품의 판매와 구매'는 물론 여러 조직(기업)간에 이루어지는 전략수립 및 계획, 상품 설계 및 개발, 서비스의 제공 등 다양한 분야에서 이루어질 수 있다. 시장요구의 대응에 필요한 여러 영역 중에서 구매, 물류, 생산, 마케팅 등을 외부의 전문기업과 협업거래를 통해 처리한다면, 기업의 운영체계를 [그림 8-12]와 같이 표현할 수도 있다. 비교적 단순한 형태의 협업거래의 운영사례를 들면 다음과 같다.

- 공급사슬상의 공급자재고관리(VMI)에서 자재의 재고·수주 관리를 공급기업의 직원이 '공급기업-구매기업'간 통합연계된 시스템('공급기업의 판매·출하' - '구매기업의 구매·입고')을 통해 관리
- 물류처리를 엑스트라넷(Extranet)을 통해 3자물류(3PL) 기업에 요청하는 방식으로 처리

협업거래를 이루는 여러 기업들은 서로 유기적으로 결합하여, 특정 제품과 서비스를 고객에게 제공하기 위하여 마치 1개의 조직체처럼 운영되는 것이 이상적인 형태이다. 여러 기업에 의해 이루어지는 협업거래 형태는 특정한 비즈니스 목

적을 이루기 위해 구성되는 가상기업이 정보기술 기반을 통해 이루어지는 형태와 사실상 동일하다.

이와 같은 협업거래 및 가상기업의 구성·운영·해체를 위한 정보기반의 촉진자 역할을 e-마켓플레이스의 확대된 기능범위에 포함시키기도 한다. e-마켓플레이스가 협업거래 또는 가상기업의 기반역할을 수행하기 위해서는 협업거래에 필요한 정보기술 기반, 거래·주문 및 업무처리흐름(business process flow) 등의 협업적 업무처리기반, 기업간 협력관계의 조성을 위한 신뢰(trust) 체계, 특정 산업분야에서의 전문성(domain expertise) 등을 확보하는 것이 필요하다.

협업거래 및 가상기업을 지원하는 e-마켓플레이스는, 확장된 기업형태(extended enterprise)로 볼 수 있는 단위공급사슬에서도 적용이 가능할 것이다. 특정 공급사슬의 전체(end-to-end)에 대하여, 협업거래를 지원하는 정보기반 허브(e-hub)로서 공급사슬관리에 필요한 기업간 정보와 거래의 흐름을 e-마켓플레이스가 통합하여 지원함으로써 개별 공급사슬 전체의 성과를 최적화 또는 스마트하게 하는 역할을 기대할 수 있다.

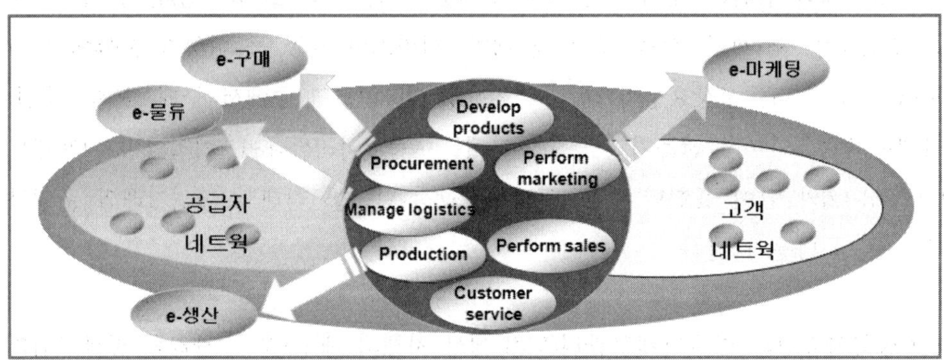

그림 8-12 — 협업거래의 구성사례

사례 8-1 •• 中 7천만 中企와 성장… '한국판 알리바바'는 왜 없나

—세계 최대 전자상거래업체 알리바바닷컴 시가 총액, 상장땐 페이스북 추월할 듯—

"세계에서 가장 큰 시장(The World's greatest bazzar)", 영국의 경제전문지 이코노미스트가 중국의 인터넷기업 '알리바바닷컴(alibaba.com)'에 달아준 수식어다. 곧 기업공개에 나설 알리바바닷컴의 예상 시가총액은 550억~1200억 달러. 페이스북(10일 현재 633억 달러)을 뛰어넘을 기세다. 대중에겐 생소한 기업이 이렇게 높은 평가를 받는 이유는 세계 최대 인터넷 전자상거래 업체이기 때문이다. 알리바바닷컴 계열 서비스의 거래액(연간 1700억달러)은 인터넷 전자상거래의 대명사인 미국의 이베이(eBay)나 아마존닷컴(Amazon.com)을 합친 것보다도 크다.

1998년 12월 중국 항저우(杭州)의 한 아파트 골방에서 탄생한 알리바바닷컴이 10여년 만에 세계최대 인터넷상거래 업체가 된 비결은 7000만개에 이르는 중소기업(회원수 기준)들을 촘촘하게 엮어낸 방대한 '기업간(B2B) 전자상거래 네트워크'다. 자칭 인터넷강국인 한국엔 왜 이런 기업이 등장하지 못한 걸까. 알리바바닷컴의 성공은 중소기업과 대기업 상생 해법을 고민하는 한국에 많은 시사점을 던져준다.

◇ 중국 중소기업의 판로 개척 허브 역할

알리바바닷컴의 성공은 중소기업을 떼놓고 생각하기 어렵다. 알리바바닷컴이 급성장한 것은 중국이 '세계의 공장'으로 부상한 2000년대 초중반. 개혁·개방 이후 우후죽순처럼 생겨난 중국의 중소·벤처 기업들이 판로와 소재 공급처를 찾아 허우적댈 때, 알리바바닷컴은 인터넷의 힘으로 이들을 국내외 바이어와 기업에 연결해주는 '허브(hub)' 역할을 했다.

알리바바닷컴은 전자상거래를 못 미더워하는 중국인과 중국 기업들을 위해 알리페이(Alipay)라는 지불결제 서비스를 제공했고, 기본 서비스를 모두 무료로 제공해 중국 중소기업들의 마음을 사로잡았다. 세계무대로 승천하는 중국 중소기업들의 마케팅·조달 인프라 역할을 하면서 스스로도 큰 성공을 일궈낸 셈이다. 컨설팅업체 맥킨지는 "알리바바닷컴은 세계최초로 1조 달러의 거래액을 돌파하는

전자상거래 기업이 될 가능성이 높다"고 평가했다.

◇ **중소기업 키우려면 '한국판 알리바바' 있어야**

우리나라도 연간 전자상거래 규모가 1400조원(2012년)이 넘는 전자상거래 강국이지만, 알리바바닷컴처럼 중소기업들을 위한 강력한 B2B 전자상거래 기업이 나타나지 못했다. 이유가 뭘까. 한 업계 관계자는 "2000년대 초중반 한국에도 중소기업과 자영업자를 대상으로 하는 B2B 전자상거래 벤처 붐이 일었지만, 대기업들이 인터넷을 통한 MRO(소모성 자재 공급) 사업에 대거 나서면서 성장의 싹이 꺾인 측면이 있다"고 말했다.

MRO란 대기업이 사무실 비품 등을 대량으로 구매해 공급받는 일종의 대리구매 사업이다. LG그룹의 서브원이나 과거 삼성그룹 계열이었던 아이마켓코리아가 대표적. 가뜩이나 우리나라 중소기업들이 대기업 의존적으로 커온 상황에서, 대기업들이 B2B 전자상거래 시장마저 장악해갔다는 얘기다. 국내 중소기업 입장에선 판로 개척이나 소재·중간재 조달에 있어 알리바바닷컴 같은 전자상거래 인프라를 등에 업은 중국 기업과 비교하면 불리할 수밖에 없다.

◂ 인용 : 조선비즈, 2013.04.10일자 ▸

사례 8-2 •• 포스코, 구글과 손잡고 제조업의 혁신 '제철소 IT화' 이룩한다

포스코는 미국 인터넷검색 서비스업체인 구글과 손잡고 '스마트 철강사'라는 비전을 향해 대대적인 역량쇄신에 나섰다. 포스코와 구글은 지난해 양사 핵심역량 교류를 통해 △글로벌 오퍼레이션 △창의적 협업 △지식근로자 등 새로운 경영 패러다임을 구축하고 기업가치를 획기적으로 개선하자는 내용의 양해각서를 체결했다. 이에 따라 포스코는 설비, 물류, 환경, 에너지, 안전 등 모든 분야에서 검색 및 지도와 3D기술 등 구글의 정보기술(IT)과 솔루션을 활용해 미래형 경영시스템인 'POSPIA 3.0'을 구축한다는 계획이다.

포스코는 또한 가상제철소(Digital Virtual Factory) 구현, 글로벌 물류모니터링 시스템 도입, 안전재해 예방시스템 구축, 통번역 기술 상용화, 선적·하역기 자동

화 등 난제로 남아있던 과제를 구글의 기술력을 활용해 중장기적으로 해결해 나갈 방침이다. 구글은 이미 개발되어 있는 소통, 협업 관련 솔루션을 포스코에 공급한 뒤 포스코가 새롭게 필요로 하는 IT를 개발해 공급할 계획이다.

이와 같은 과제가 해결되면 포스코의 사무와 조업 방식은 크게 바뀐다. 예를 들어 가상제철소를 3D로 모델링하면 설비도입, 장애 등을 사전 시뮬레이션으로 해결할 최적의 방법을 찾아낼 수 있다. 휴대전화 카메라를 이용해 개인별 ID확인 및 식별에 활용하거나 바코드를 스캔하며, 영상회의도 진행할 수 있게 된다. 구글이 제공하는 강력한 지도기능을 활용해 전 세계의 공장재고 파악과 제품이 운송되는 전 과정을 실시간으로 추적할 수도 있다.

이 밖에 조업중 위험장소 접근시 경고음이 울리는 가상차단장치(Virtual fence) 기술을 개발하는 등 직원들이 더욱더 쾌적하고 안전하게 근무할 수 있는 환경을 만드는 일도 가능해질 것으로 기대하고 있다. 세계각지에 흩어져 있는 포스코 임직원들은 가상공간에서 화상·음성채팅, 실시간 통번역 등의 기능을 통해 자유롭게 소통, 협업할 수 있게 된다.

포스코는 이를 위해 부서별로 미래형 최적 업무시스템 도입에 대한 아이디어 제안을 받아 100여 개의 협력과제를 발굴했다. 양사는 임직원들로 구성된 중장기 미래기술위원회 등을 통해 핵심과제를 선정해 공동 연구할 계획이다. 양사는 협업, 근무시간 관리, 의사소통방식, 사내 커뮤니티 활용, 회의시간 절약 등 혁신적으로 일하는 방식 및 창의적 기업문화와 관련한 다양한 주제도 교류한다.

정준양 포스코 회장은 "기술, 스피드, 개방성, 협업으로 대표되는 구글의 기업문화와 포스코의 비즈니스 역량을 결합해 양사가 상생하는 시너지를 창출하는 것은 대단히 의미있는 일"이라며 "구글과 포스코가 협력해 제철소의 IT화를 완성한다면 제조업의 혁신일 뿐만 아니라 새로운 기술시대를 여는 전환점이 될 것"이라고 말했다.

◂ 인용 : 동아일보, 2012.05.31일자 ▸

제9장 e-비즈니스와 공급사슬관리

특정 상품분야 또는 산업분야에서 원재료 공급으로부터 제품의 생산 및 최종고객의 완제품 구매·사용에 이르기까지 물자의 흐름으로 연결되는 모든 과정을 공급사슬(supply chain)이라고 한다면, 공급사슬 전체의 경쟁력 또는 효율성을 추구하는 분야가 공급사슬관리(supply chain management, 공급망관리)이다. 따라서 공급사슬관리의 지향점은 개별기업 또는 개별업무 만의 효율성이나 이득을 고려하는 것은 아니라고 할 수 있다.

현대 기업경영의 중요한 패러다임이라고 할 수 있는 핵심역량(core competency)을 통한 기업경영, 기업간 정보공유와 협업, 가상기업(virtual company) 등은 공급사슬관리의 특성과 방향을 동일한 선상에서 정리하게 한다. [그림 9-1]에서와 같이, 직접소유를 통한 수직통합의 공급사슬이 아니라 전문영역에 집중하는 여러 기업들이 협력관계로써 공급사슬을 구성하는 측면이 크다.

공급사슬관리에서 제반 문제해결을 위해 이루어지는 여러 분야의 다양한 접근방식에서 기반이 되는 사항은, 공급사슬을 이루는 기업간에 존재하는 '신뢰'와 '정보공유'로 요약할 수 있다. 신뢰(trust)가 공급사슬을 유지하는 기업간의 계약·약속·문화 등에 관련한 요소라고 한다면, 정보공유(information sharing)는 효율적인 공급사슬을 위한 제반 기법활용의 기초가 된다고 할 수 있다. e-비즈니스의 측면에서 지향하는 공급사슬관리는 기업간 정보공유 기반의 구성, 이를 통한 제반 기법의 활용이나 발견, 그리고 다양한 기법의 원활한 적용이 가능한 정보환경의 제공 등을 통해 공급사슬의 경쟁력을 추구하는 것이라고 정리할 수 있다.

전통적인 패러다임	직접소유와 여러 공급사슬 활동을 포괄하는 수직적으로 통합된 기업형태로써 시너지를 확보 (Firm gained synergy as a vertically integrated firm encompassing the ownership and coordination of several supply chain activities.)

현대적 패러다임	기업은 자신의 전문영역에 집중하며, 공급자 및 고객과 자발적이고 신뢰에 기반한 협력관계를 가지는 것 (Firm in a supply chain focuses activities in its area of specialization and enters into voluntary and trust-based relationships with supplier and customer firms.)

그림 9-1 ― 공급사슬 구성의 패러다임 변화

공급사슬관리에서 제시되는 제반 기법들의 대부분이 효과성 또는 효율성을 가지기 위해서는, 필요한 정보통신시스템의 구현이 선행되는 것을 전제로 하는 경우가 대부분이다. 그리고 생산과 소비 사이에서 공급사슬관리에서 추구하는 장소적·시간적 간격의 경제적인 극복에 대해 가장 효율적인 수단과 최선의 방법을 선택할 수 있는 정보의 전달과 처리는 정보통신시스템 및 e-비즈니스의 운영방식에 크게 의존하고 있다.

예를 들어, e-비즈니스의 발전은 개별 기업의 조립라인이 전체 공급사슬에서 원·부 자재를 즉시 공급받고 유통·마케팅 분야와 효과적인 조직화를 가능하게 한다. 즉, 타기업과 실시간 정보교환을 통해 기업 간에 유연한 주문과 공급을 가능하게 하고, 수요와 재고를 적절하게 조정할 수 있게 하여 공급사슬관리의 효율성을 증대시키고 있다. 전자데이터교환(EDI), 분산제어시스템(DCS), 온라인상의 출하상품 배송과정 추적 등과 같은 제반 e-비즈니스 정보기술 및 운영방식 등은 최근 공급사슬관리의 혁신을 이루어가는 주요 매개체(medium) 또는 가능자(enabler)가 되고 있다.

9.1 공급사슬의 구성

공급사슬(supply chain 또는 공급망)은 특정 상품분야 또는 산업분야에서 원자재업자로부터 제조업자, 유통업자, 고객에 이르기까지의 물자(material), 정보(information), 자금(money), 서비스(service) 등의 흐름을 지칭한다. 이러한 흐름으로 구성되는 공급망은 제품, 정보, 서비스 등을 원재료 공급부터 완제품을 최종 고객까지 생산하고 전달하는 조직(organization)과 과정(process)을 포함하게 된다. 즉, 생산자와 공급자뿐만 아니라 운송, 창고관리, 도매업자 그리고 고객들에 이르기까지 공급사슬을 구성하는 주요 참여자가 되며, 이러한 참여자 각각의 기능과 특성이 전체 공급사슬의 성격과 경쟁력을 결정하는 주요 요인이 된다.

(1) 정보공유 및 사슬효과

표면적으로 공급사슬의 구성은 상품생산과 유통을 위한 물자(material)의 흐름으로 인하여 원자재 공급자, 생산·분배·유통 등을 처리하는 기업, 최종소비자 등의 참여자들이 사슬(chain) 모양으로 연결되는 형태로 이루어진다. 공급사슬의 참여자 각각은 타 참여자와 거래(판매 또는 구매)의 관계로 연결되며, 거래관계를 가지는 참여자 상호간에는 거래상의 협상력확보를 위한 경쟁관계 또는 상호 신뢰관계를 가질 수 있다.

이와 같은 거래관계는 각 참여자를 연결시키는 마디(node)가 되며, 특정 제품분야 또는 산업분야에서 이러한 마디는 서로 연결되어 [그림 9-2] 또는 [그림 9-3]과 같은 사슬(chain)의 형태를 가지게 된다. 사슬로 연결된 여러 참여자, 즉 공급사슬 참여자의 경쟁력 또는 참여자 상품의 경쟁력은 크든 적든 간에 공급사슬의 타 참여자로부터 직접 또는 간접의 연쇄적 영향을 받게 되는데, 이와 같은 특성이 사슬효과(chain effect)이다.

공급사슬을 이루는 각 마디의 거래관계를 중심으로 주문이나 공급에 관한 여러 정보들을 중심으로 공급사슬의 정보공유(information sharing)가 이루어지게 된다. 정보공유는 거래관계에 있는 참여자간에 원자재공급이나 상품주문의 적정시점이나 적정량의 최적 의사결정, 정확한 수요예측 등에 가장 중요한 기초가 된다. 더욱이 마디 차원으로부터 나아가 공급사슬 전체 차원에서 이루어지는 정보공유의

효율적 기반은 공급사슬의 경쟁력확보에 기본적인 요건이 된다고 할 수 있다.

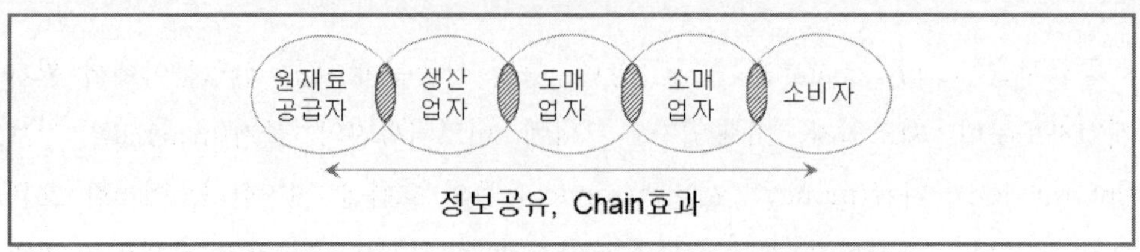

그림 9-2 ― 공급사슬의 기본적인 구성 및 정보공유

(2) 상류, 내부, 하류 공급사슬

공급사슬의 참여자는 공급사슬의 다른 참여자와 원재료 등의 필요한 물자를 외부로부터 조달(또는 구매)하거나, 또는 완성(제조)한 상품이나 서비스를 판매함으로써 다시 외부로 공급하게 된다. 여기서 전자에 해당하는 조달물자의 생산·공급에 요구되는 공급사슬의 범위가 상류 공급사슬(upstream supply chain)이며, 후자에 해당하는 판매제품의 구매업체로부터 최종소비자로 이어지는 범위가 하류 공급사슬(downstream supply chain)이다. [그림 9-2]에 표현된 전체 공급사슬에서, '도매업자'의 상류 공급사슬은 '원재료 공급자-생산업자'이고 하류 공급사슬은 '소매업자-소비자'이다.

한편, 공급사슬 참여자의 내부에서 입고분(원·부자재)을 출고분(상품)으로 전환하는 과정을 내부 공급사슬(internal supply chain)로 부르기도 한다. 내부 공급사슬의 구성은 조직내부에서의 물자흐름을 관리하는 여러 부서(구매부서, 자재부서, 생산부서, 판매부서 등)와 업무절차로 이루어진다. 내부 공급사슬을 포함하여 상류 및 하류의 공급사슬을 [그림 9-3]과 같이 도식화할 수 있다.

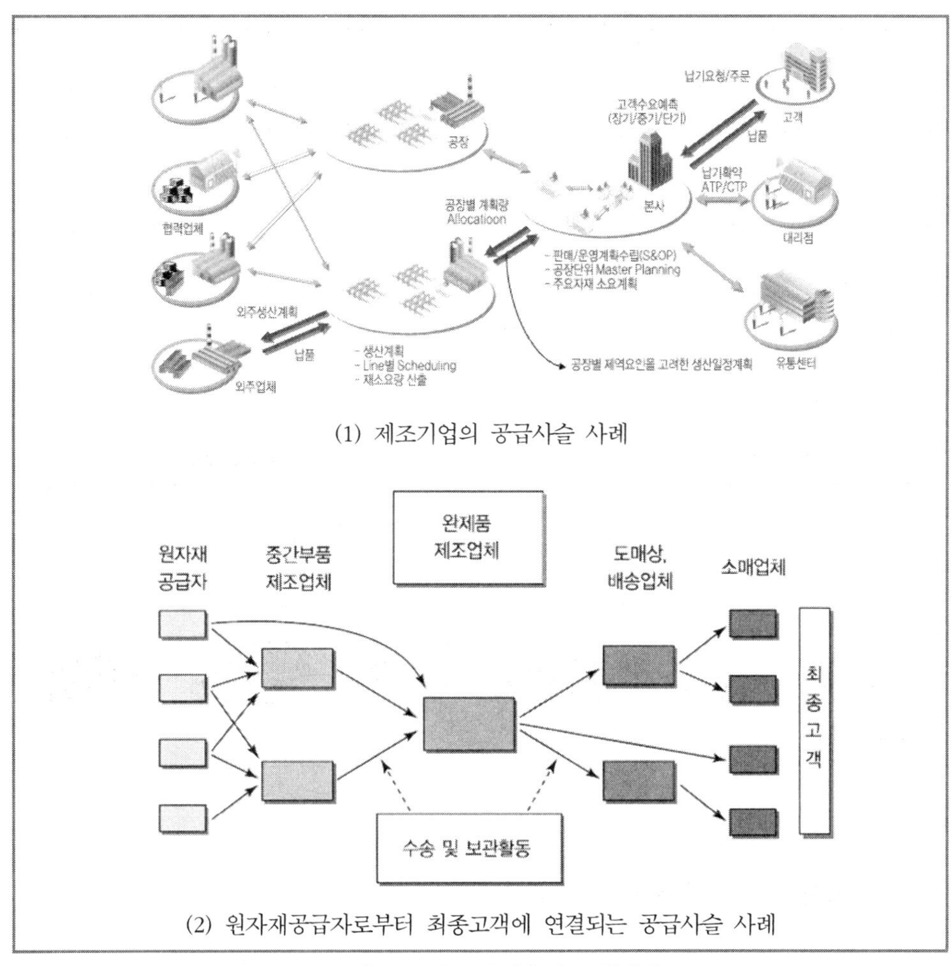

(1) 제조기업의 공급사슬 사례

(2) 원자재공급자로부터 최종고객에 연결되는 공급사슬 사례

❀ 그림 9-3 — 공급사슬의 구성사례

(3) 물자, 자금, 정보의 흐름

특정 상품분야 또는 산업분야의 공급사슬은 기본적으로 원재료, 부자재,상품 등의 '물자의 흐름(material flow)'으로 이루어진다. 참여자간의 물자흐름은 다음의 또 다른 종류의 흐름을 수반하게 된다.

- 판매와 구매로 구성되는 거래관계에서는 지불에 의한 '자금의 흐름(cash flow)'
- 물자의 거래에 따른 제반 정보(입찰 또는 경매 공고, 주문, 운송, 지불 등) 및 공급사슬 기업간 공유할 '정보(판매정보, 재고정보 등)의 흐름(information flow)'

이상에서 지적한 공급사슬에서의 3가지 흐름은 방향성에 있어서 각각 다른 특징을 가진다. 즉, 물자의 흐름은 공급사슬의 '상류 공급사슬 ⇨ 하류 공급사슬'의 방향으로 이루어지고, 자금의 흐름은 물자의 흐름과는 반대방향인 '하류 공급사슬 ⇨ 상류 공급사슬'의 방향을 가진다. 반면, 정보의 흐름은 거래관계를 가지는 참여자간의 마디를 중심으로 양방향의 특징을 가진다. 정보공유가 공급사슬 전체에 확대된다면, 정보의 흐름은 공급사슬 전체에 확산되는 모습을 보일 것이다. 각 흐름을 그림으로 나타내면 [그림 9-4]와 같이 표현된다.

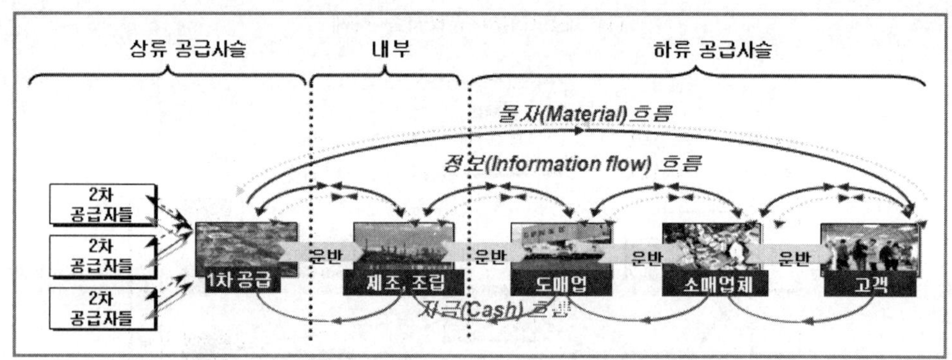

❀ 그림 9-4 — 상류, 내부, 하류 공급사슬의 구성

(4) 가치사슬 측면의 공급사슬 구성

공급사슬의 구성을 가치사슬(value chain)의 개념과 비교하여 설명할 수 있다. 마이클포터(M. Porter)가 제안한 가치사슬 모형은 개별 기업의 가치창출활동이 여러 타 기업의 그것과 연결되어 가치사슬을 구성한다는 것이다. 가치사슬을 구성하는 개별 기업의 이윤을 위한 가치창출 활동은 [그림 9-5]와 같이 본원적 활동(primary activities)과 지원활동(support activities)으로 이루어진다.

가치사슬을 공급사슬과 직접적인 관계를 비교해본다면, 기업 가치창출 활동 중에서 '투입물류(inbound logistics)', '운영(operations)', '산출물류(outbound logistics)'는 물자흐름의 개념에서 각각 공급사슬의 상류, 내부, 하류 공급사슬의 범위에 속한다. 마찬가지로 '조달(procurement)'은 상류 공급사슬의 범위에, '마케팅 및 판매(maketing & sales)' 및 '서비스'는 하류 공급사슬의 범위에 속한다. 기업의 가치창출 활동을 구성하는 [그림 9-5]의 각 요소의 의미를 〈표 9-1〉과 같이 요약할 수

있다. '투입물류(inbound logistics)', '운영(operations)', '산출물류(outbound logistics)'는 각각 조달물류, 내부물류(생산물류 또는 사내물류), 판매물류 등으로도 불리기도 한다.

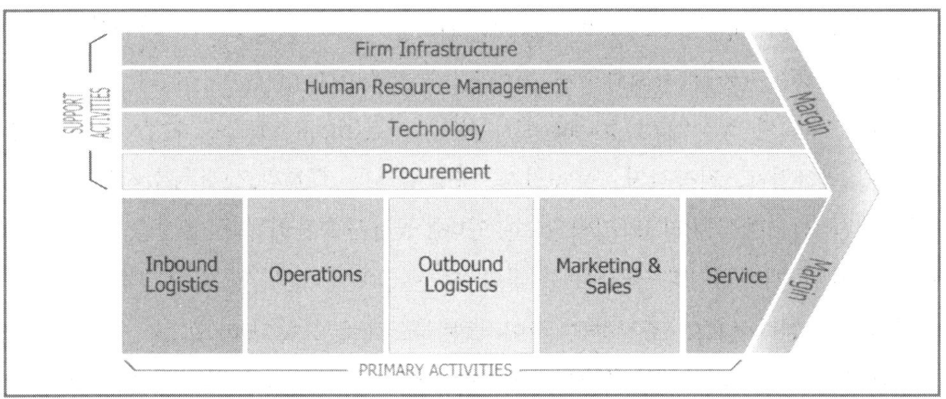

그림 9-5 — 기업의 가치사슬 구성

표 9-1 기업의 가치창출 활동

구 분	요 소	의 미
본원적 활동	투입물류 (inbound logistics)	투입상품(원재료, 부재료 등)의 운영과 저장, 이를 기업에서 처리하는 방식 등
	생산·운영 (operations)	상품의 생산을 위해 여러 하부(sub) 활동으로 이루어지는 내부의 가치사슬
	산출물류 (outbound logistics)	고객에 대한 기업 제품의 적기 배송 및 제품저장 등의 수행
	마케팅 및 판매 (marketing & sales)	시장에 제공가능한 제품과 서비스를 파악하고, 잠재고객 발굴 등을 수행
	서비스 (service)	배달 전 알림과 설치에 대한 필요사항 고지, 사후 서비스 등
지원 활동	조달 (procurement)	원료공급자를 구하는 기능이며 가격, 품질, 적기·적량 배달 등이 중요
	기술개발 (technology development)	시장경쟁력을 위한 상품, 서비스, 생산과정 등의 혁신이 필요
	인적자원관리(human resource management)	조직 구성원의 인적관리, 훈련, 모집 등
	기업 하부구조 (firm infrastructure)	계획, 회계 등을 포함하는 기업의 전반적인 관리업무

9.2 공급사슬관리의 개념과 발전

(1) 공급사슬관리의 개념과 목적

공급사슬관리(supply chain management)는 "서비스 요구수준을 만족시키고 공급사슬 전반의 비용을 최소화하기 위하여, 상품의 생산·유통이 적절한 물량(right quantity)·적절한 장소(right location)·적절한 시간(right time)에 이루어지도록 공급업자, 생산업자, 저장업자, 운송업자, 유통업자를 효율적으로 통합하는데 활용되는 제반 접근방식"이라고 정의할 수 있다. 공급사슬관리는 공급사슬 전체의 성과를 위하여 개별기업과 공급사슬 내의 모든 업체에 걸쳐서 경영기능과 전술을 체계적이고 전략적으로 조정하는 것이 기본적으로 필요하다고 할 수 있다.

공급사슬관리가 지향하는 목적을 공급사슬관리의 정의에서 개념적으로 찾을 수도 있겠으나, 단순하게 '공급사슬 전체에서 발생시키는 가치(Value)의 극대화'로써 정하기도 한다. 공급사슬이 발생시키는 가치(Value)는 다음 두 가치간의 차이로 이해할 수 있다.

- 고객의 입장에서 측정할 수 있는 최종 완제품의 가치
- 고객의 요구를 충족시키는데 소요된 공급사슬의 노력 가치

대부분의 상업적 공급사슬에서 가치는 공급사슬의 수익성과 밀접한 연관이 있다. 공급사슬의 수익성(supply chain profitability)은 '고객으로부터 생성되는 수익(매출 등)'과 '공급사슬에 걸쳐 생기는 총비용'과의 차이를 의미하는데, 공급사슬의 모든 단계에 구현되는 이윤의 총합으로 산정할 수 있다. 공급사슬 수익성이 클수록 공급사슬관리는 더 성공적이라고 볼 수 있으며, 공급사슬관리의 성공은 각 단계(node)별 이윤의 측면이 아닌 공급사슬 전체 수익성으로 측정된다고 할 수 있다.

그러나 여러 기업으로 구성되는 공급사슬 전체를 대상으로 공급사슬 수익성의 산출이 용이하지 않다. 따라서 공급사슬 운영의 성과를 측정하는 수단인 적기배송율, 조달 소요시간, 재고수준(재고회전 기간), 재고유지비용, 반품율, 고객불평 정도 등의 정량적인 척도, 또는 공급자-구매자의 협력관계, 조직간의 조정, 계획

과 통제, 정보기술 활용 등에 포함되는 여러 요소들을 정량적·정성적으로 평가하거나 목표수준을 정하여 활용할 수도 있다.

(2) 공급사슬관리의 발전

흔히 기업 경영관리분야를 분류하는 입장에서, 공급사슬관리가 '물류(또는 물적 유통, physical distribution)'에서 비롯되었다는 의견이 많다. 또는 과학적 경영기법의 측면에서, 공급사슬관리의 개념적 원류를 물류 이외에 자재·운영 관리에서 찾는 의견도 있다. 이와 같이, 공급사슬관리가 비롯되었다는 2분야의 주요 세부사항을 다음과 같이 나열할 수 있다.

- **물류**: 재고관리, 유통계획, 주문처리, 수송, 고객서비스 등
- **자재·운영 관리**: 수요예측, 구매관리, 자재소요계획, 제조·재고 관리 등

한국의 경우, 물류는 화물유통과 관련한 운송, 보관, 포장, 하역 등의 활동을 개선하기 위해 1970년대에 시작되어 80년대에까지 이어진(일본의 경우 1950·60년대~1970년대) 물류부문의 효율화를 의미한다. 물류는 주로 기업전체가 아닌 물류(또는 유통)부문의 효율화, 물류를 위한 단위기능별 최적화를 목적으로 비교적 단기적인 시각에서 물류시설 확충, 물류정보시스템 개발 등이 이루어지기 시작한다.

물류의 다음 발전단계(한국: 1990년대, 일본: 1980년대)는 비교적 중기적 관점에서 물류나 유통의 효율화를 기업전체의 목적에서 다루게 되는데, 흔히 '로지스틱스(logistics)'라고 불리어진다. 로지스틱스는 단일기업 전체의 유통효율화, 즉 기업차원에서 생산에서 소비까지 전체적인 흐름을 관련된 프로세스의 통합된 최적화를 추구하게 된다. 또한 비용절감은 물론 성과중심의 이윤창출, 전략적 경영의 대상으로 변모, 정보통신기술의 역할과 기능 등이 매우 중요하게 되었다.

로지스틱스 분야는 경영관리의 정보화 및 물류시설의 자동화를 통해 다음과 같은 방향으로 발전하게 되었고, 이는 곧 '공급사슬관리'의 출현(1990년대 후반)을 의미하게 되는데 e-비즈니스의 출현·발전과 거의 동일한 시점에 이루어졌다.

- 로지스틱스의 여러 분야와 기능들을 통합(조달물류, 내부물류, 판매물류, 역물류(반품·회수·폐기 등), 환경물류 등)

• 개별기업의 비용절감에서 공급사슬 차원의 효율성과 경쟁력을 강화시키는 것으로 전환

공급사슬관리의 선행조건으로 정보통신기술의 구현을 지적하는데, 이는 정보통신기술에 바탕을 둔 정보시스템과 e-비즈니스의 발전이 공급사슬관리의 가능자(enabler)가 됨을 의미한다. 즉, 정보기술이 공급사슬 참여자들의 물리적 결합을 가능하게 하는 주요 역할을 하며, 물류산업의 목표도 개별기업의 비용절감에서 공급사슬관리 차원의 효율성과 경쟁력을 강화시키는 것으로 전환되었다. 이상에서 정리한 '물류' ⇨ '로지스틱스' ⇨ '공급사슬관리'의 특징을 요약하면 〈표 9-2〉와 같다.

표 9-2 공급사슬관리의 발전단계

발전 단계	물류	로지스틱스	공급사슬관리
관리 범위	개별 물류기능, 비용 관점	개별기업의 가치 관점	공급사슬 전체의 가치 관점
주요 관리목적	물류부문의 효율화	기업 내의 유통효율화	공급사슬 전체의 효율화
주요 관리대상	운송, 보관, 포장, 하역 등	생산, 물류, 판매 등	공급자, 제조사, 도소매상, 고객 등
적용주기	단기	단기, 중기	중기, 장기
주요 정보시스템	물류부문 내의 정보시스템	기업 내의 정보시스템	기업간 정보시스템

(3) 공급사슬의 문제점

공급사슬 전체 또는 일부의 재고수준 감축, 납기시간 단축, 불량률감축 등이 공급사슬관리에서 전형적으로 추구하는 가치가 된다. 또는 개별기업이 '원자재구매에서 판매대금 회수까지 소요되는 시간'인 현금화 사이클 타임이나 공급재고일수의 감소 등을 공급사슬관리에서 추구하는 가치로 정할 수도 있다.

이와 같이 여러 목표나 가치를 공급사슬관리에서 추가할 수 있으나, 공급사슬상의 많은 잠재적인 문제점들 때문에 제한적인 경우가 많다. 공급사슬상의 다양

한 문제점들은 복잡하거나 긴 공급사슬에서 그리고 많은 사업 파트너가 관련되었을 때 더욱 명백해지고 두드러지게 된다. 공급사슬상의 문제점 발생의 원인으로 다음과 같은 사항들을 나열할 수 있다.

- 수요예측(demand forecast), 배달시간(Delevery time), 자재와 부품의 품질문제 등에서 불확실성 존재
- 기업 내부의 활동(activity)간 또는 부서간 신뢰 또는 협조의 부족
- 공급자나 파트너들 간의 협조 부족과 조정 미비

공급사슬상의 대표적인 문제점의 하나로서 채찍효과(bullwhip effects)가 주로 지적된다. 채찍효과는 공급사슬 전체에서 공급사슬 단계별로 이루어지는 수요예측의 불확실성이 원인이 되어 발생하는 대표적인 문제점이다. 수요예측의 불확실성에 덧붙여, 이에 대한 불안심리, 안전재고확보, 리드타임 불안 등이 채찍효과의 추가적인 원인이 된다. 하류 공급사슬에서 상류 공급사슬로 갈수록, 수요예측 불확실성의 파급이 누적되어 왜곡된 결과가 [그림 9-6]과 같이 납기지연(재고부족) 또는 과잉재고 등의 문제로 나타나는 현상이 채찍효과이다.

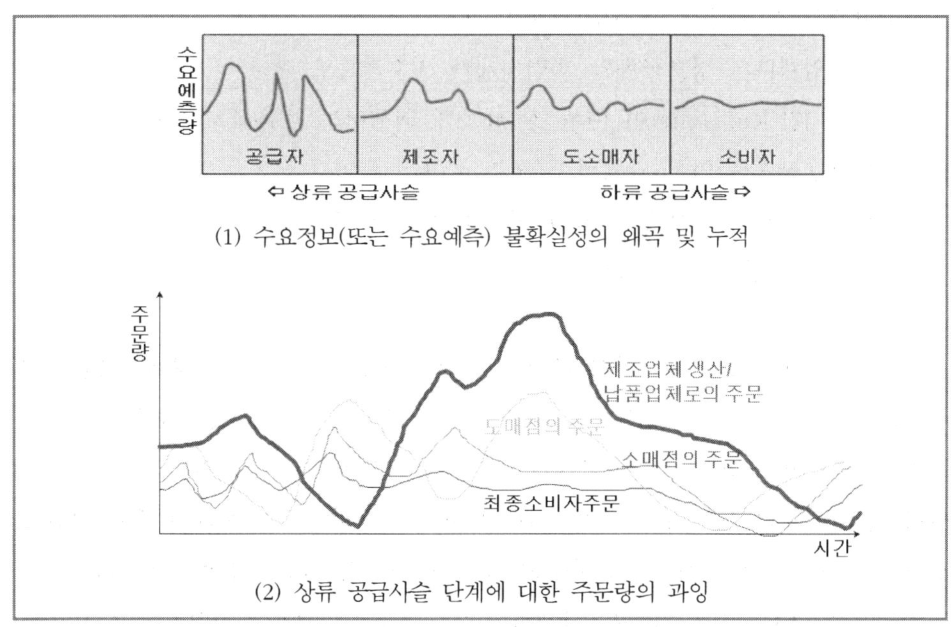

(1) 수요정보(또는 수요예측) 불확실성의 왜곡 및 누적

(2) 상류 공급사슬 단계에 대한 주문량의 과잉

그림 9-6 — 공급사슬상의 채찍효과

(3) Push형, Pull형 공급사슬과 지연

공급사슬의 전반적인 운영과정(process)을 제품생산의 시기와 방법에 따라 Push형 공급사슬과 Pull형 공급사슬로 구분할 수 있다. 각 공급사슬 단계에서, Push형 공급사슬은 예측한 수요량을 판매(출고) 전에 미리 준비하는 형태이고 Pull형 공급사슬은 주문량과 같이 수요량이 정해지면 상품을 준비하여 공급하는 형태이다. 두 형태의 특징을 요약하면 다음과 같다.

■ Push형 공급사슬

- 장·단기의 수요예측을 기반으로 생산량을 결정하여 제조
- 실제 수요량과 예측(계획)량 간에 차이가 큰 경우에 대처하기 어렵다.
- 채찍효과에 의한 과도한 재고가 발생할 가능성이 높다.
- 제조 및 재고의 관리상에 비효율성의 가능성이 상대적으로 크다.
- Make-To-Stock 체계: 수요예측에 따라 여러 종류의 완제품을 미리 만들어 재고로 보유하면서 고객이 원하는 제품을 공급하는 형식

■ Pull형 공급사슬

- 고객의 실제 수요를 기초로 하여 생산
- 공급업체와의 정보공유와 협업체계가 필수적으로 요구
- 인도기간(lead time)이 매우 긴 품목에 대해서는 적용하기 힘들다.
- 대량생산으로 인한 규모의 경제를 실현하기 어렵다.
- Make-To-Order 체계: 수요가 발생하면 고객 주문에 맞춘 상품과 수량으로 상품을 생산하여 공급하는 형식

완전한 Push형 또는 Pull형의 방식을 그대로 적용하는 경우는 대체로 없고, 전체 공급사슬의 운영과정에서 여러 종류의 최종제품에 공통적으로 포함되는 기본적인 과정을 Push형으로 진행하다가 어느 특정 단계부터 고객의 요구와 사양에 따라 복잡하고 다양한 제품을 공급하는 Pull형으로 변환하는 형태가 유리하다([그림 9-7] 참조). 이와 같이 공급사슬의 처음 단계부터 Pull형이 아니라, Push형을 유지하다가 최종고객에 가까운 단계까지 Pull형을 연기한다는 의미를 '지연(post-

ponement)'이라고 한다. 지연은 가능한 한 최종제품간의 차별화된 특성을 미루는 전략이다.

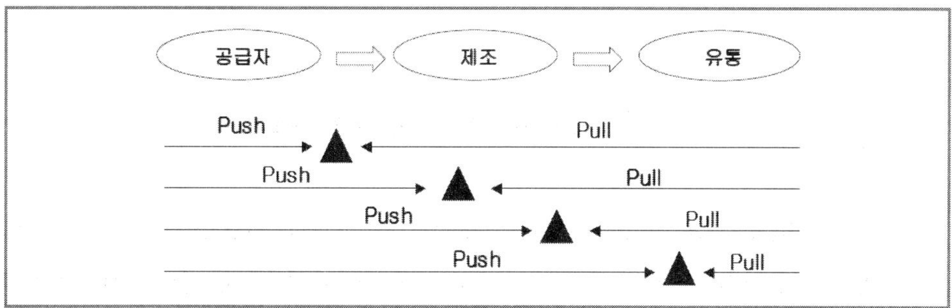

그림 9-7 — 공급사슬상의 지연(postponement) 사례

(4) 공급사슬관리 기법

여러 기업으로 구성되는 공급사슬의 물류(물자의 흐름)가 효율적이고 혁신적이기 위하여, 제품설계 및 프로세스의 측면에서 활용되는 공급사슬관리 기법들을 다음과 같이 요약하여 정리할 수 있다.

- **제품설계의 모듈화**: 다양한 최종제품에 조립 또는 호환이 가능하도록 기본기능(부품)을 설계하여, 물류수급 및 조립공정의 단순화 유도

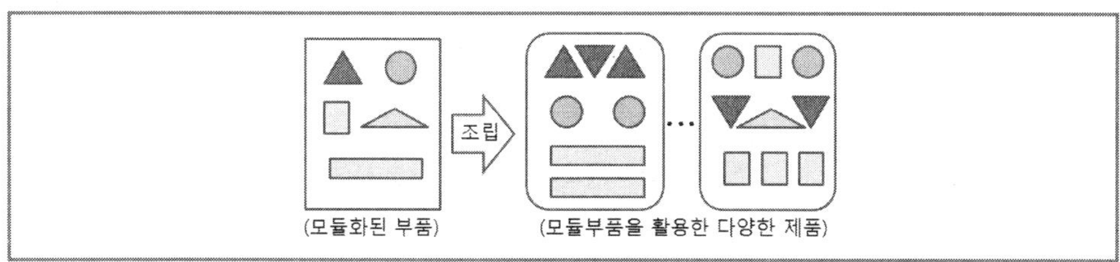

그림 9-8 — 부품 모듈화를 통한 제품생산 개념

- **물류 프로세스의 병렬화**: 여러 기업이 물류 프로세스를 순차적이 아닌 병렬적으로 처리하여 전체 소요시간 및 물류흐름을 효율화

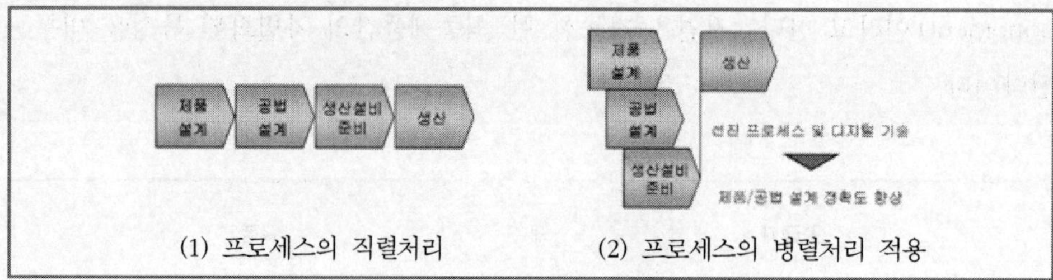

(1) 프로세스의 직렬처리 (2) 프로세스의 병렬처리 적용

그림 9-9 — 프로세스의 병렬처리 사례

- **크로스도킹**(cross docking): 배송의 중간 집하장에서 상품의 보관(재고)없이 곧바로 최종 배송지로 운송할 수송수단(트럭 등)으로 환적하는 방식, 물류센터가 상품의 유통을 위한 경유지로만 사용되므로 물류센터의 물리적 공간 및 재고를 감축

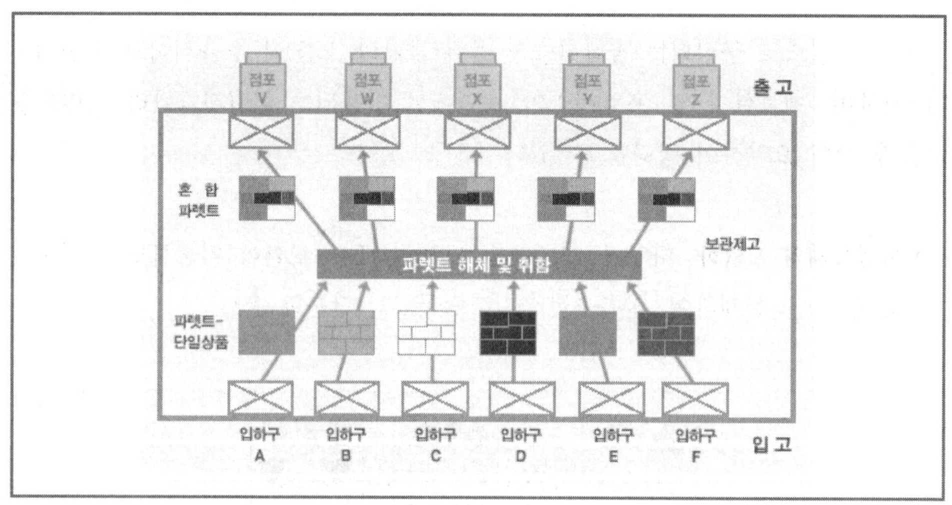

그림 9-10 — 크로스도킹의 구성 사례

- **제품차별화 지연**: 제품의 고객화(customization)를 위한 차별화된 특성의 구현 시점을 가능한 한 미루는 전략
- **로지스틱스 채널 분리**: 판매정보 채널과 물류배송 채널을 분리하여 공급사슬 효율의 개선, 사례로서 판매점의 무재고와 물류센터에서 구매자에게 직접 배송하는 체계
- **통합배송**(consolidation): 배달지역별, 배달일자별 등으로 수송단위를 합하여

큰 단위로 배송

- **JIT구매**: 주문자의 생산일정을 공급자가 공유함으로써, 공급자의 적기·적량 부품공급을 통해 주문자의 부품재고를 최소화하는 방식
- **신속응답**(QR: quick response): 매장의 판매정보를 상류 공급사슬 기업(제조업체 등)에 실시간 전달하여 매장의 재고·결품 방지 및 lead time 단축

효과적인 공급사슬관리의 선행조건이 정보통신기술에 바탕을 둔 정보시스템과 e-비즈니스의 발전이라고 앞서 지적한 바 있다. 이상의 공급사슬관리 기법의 효과적인 구현에서도 공급사슬을 구성하는 기업간 정보시스템이 필수적인 역할을 한다. '신속응답'의 경우에서 보면, 소매업체의 판매정보는 물론 해당 상품의 재고정보 및 판매예측 정보 등이 도매업체, 제조업체, 원·부자재 공급업체에게 기업간 정보시스템을 통해 직접 또는 간접적으로 신속하게 전달되고 서로 협업적으로 대응하여야 효과를 기대할 수 있다고 볼 수 있다.

9.3 e-비즈니스와 공급사슬관리

인터넷을 비롯한 디지털 정보기술을 활용하여 공급사슬을 통합하고 관리하는 전반적인 분야를 'e-supply chain management(e-SCM)'으로 흔히 통칭하고 있다. 즉, 디지털 환경(또는 e-비즈니스 분야)에서 공급자, 유통채널, 도·소매와 관련된 물자, 자금, 정보의 흐름을 신속하고 효율적으로 관리하는 전반적인 분야를 e-SCM이라고 할 수 있다. 이러한 e-SCM의 시각에서, e-비즈니스가 공급사슬관리의 구현과 활용에 어떻게 응용되는지에 관해 정리해보기로 한다.

(1) 공급사슬관리에서 정보의 중요성

정보는 공급사슬의 각 단계에서 뿐만 아니라 전체 공급사슬관리의 전략단계, 계획단계, 운영단계 등에 걸쳐 핵심요소의 역할을 한다. 특히 [그림 9-11]의 사례와 같은 기업경영의 글로벌화에 따라, 시공간을 초월하는 신속한 정보처리와 의사결정은 효율적인 공급사슬관리에 핵심성공요인(key factor for success)이 된다.

공급사슬관리에서 정보가 가지는 중요성과 활용가치를 다음의 사례를 통해 짐작할 수 있다.

- 정보 및 정보의 분석은 공급사슬의 push 및 push의 범위와 위치결정, 아웃소싱 분야의 선택 등과 같은 의사결정의 기반을 제공한다.
- 유통업자과 생산자 간에 판매량 및 수요예측 등의 정보공유는 계획단계의 오차요인을 감소시킨다.
- 공급사슬 내에서 재고, 운송, 시설 등에 관한 운영상의 의사결정을 할 때에도 공급사슬을 구성하는 기업 간에 신속한 공유를 통한 과거실적이나 환경요인의 정보에 바탕을 둔다.

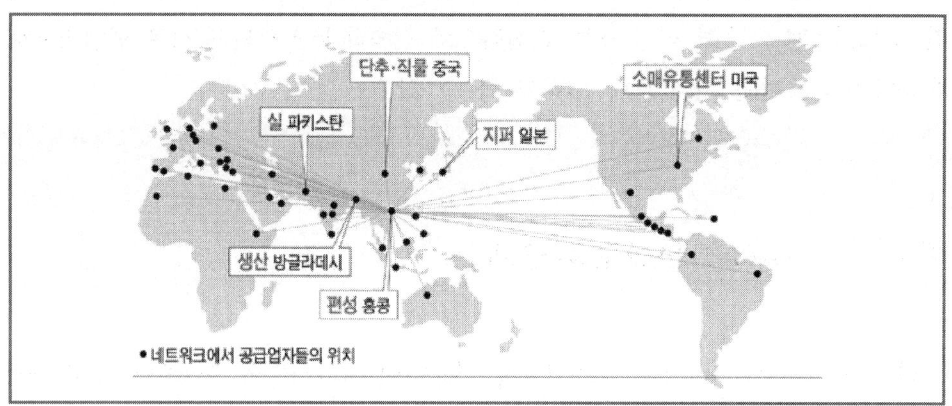

그림 9-11 — 의류제조업체의 글로벌 공급사슬 사례

공급사슬관리의 제반 기법을 구현하는데 있어서는 정보기술, 특히 정보공유를 통한 정보의 활용이 가능한 '조직간 정보시스템'의 운영이 주요 요소이다. e-SCM 구현의 주요 근간이 되는 조직간 정보시스템(inter-organizational system)은 여러 조직(기업)의 정보시스템 또는 데이터베이스를 인터넷 등으로 연결하여 정보자원을 공유하는 정보시스템으로서, 이의 구성 및 응용은 e-비즈니스의 유형 중 B2B e-비즈니스의 범위에 속한다.

(2) e-SCM 구현에 필요한 정보요소와 정보기술 분야

e-SCM의 구현에 필요한 정보요소들의 주요 항목에 대하여, '공급업자-생산업자-

배송유통업자-수요업자'로 구성되는 공급사슬 형태에서 살펴보면 다음과 같이 열거할 수 있다.

- **공급자 정보**: 판매상품, 판매가격, 리드타임(인도기간, lead time), 배송가능지 등과 주문처리에 관한 주문상태, 주문수정, 지불내용 등
- **생산자 정보**: 생산상품, 생산량, 생산시설, 리드타임, 합의사항, 비용, 배치크기 등
- **배송 및 유통 정보**: 배송상품, 배송지, 배송수량, 배송방식, 배송가격, 각 물류기지 또는 저장소(warehouse)에 보관사항, 리드타임 등
- **수요자 정보**: 구매상품, 구매자, 구매가격, 고객위치, 고객의 수, 수요예측량 및 수요분배(자사 판매량 등) 정보 등

이상의 정보들이 공급사슬을 구성하는 기업 간에 공유 및 활용되기 위해 필요한 기본적인 정보기술 사항들을 다음과 같이 열거할 수 있다.

- **통신 네트워크**: 공급사슬상에서 컴퓨터를 통해 정보가 교환되고 공유되기 위한 기본 인프라이며, 인터넷 또는 전용망이 활용된다.
- **전자데이터교환**(EDI: electronic data interchange 또는 전자문서교환): 공급자 등의 거래처와 네트워크(인터넷)로 상호간 컴퓨터가 연결된 정보시스템으로 서류가 필요 없는 거래 또는 정보교환을 실시간으로 처리한다. 인터넷을 활용하는 인터넷 EDI에서는, 전자문서가 흔히 XML(Extensible Markup Language) 형식으로 구성되고 전달되어 컴퓨터시스템으로 용이하게 전달되고 처리된다. EDI는 조직간 정보시스템의 구현에 기본적인 요소이다.
- **전사적 자원관리 시스템**(ERP: enterprise resource planning): 단일 기업 내의 모든 운영활동을 통합적으로 지원하는 대표적인 정보시스템이다. 공급사슬상의 거래처와 이루어지는 판매·구매의 업무처리, 공급자 및 구매자의 등록, 거래에 따른 대금지불 등과 직접 관련이 있다.
- **공급사슬관리**(SCM) **시스템**: ERP와 일부 공통적인 영역이 있으나, 일반적으로 ERP와 별개로 다루는 측면의 공급사슬관리를 위한 정보시스템 영역이다. 단일 기업의 공급사 관리(SRM: supplier relationship management), 고객사 관

리(PRM: partner relationship management), 거래회사들과 공급사슬과 관련한 정보를 교환하고 활용하기위한 시스템을 총체적으로 지칭한다.

- **공급사슬 가시성**(visibility) **기술**: '공급사슬관리 시스템'에서 필요로 하는 정보기술의 범위에 속하는 분야이다. '공급사슬 가시성 기술'은 공급사슬에서 상품의 거래정보를 포함하여 생산, 재고, 출하, 선적, 배송, 판매에 이르는 전 과정을 언제 어디서나 실시간으로 추적하여 확인할 수 있도록 하는 정보기술로서 RFID, 무선·유선 통신기술 등을 포함한다. 특히 응용영역을 확대하고 있는 RFID는 기존의 공급사슬 가시성 기술이었던 POS시스템을 대체하고 USN(ubiquitous sensor network)으로 확대되는 u-SCM환경으로 발전할 수 있는 새로운 수단으로 기대되고 있다.

(3) 공급사슬관리와 협업거래

협업거래(c-commerce, collaborative commerce)는 계획, 설계, 연구·개발, 제조, 관리, 서비스, e-비즈니스 시스템 등과 같은 여러 분야의 전문기업들이 디지털 정보기술을 활용하여 협업(collaboration)을 통한 비즈니스 활동을 수행하는 것을 말한다. 이때 협업은 다수의 기업들이 협력관계 하에서 서로의 비즈니스 프로세스를 통합하고 공유하여 협동적인 비즈니스활동을 수행하는 형태를 의미하며, 단순한 거래관계를 의미하지는 않는다. 흔히 협업의 사례는 디자인회사와 제조회사, 제조회사와 판매회사, 완성품제조사와 부품공급사 등의 관계에서 발견된다.

다수 기업이 신뢰(trust)와 정보공유(information sharing)에 바탕을 두고 공급사슬이 구성되므로, 공급사슬관리를 위해 수행하는 제반 활동은 협업적 특성을 가진다고 할 수 있다. 공급사슬의 성격이나 추진내용에 따라 정도의 차이는 있겠으나, 공급사슬의 기업들 각각이 가지는 공급사슬 프로세스는 기업간에 서로 통합되어 수행된다는 것이다.

공급사슬관리에서 협업거래의 특성은 다양한 형태로 구현되고 있는데, 대표적인 기법으로 CR, VMI, CPFR 등을 언급할 수 있다. 각각의 방식에 대해서 다음과 같이 정리할 수 있다.

■ CR(continuous replenishment, 연속적 재고보충)

소매점과 같은 구매자가 재고정보와 판매량을 해당 상품의 공급자에게 실시간

으로 전달하게 된다. 공급자는 이를 바탕으로 해당 상품에 대한 구매자의 재고가 적정수준으로 유지되도록 재고보충량을 준비하여 공급하는 형식이다. 공급량 및 공급시기의 결정은 구매자 및 공급자가 협의를 통해 결정한다.

■ VMI(vendor managed inventory, **공급자 재고관리**)

구매자의 판매정보 또는 생산·조립 일정, 재고현황 등의 정보를 공급자와 공유하고, 공급대상 상품의 주문 및 관리를 공급자가 주도적으로 수행하는 형식이다. 효과적인 VMI를 위해서는 구매자와 공급자가 주문, 판매, 재고, 물류에 대한 정보를 상호 공유하고 관련 프로세스가 적절하게 통합하여야 한다. 신속응답(QR) 및 연속적 재고보충(CR)의 특징을 VMI와 비교하면 〈표 9-3〉과 같이 정리할 수 있는데, 3가지 방식에서 구매자-공급자간 공급사슬 프로세스 및 시스템의 통합이 VMI로 갈수록 강해 보인다.

표 9-3 QR, CR, VMI의 특성

QR	CR	VMI
공급자는 구매자의 출하(재고 사용)정보를 전송받아, 수요 예측과 공급계획을 수립	QR + (정해진 재고수준의 유지를 위해 일정시간 간격마다 공급자가 공급량을 준비 및 공급)	공급자가 구매자의 재고 서비스수준과 이를 유지하기 위한 재고관리기준 결정
구매자가 주문(공급시기 및 공급량) 의사결정	계약에 따라 구매자 또는 공급자가 주문(공급시기 및 공급량) 의사결정	공급자가 주문(공급시기 및 공급량) 의사결정
구매자가 공급상품 재고의 소유권 보유	계약에 따라 공급자 또는 구매자가 공급상품 재고의 소유권 보유	

■ CPFR(collaborative planning, forecasting and replenishment, **협업적 계획·예측·재고보충**)

CPFR은 공급사슬의 참여기업이 정보공유를 통한 협업을 통해 최종소비자(end customer)의 수요에 근거하여 수요예측을 하고 공급사슬상의 동기화된(일관된) 생산계획 및 재고보충계획을 수립하는 공급사슬관리 방식이다. CPFR은 기본적인 협력을 위한 협약의 구축에서 시작하여 판촉활동, 재고정책 등에 관해 공동으로 계획을 수립하고 대처하는 수준높은 파트너십을 필요로 한다.

CPFR을 위한 소매업체와 제조업체간의 고유업무와 협력업무를 정리한 사례를 〈표 9-4〉에서 참고할 수 있는데, 전체적인 틀은 최종소비자를 염두에 두고 '전략·계획(strategy & planning)' ⇨ '수요·공급 관리(supply & demand management)' ⇨ '실행(execution)' ⇨ '분석(analysis)'의 사이클을 반복하는 형태이다.

▮ 표 9-4 ▮ CPFR을 위한 소매업체와 제조업체간 업무영역 (VICS, 2004)

구 분	제조업체 업무	협력 업무	소매업체 업무
전략 및 계획	회계 계획	협업 준비	공급업체 관리
	시장 계획	통합 비즈니스 계획	카테고리 관리
수요·공급 관리	시장 데이터 분석	판매 예측	POS 예측
	수요 계획	주문 계획·예측	재고보충 계획
실행	생산, 공급 계획	주문 생성	구매, 재구매
	물류, 배송	주문 생성	물류, 배송
분석	실행 모니터링	예외 관리	매점 운영
	고객 스코어카드	수행결과 평가	공급자 스코어카드

(4) e-비즈니스를 통한 공급사슬 혁신

e-비즈니스의 발전으로 인해 기업경영의 환경적 변화와 혁신의 새로운 동인이 되고 있는 다음의 요소들은 공급사슬의 환경적 변화에도 직·간접 영향을 끼치고 있다.

- 거래비용의 획기적인 절감
- 새롭고 다양한 비즈니스모델의 등장
- 시장지배력이 판매자에서 구매자(고객)로 이동
- 정보기술의 전략적 가치가 증가

e-비즈니스의 발전이 직접적인 원인이 되어 공급사슬이 변화하고 있는 사항들은 다음과 같이 수직적 가치사슬의 해체, 직거래의 활성화, 아웃소싱의 활성화, 수평적 확장, 전체 공급사슬 통합화 등을 지적할 수 있다.

■ 수직적 가치사슬의 해체

'공급자-제조업체-유통채널-최종고객'으로 연결되는 수직적 가치사슬은 공급사슬의 전통적인 경쟁수단이 될 수 있었다. 인터넷을 통한 정보의 검색·공유는 거래업체의 탐색·변경 및 직거래 등을 수월하게 하고, 이는 수직적 가치사슬을 [그림 9-12]와 같이 비선형적 공급사슬로 변화시키고 있다. 더욱이, 온라인으로 운영되는 글로벌 공급사슬의 비즈니스모델도 등장하고 있는데, 의류기업인 리엔펑(Lie&Fung)은 제조시설없이 전 세계 수천개의 공급기업 및 수백개의 글로벌기업을 중개하여 구성한 공급사슬을 통해 사업을 운영하고 있다.

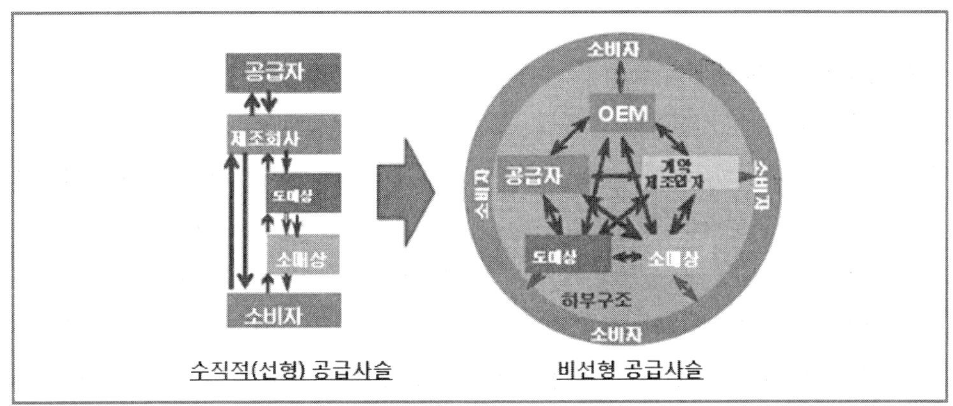

그림 9-12 — 수직적 공급사슬의 해체

수직적 가치사슬의 해체는 기업의 전략, 조직, 프로세스 등을 변화시켜 타 산업분야로의 진출, 즉 수평적 확장의 추구를 활성화한다. 따라서 기업은 현재 사업분야의 e-SCM 인프라 및 타 산업분야와의 연계성을 고려하여 제품·정보의 흐름이 효율적이도록 공급사슬을 관리하는 것이 필요하다.

■ 직거래의 활성화

도매업체 또는 소매업체 등과 같이 기존의 유통점과 같은 중간매개자(intermediary)를 거치지 않고 최종소비자가 직접 인터넷을 통해 제조업체로부터 상품을 구매하거나, 오프라인 유통점이 아닌 정보중간자(infomediary)를 활용하는 경우가 증가하게 된다. 이는 기존의 오프라인 유통점이 공급사슬에서 가지는 입지가 약화됨을 의미함과 동시에, 공급사슬 상의 기업들이 구매자 또는 공급자에 대한 다양한 정보획득을 통해 효율적이고 유연한 공급사슬 및 판·구매의 기회를 가지게 되었다.

■ **아웃소싱의 활성화**

기업경영의 경향이 핵심역량에 집중하는 측면도 있겠으나, e-비즈니스의 등장은 비핵심적 분야의 아웃소싱 또는 제휴를 보다 용이하게 한다. 즉, 인터넷을 통해 유리한 공급자 또는 파트너의 발견과 거래는 물론, 인터넷 정보기반으로써 공급사슬상의 협력이 보다 용이해졌다. 특히 아마존, eToys 등과 같이, 자체 제조시설없이 타 제조기업과 아웃소싱 또는 제휴관계를 통한 공급사슬의 형성으로써 온라인상의 판매와 마케팅 기능만을 가진 기업들도 속출하고 있다.

■ **전체 공급사슬 통합화**

인터넷 또는 e-비즈니스를 통해 공급사슬은 공급업체 또는 고객과의 접점확대를 통한 채널확장(channel expansion) 단계, 공급사슬상의 고객 및 공급업체와 기능적 통합을 모색하는 채널통합(channel integration) 단계, 아웃소싱 및 전략적 제휴를 통한 협업(collaboration) 단계로 발전한다고 한다. 협업단계에서는 경쟁우위 핵심역량의 집중 및 아웃소싱 등과 함께 외부 협력업체와 조정·협력의 강화가 공급사슬 통합에 필수적이다. 그리고 전략, 조직, 프로세스 등의 변화와 함께 새로운 비즈니스모형 및 시장의 창출을 통해 수평적 확장(synchronization) 단계로 변화되는데, 이 단계에서는 기업은 여러 공급사슬과 동시·중복적(synchronous & parallel) 통합된 기능을 수행하게 된다.

사례 9-1 •• 불황에도 통하는 공급망 혁신

◆ 대다수 제조업체들은 수요조차 모른다.

수요예측은 기업 입장에서 당연히 가장 먼저 해야 할 일이지만, 실제로 이를 제대로 하는 곳은 많지 않다. 기업들은 바로 가장 기본적인 이 지점부터 점검해야 한다. 먼저 수요예측 정확도를 높이는 방안을 살펴보자. 많은 기업들이 정확한 수요예측을 위해 시스템을 구축하고, 통계적 기법 등 다양한 방법을 동원하지만 좋은 성과를 내지 못하는 경우가 많다. 일반적으로 제조업체는 다른 제조업체에 팔거나 또는 유통회사에 팔게 되고, 그 유통회사가 실소비자에게 판매하게 된다. 이렇다 보니 실제 소비자에게 팔리는 양이 본래의 제조업체에 제대로 전달되지 않는 문제가 발생한다.

이러한 문제를 해결하기 위해서는 유통업체 등과 협의해 함께 판매량을 조사하는 장치가 필요하다. 상당수 소비재 회사들과 유통회사들 간에는 이런 협업적(Collaborative) 공급사슬의 운영 방법을 정립해 운영하고 있는데, 이를 '협업 계획·예측·보급 체계(CPFR: Collaborative Planning, Forecasting, and Replenishment)'라고 한다.

해외 사례를 보면 미국의 대표적인 가전업체인 월풀(Whirlpool)이 모범적인 운영을 하고 있다. 월풀은 미국 로위스(Lowe's) 유통업체와 핵심적인 비즈니스 협업모델로서 2007년 이후 CPFR를 도입했다. 수요예측-생산-물류 소비자 판매에 이르는 전체 공급사슬(Supply Chain)을 최적화했고, 이를 통해 수익 증대와 운영비용 감소를 동시에 가져왔다.

◆ '소요시간' 관리는 '자라(ZARA)'처럼

'공급을 유연화하고 시장에 잘 반응하자'는 취지로 정기적인 회의만 여는 건 바보짓이다. 시스템 정비에 투자하라. 그래야 비용절감이 된다. 공급 유연성 확보를 위한 생산 소요시간(리드타임) 관리는 전체적인 시스템을 처음부터 끝까지 살피면서 변화를 모색해야만 가능하다는 것이다.

패션산업에서 SCM을 가장 잘하는 회사로 알려져 있는 자라(Zara)는 기획에서 출시까지 두 달 이내에 이뤄지며, 디자인이 선정된 후 3주면 매장에 출시된다.

다른 패션회사들은 어떤 옷이 잘 팔릴지를 9개월 전에 예측해야 하지만, 자라는 시장에서 잘 팔리는 옷을 디자인해서 매장에 낼 수 있다는 얘기다. 이월 재고는 3% 이내에 불과하다. 자라는 모든 물류를 항공운송으로 하고, 생산의 유연성을 위해 생산의 절반정도를 자가 공장에서 소화하는 등 타 패션회사와는 달리 리드타임 단축을 위해 많은 비용을 쓰고 있다. 대신 재고를 최소화함으로써 그 비용을 상쇄하고도 높은 수익을 올리고 있는 것이다.

◆ **'계획을 바꾼다는 계획'을 세워라.**

판매와 운영관리 계획을 세워 일사불란하게 목표달성을 위해 앞만 보고 뛰다가는 함께 넘어질 수도 있다. 다시 말해 이런 수요 변화에 잘 대응할 수 있도록 전체 수요와 공급의 균형을 잡는 과정인 판매·운영계획(S&OP)에 신경을 써야 하고 이를 위해서는 먼저 공급사슬 전체에 대한 '가시성'을 확보해야 한다는 것이다. 기업이 시장 수요에 따라 생산·구매·물류 등의 계획을 맞추더라도 시장은 끊임없이 변하게 된다.

계획을 자꾸 흔들어 놓는다는 얘기다. 기업 입장에서는 이를 얼마나 빨리 감지해 재빨리 바꿀 수 있는지가 중요하다. 이런 판단이 늦어지면 불황기 기업은 생사의 기로에 설 수도 있다. 이같은 경험을 반복하면서 쌓인 글로벌 SCM 역량은 소비자나 시장의 수요 변동에 대해 경쟁사보다 몸집을 줄이고 훨씬 빠르고 유연하게 대응할 수 있는 기반이 된다.

◂ 인용 : 매일경제, 2012.10.05일자 ▸

사례 9-2 •• 세계최대 아웃소싱업체 '리앤펑'

—"세계의 공장을 지휘하는 '글로벌 객주', 단추 중국서 지퍼 일본서 꿰매기는 방글라데시서…, 공장 없이 재봉사 없이 年 20억벌 의류 생산, 전 세계 3만여개 공장 오케스트라처럼 연결"—

홍콩을 대표하는 기업 중에 리앤펑(Li & Fung Ltd.)이란 회사가 있다. 의류와 장난감, 액세서리 등 소비재를 생산하고 수출하는 회사다. 작년 매출은 한화로 19조원이 조금 넘는다. 여기까지는 그리 놀랄 만한 이야기가 아닐지도 모른다. 삼성전자 매출의 4분의 1 정도이니 말이다. 그러나 지난해 비즈니스위크는 이 회사를 세계에서 가장 영향력 있는 회사 29개 중 하나로 선정했고, 포브스는 아시아에서 가장 놀랄 만한 50개의 기업 중 하나로 꼽았다.

이 회사가 주목을 받고 있는 이유는 바로 독특한 비즈니스모델에 있다. 이 회사는 단 하나의 공장도 소유하고 있지 않으며, 단 한 명의 재봉사도 고용하고 있지 않다. 그러면서 매년 20억벌 이상의 의류를 생산한다. 방법은? 예를 들어 미국의 어느 의류회사가 이 회사에 남자 반바지 30만벌을 주문했다고 하자. 그러면 이 회사는 단추는 중국, 지퍼는 일본, 실은 파키스탄에 주문한다. 파키스탄에서 받은 실은 중국에 보내 직물로 짜서 염색하게 한다. 이 모든 것을 꿰매는 일은 방글라데시의 공장에 맡긴다. 고객이 빠른 배달을 원하기 때문에 세 개의 공장에서 나누어 작업한다.

이 회사는 이런 방식으로 전 세계 40개국에 퍼져 있는 3만개의 공급업자(공장)와 200만명 이상의 공급업체 직원들을 움직인다. 이 회사가 직접 월급을 주는 종업원은 그 1%도 안 된다. 이 회사의 모토는 이렇다. "원하는 것이 무엇이든 말만 하십시오. 그러면 당신에게 맞는 '가상의 공장'을 만들어 드리겠습니다. 3만개의 공급업자로 이루어진 네트워크가 중국 시안(西安)의 진시황 무덤을 지키는 적갈색 군인들처럼 준비돼 있습니다."

지난달 홍콩 리앤펑 본사의 쇼룸을 방문하니 마치 작은 백화점 같았다. 코카콜라와 디즈니로부터 토이저러스, 막스앤스펜서, 카르스타트켈레(독일 의 대형 백화점)에 이르기까지 세계적 기업들의 브랜드를 단 옷이며 장난감이며 액세서리들이

전시돼 있었다. 모두 리앤펑의 고객기업들이다. 이 회사가 관리하는 브랜드만 900개가 넘는다.

경영계에서는 이 회사가 하는 일을 '공급사슬관리(Supply Chain Management·SCM) 서비스'라고 표현한다. 제조원가가 싼 공장을 찾는 것은 이 회사가 하는 일의 일부에 불과하다. 디자인, 원자재조달, 제조관리, 운송, 통관에 이르기까지 고객사가 원하는 모든 일을 대행한다.

리앤펑그룹의 빅터 펑(Fung·64) 회장은 자신을 오케스트라의 지휘자에 비유했다. "오늘날 경쟁이란 기업 대 기업이 아니라 팀 대 팀, 즉 하나의 공급사슬과 다른 공급사슬 간의 경쟁을 의미합니다. 이때 중요한 것은 지휘자의 역할입니다. 오케스트라 지휘자가 재능 있는 음악가들을 이끌어가는 것처럼, 강한 공급업자의 네트워크를 설계하고 이끌어가는 키잡이가 필요합니다."

한국의 경영자들이 이 회사로부터 배울 점은 크게 두 가지일 것이다. 첫째, 제조업체들의 경우 중국이나 동남아시아 기업의 거센 도전을 받고 있어 새로운 생존논리가 필요하다. 공장을 소유하지 않더라도 공급사슬관리를 통해 부가가치를 창조하는 리앤펑식 기업운영은 하나의 대안이 될 수 있을 것이다. 둘째, 우리 대기업들도 많은 협력업체를 두고 있지만, 종종 강압적이라는 비판을 받는다. 그런 기업들은 협력업체 관리를 업(業)의 요체로 삼는 리앤펑의 철학과 노하우에서 배울 것이 있을 것이다.

◂ 인용 : 조선일보, 2009.05.23일자 ▸

참고문헌

김성희, 장기진, e-비즈니스.com, 도서출판 청람, 2007.
김창수 외, e-비즈니스원론(제3판), 법문사, 2011.
삼성경제연구소, e-비즈니스 관련 여러 연구보고서, www.seri.org, 2013
임규건 등, 디지털경제 시대의 e-비즈니스 경영, 이프레스, 2005.
차동완 외, 디지털통신과 인터넷, 생능출판사, 2009.
Turban, Efraim et al., Electronic Commerce 2010: A Managerial Perspective, Pearson, 2010.
그 외 다수의 e-비즈니스 관련 서적, 웹사이트, 연구보고서 등

찾아보기

저자 약력

■ **윤 한 성(尹漢成)**

서울대학교에서 학사, 한국과학기술원에서 석사 및 박사 학위를 취득하였으며, ㈜SK와 SK C&C ㈜에서 DSS, Internet 응용 시스템 및 사업 분야 등에서 근무하였다. 현재 경상대학교 경영학부 교수로 재직하고 있으며, 주요관심분야로는 e-비즈니스 전략 및 시스템, 정보보안, 공급사슬경영 등이다.

인터넷 정보기술과 e-비즈니스

초 판 1쇄 인쇄 —— 2013년 12월 24일
초 판 1쇄 발행 —— 2013년 12월 30일
지은이 —— 윤 한 성
펴낸이 —— 전 두 표
펴낸곳 —— 도서출판 두남
서울시 강동구 성내로6길 34-16 두남빌딩
신 고 : 제25100-1988-9호
TEL : 02) 478-2065, 2066, 2067, 2311
FAX : 02) 478-2068
E-mail : dunam1@unitel.co.kr
http://www.dunam.co.kr

정가 14,000원

ISBN 978-89-6414-479-4 93320